貞觀政要

唐 吴兢 撰

明刊本

1

图书在版编目（C I P）数据

贞观政要 / (唐) 吴兢撰. -- 北京 : 海豚出版社,
2018.1
ISBN 978-7-5110-4136-4

Ⅰ. ①贞… Ⅱ. ①吴… Ⅲ. ①典章制度—中国—唐代
Ⅳ. ①D691.5

中国版本图书馆CIP数据核字(2018)第002992号

书名：贞观政要
作者：(唐) 吴兢撰
责任编辑：李俊
责任印制：蔡丽
出　　版：海豚出版社
网　　址：http://www.dolphin-books.com.cn
地　　址：北京市百万庄大街24号
邮　　编：100037
电　　话：010-68325006（销售）　　010-68998879（总编室）
印　　刷：虎彩印艺股份有限公司
经　　销：新华书店及网络书店
开　　本：16开（210毫米×285毫米）
印　　张：48.5
字　　数：388（千）
版　　次：2018年1月第1版　　2018年1月第1次印刷
标准书号：ISBN 978-7-5110-4136-4
定　　价：1760元

出版説明

人是一種會思想的動物，無論是要適應環境，克服生存的困難，抑或爲了生活得更有意義，思想皆不可或缺。在一般的中文習慣中，思想的涵義比"哲學"更寬泛，這種語用習慣的差異，也影響到學者對學術視野的選擇。一般而論，思想史的範圍也較哲學史爲廣闊，雖然很少得到清晰地界定，但它不失爲一種有效的學術視野。

在近代中國學術史上，思想史研究的興起與哲學史大約同時。一九〇二年三月，梁任公在其創辦的《新民叢報》上連續發表了《論中國學術思想變遷之大勢》系列論文，這可能是最早由國人撰著發表的思想史論文。而第一本由國人撰寫的中国古代哲學通史，則爲一九一六年謝無量的《中國哲學史》。這兩本早期著述有其學術史的意義，但其中對學科的性質與研究方法等多無明確的説明。事實上，無論是學者的闡述，還是其實際的操作，在思想史與哲學史之間都不易劃出清晰的界限，直到當代也仍然如此。拋開細節不論，就語用習慣及有關實踐而言，思想史表徵一種對歷史文化廣闊而深入的關照，其研究方法，關注的問題，都較哲學史爲多元，史料基礎也不可同日而語。尤其是在郭沫若、侯外廬等人建立起來的研究傳統中，思想史有明确的社會史取向，或因其與傳統的文史之學有親和性，以至在今天，這種思路仍然很有生命力。

文獻發掘向來是思想史研究的基本環節。爲了促進有關研究，我們選輯多種文本編爲〝中國古代思想史珍本文獻叢刊〞。全編選目包括經典文本，如儒、道二家的經解，重要思想家作品的早期刻本，和某些并不廣泛受到關注的作家文集的舊刻本。本編中也選錄了數種反映古代民俗信仰的文獻，如《關聖帝君聖跡圖志》、《卜筮正宗》等等。這些文本在傳統的學術視野中，多以爲不登大雅之堂，在今日視之，或者正因其反映了古代社會一般的信仰氛圍，而有重要的文本價值。此外，本編也著意收錄了數種通常被視爲藝術史史料的文本，如《寶綸堂集》、《徐文長文集》等，我們認爲對思想史關注而言，範圍與深度同樣重要。

選集本編，也有文獻學上的意圖。中國古代有悠久的文獻學傳統，大量古籍文本的傳刻與整理造就了古代中國輝煌的古籍文化。本編收錄的這些刻本不僅是古代學術發生、衍變的物質證據，也是古代古籍文化的重要部分。本編所收錄的全部作品皆爲彩版影印，最大限度地保存了文獻的細節。其中有部分殘卷，視具體情況，或者補配，或者一仍其舊。本編的選目受制於編者的認識與底本資源，或者有不妥、不備之處，希望讀者不吝指正。

目録

第一册

第二册

第一册

貞觀政要

御製貞觀政要序

朕惟三代而後。治功莫盛於唐。而唐三百年間。尤莫若貞觀之盛。誠以太宗克己勵精圖治於其上。而羣臣如魏徵輩感其知遇之隆。相與獻可替否以輔治於下。君明臣良其獨盛也。宜矣。厥後史臣吳兢。采其故實編類爲十卷。名曰貞觀政要。有元儒士臨川戈直。復加考訂註釋。附載諸儒論說以暢其義。而當時大儒吳澄。又爲之題辭。以爲世不可無。其信然也。朕萬幾之

暇。銳情經史。偶及是編。喜其
君有任賢納諫之美。臣有輔
君進諫之忠。其論治亂興亡。
利害得失。明白切要。可爲鑒
戒。朕甚嘉尚焉。顧傳刻歲久。
字多訛謬。因命儒臣重訂正
之。刻梓以永其傳。於戲。太宗

在唐爲一代英明之君。其濟世康民。偉有成烈。卓乎不可及已。所可惜者。正心修身有愧於二帝三王之道。而治未純也。朕將遠師往聖。允迪大猷。以宏至治。固不專於是編然而嘉尚之者。以其可爲行

遠登高之助也。序于篇端。讀

者鑒焉。

成化元年八月初一日

成化元年八月初一日

特[illegible]

旨賜

造[illegible]大明北京[illegible]十滿[illegible]

貞觀政要集論題辭

夏有天下四百五十餘年。商有天下六百三十餘年。周有天下八百六十餘年。三代以後享國之久。唯漢與唐。唐之可稱者。三君而已。太宗文皇帝。身兼創業守成之事。納諫求治。勵精不倦。其效至于米斗三錢。外戶不閉。故貞觀之盛。有非開元。元和之所可及。而太宗卓然爲唐三宗之冠。史臣吳兢。類輯朝廷之設施。君臣之問對。忠賢之評議。萃成十卷。曰貞觀政要。事覈辭質。讀者易曉。唐之子孫。奉爲祖訓。

聖世亦重其書。澄備位經筵時。嘗以是進講焉。夫過唐者漢。孝文之恭儉愛民。可鏡也。超漢者夏。大禹之好善言。惡旨酒。可規也。繼夏者商。成湯之不邇聲色不殖貨利。可師法也。周監二代。郁郁乎文。文武之德旦奭之猷。具載二南二雅周頌之詩。召誥立政無逸之書。義理昭融。教戒深切。率而由之。其不上躋泰和景運之隆乎。然辟之行遠必自邇。辟之登高必自卑。則貞觀政要之書。何可無也。庶士戈直。考訂音釋附以諸儒論說。又足開廣將來進講此書者之視聽。其所裨益豈少哉。前翰林學士資善大夫知

制誥同修　國史吳澄題辭。

二帝三王之治後世莫能及者。順人之道。盡乎仁義也。唐太宗以英武之資。克敵如拉朽。所向無前。天下甫定。魏鄭公力排封德彞之謬。以仁義進。雖太宗未能允迪其實。有愧於修齊。然四年之間。內安外服。貞觀之治。亦仁義之明效歟。史臣吳兢。類爲政要。凡命令政教。敷奏復逆詢謀之同謇諤之異。所以植國體而裕民生者。赫赫若前日事。江右戈直。集前賢之論以釋之。翰林草廬吳公敘其首以屬於余。値拜奎章召。命。道廣陵。謀於憲。使日新程公。將有以廣其傳也。程公慨然。即以學廩之羨。鋟諸梓。嗚呼。仁義之心。亘

古今而無間。因其所已然。勉其所未至。以進輔於

聖朝則二帝三王之治。特由此而推之耳。觀是編者。

尚勗之哉。

至順四年歲在癸酉正月辛卯前中奉大夫江南諸

道行御史臺侍御史奎章閣大學士郭思貞書

貞觀政要者唐太宗文皇帝之嘉言善行良法美政。而史臣吳兢編類之書也。自唐世子孫。既已書之屏幃。銘之几案。祖述而憲章之矣。至於後世之君。亦莫不列之講讀。形之論議。景仰而傚法焉。夫二帝三王之事尚矣。兩漢之賢君六七作。何貞觀之政獨赫然耳目之間哉。蓋兩漢之時世已遠。貞觀之去今猶近。遷固之文。高古爾雅。而所紀之事略。吳氏之文質樸該贍。而所紀之事詳。是則太宗之事。章章較著於天下後世者。豈非此書之力哉。夫太宗之於正心修身之道。齊家明倫之方。誠有愧於二帝三王之事矣。然其屈己而納諫。任賢而使能。恭儉而節用。寬厚而愛民。亦三代而下。絕無而僅有者也。後之人君。擇其善者而從之。其不善者而改之。豈不交有所益乎。惜乎是書傳寫謬誤。竊嘗會萃衆本。參互考訂。而其義之難明。音之難通。字爲之釋。句爲之述。章之不當分者合之。不當合者分之。自唐以來。諸儒之論。莫不采而輯之。間亦斷以己意。附於其後。然後此書之旨頗爲明白。雖於先儒窮理之學。不敢妄議。然於

國家致治之方。未必無小補云。後學臨川戈直謹書

貞觀政要序

唐衛尉少卿兼修國史修文館學士吳兢撰

按兢汴州浚儀人。少厲志。貫知經史。方直寡諧。惟與魏元忠朱敬則游。唐長安中。二人者當道。薦兢才堪論撰。詔直史館修國史。神龍中。爲右補闕。累遷衛尉少卿。兼修文館學士。復修史。於是采摭太宗朝政事之要。隨事載錄以備勸戒。合四十篇。上之。名曰貞觀政要。開元中。爲太子左庶子。又嘗私撰唐書唐春秋。兢居官多忠讜。敘事簡核。有古良史之風。嘗撰則天實錄。直筆無諱。當世謂今董狐云。

有唐良相曰侍中安陽公。中書令河東公。以時逢聖明。位居宰輔。寅亮帝道。弼諧王政。恐一物之乖所。慮四維之不張。每克己勵精。緬懷故實。未嘗有乏。太宗

時政化。良足可觀。振古而來。未之有也。至於垂世立
教之美。典謨諫奏之詞。可以弘闡大猷。增崇至道者。
爰命不才。備加甄錄。體制大畧。咸發成規。於是綴集
所聞。參詳舊史。撮其指要。舉其宏綱。詞兼質文。義在
懲勸。人倫之紀備矣。軍國之政存焉。凡一帙一十卷。
合四十篇。名曰貞觀政要。庶乎有國有家者克遵前
軌。擇善而從。則可久之業益彰矣。可大之功尤著矣。
豈必祖述堯舜。憲章文武而已哉。其篇目次第列之
于左

第一卷

集論諸儒姓氏

柳氏芳　字仲敷蒲州人唐玄宗時進士肅宗時綴緝國史

劉氏昫　字耀遠范陽人五代晉時丞相撰唐書

宋氏祁　字子京安陸人宋仁宗時進士爲翰林學士撰新唐書列傳

孫氏甫　字之翰許昌人宋仁宗時進士爲諫官撰唐史記及唐史論斷

歐陽氏修　字永叔廬陵人宋仁宗時進士仕至參知政事太子少師撰新唐書紀志有文集

曾氏鞏　字子固南豐人宋神宗時擢中書舍人有文集

司馬氏光　字君實涑水人宋哲宗時拜左僕射贈太師撰資治通鑑

孫氏洙　字巨源廣陵人宋神宗時進士爲諫官有文集

范氏祖禹　字淳父成都人宋哲宗時爲翰林學士撰唐鑑

馬氏存　字子才宋哲宗時進士有文集

朱氏黼

張氏九成　字子韶開封人宋高宗時狀元爲待制撰史論

胡氏寅　字明仲建安人宋高宗時進士爲諫官撰讀史管見

呂氏祖謙　字伯恭東萊人

唐氏仲友　字　金華人

葉氏適　字正則永嘉人

林氏之奇　字少頴三山人

眞氏德秀　字希元建安人

陳氏惇修　字伯厚三山人撰史斷

尹氏起莘　括蒼人撰通鑑綱目　明

程氏祁

呂氏　未詳名字撰通鑑精義

◎

貞觀政要

戈直集論　朱載震校閱

愚按貞觀者。唐太宗表年之號也。易大傳曰。天地之道貞觀者也。猶言天地之文理主於正以示人也。政要者。唐史臣吳兢類輯貞觀君臣之嘉言善行良法美政之大要也。唐史本紀曰。太宗姓李氏。諱世民。隴西成紀人。爲凉武昭王八世孫。高祖次子也。母曰太穆皇后竇氏。生而不驚。方四歲。有書生謁高祖曰。公貴人也。必有貴子。及見太宗。曰。龍鳳之姿。天日之表。其年幾冠。必能濟世安民。書生既去。乃采其語名之曰世民。及長。聰明英武。有大志。能屈節下士。結納豪傑。佐高祖以定天下之亂。功業日隆。隋義寧元年。高祖以唐王受隋禪。國號唐。明年。改元武德。封世民爲秦王。九年。立秦王世民爲皇太子。聽政。是年八月。即皇帝位。明年改元貞觀。在位凡二十三年。爲一代之賢君。其言行之美。政治之盛。與夫任賢使能之方。從諫樂善之道。大畧皆聚此書也。後文宗讀此。慨然慕之。故太和初政。號爲清明。則是書也。不無補於治云

貞觀政要卷第一

論君道一　　論政體二

君道第一（凡五章）

貞觀初。太宗謂侍臣曰。爲君之道。必須先存百姓。若損百姓以奉其身。猶割股以啖腹。（股。一作脛。啖。音淡。食也。）腹飽而身斃。若安天下。必須先正其身。未有身正而影曲。上理而下亂者。朕每思傷其身者。不在外物。皆由嗜欲以成其禍。若躭嗜滋味。玩悅聲色。所欲既多。所損亦大。既妨政事。又擾生人。（擾亦作損）且復出一非理之言。萬姓爲之解體。怨讟既作。（讟。音瀆。痛怨也。）離叛亦興。朕每思此不敢縱逸諫議大夫唐制掌諫諭得失侍從贊相之職魏徵詳見任賢篇對曰古者聖哲之主皆亦近取諸身故能遠體諸物昔楚聘詹何楚春秋時國名僭稱王詹何楚詹尹之後隱於釣楚莊王聞而異之召而問焉出列子問其理國之要詹何對以修身之術楚王又問理國何如詹何曰未聞身理而國亂者陛下所明實同古義按通鑑武德九年太宗謂侍臣曰君依於國國依於民刻民以奉君猶割肉以充腹腹飽而身斃君富而國亡故人君之患不自外來常由身出夫欲盛則費廣費廣則賦重賦重則民愁民愁則國危國危則君喪矣朕嘗以此思之故不敢縱欲也與此章辭異而旨同故附見于此

愚按中庸九經修身爲先大學八目修身爲本古者二帝三王之治未有不先正其身而能正天下者也故堯必克明峻德而後能黎民時雍舜必帝德罔愆而後能萬邦咸寧禹必祗台德

先而後能朔南暨聲教。湯必懋昭大德而後能表正萬邦。武王必建其有極而後能作民父母。蓋身者表也。天下者景也。未有表正而景曲者也。身者源也。天下者流也。未有源清而流濁者也。後之人君、若漢高之約法除苛。文景之幾致刑措。宣帝之綜核名實。光武之恭勤儉約。明帝之明察善斷、孝章之寬厚長者。其愛民之心。治民之具。蓋亦有合乎先王者矣。特其本原之地有未純焉者爾。由此觀之。身心與家國天下爲一者。三代以上之治也。身心與家國天下爲二者。三代以下之治也。唐太宗以英武之姿。當大亂之後。芟除羣雄。拓定四海。一旦君臨南面。首告其羣臣曰。安天下必須先正其身。未有身正而影曲者。斯言也。非三代以下之言也。魏徵斯時。正當告之以中庸之九經。大學之八目。于以闡揚聖學之奧。于以發明心術之微。可也。顧乃以楚王詹何之言言之。何其遠哉。使太宗斯時得聞二帝三王之學。必將終始如一而無晚年之悔。內外如一而無宮闈之慚矣。豈特貞觀之治而已邪。惜乎太宗能言之而不能行之。魏徵

能贊美之而不能發明之也。吳氏編是書。置此於開卷之首。其有所取也夫。抑有所感也夫

貞觀二年。太宗問魏徵曰。何謂爲明君暗君。徵曰。君之所以明者。兼聽也。其所以暗者。偏信也。詩云。先人有言。詢于芻蕘。詩。大雅板篇之辭。芻蕘。採薪之人。言雖賤而不棄也。人。詩作民。葢避太宗諱。故以人代民。他皆類此昔唐虞之理。堯曰陶唐氏。舜曰有虞氏。理本作治。葢避高宗諱故以理代治。他皆類此闢四門。明四目。達四聰。虞書史贊舜之辭。謂開四方之門以來天下之賢俊。廣四方之視聽。以决天下之壅蔽也。是以聖無不照。故共鯀之徒不能塞也。共。音恭。鯀。音衮。共工。唐虞官名。古之世族官也。鯀。崇伯名。夏禹父也。共工。淫辟。鯀治水無功。舜流共工于幽州。殛鯀于羽山。塞。猶蔽也。靖言庸回。不能惑也。虞書曰。靜言庸違。靖。與靜同。同。亦違也。謂靜則能言。用之則不然也。秦二世則隱藏其身

捐隔疎賤而偏信趙高。及天下潰叛。不得聞也。捐。音負棄也。秦二世始皇少子。名胡亥。嗣位號二世皇帝。趙高。秦宦者。二世用之爲相。二世常居禁中。公卿希得朝見。盜賊益多。二世後爲高所弒梁武帝偏信朱异。而侯景舉兵向闕。竟不得知也。异。羊吏切。梁武帝。姓蕭名衍。仕齊封梁王。受齊禪。國號梁。朱异仕梁爲散騎常侍。侯景。東魏臣。叛歸魏。復請歸梁。武帝從朱异之議納景爲大將軍。及景反叛。朝野共怨异。武帝後爲景所逼。餓而死。隋煬帝偏信虞世基。而諸賊攻城剽邑。亦不得知也。剽。音漂。刼也。隋煬帝姓楊名廣文帝次子也。虞世基仕隋爲內史侍郎。世基以帝惡聞盜賊。告者皆不以實聞由是盜賊競起。陷沒郡縣。皆弗之知。煬帝後爲宇文化及等所弒　是故人君兼聽納下。則貴臣不得壅蔽。而下情必得上通也。

太宗甚善其言

范氏祖禹曰。善哉太宗之問。魏徵之對也。可謂得其要矣。夫聖人以天下爲耳目。故聰明。庸君以近習爲耳目。故暗蔽。明暗之分。惟在於遠近大小而已矣

唐氏仲友曰。兼聽則公正忠讜進。偏信則浸潤膚受行。此魏徵論聽納任用之本

愚按太宗問明君暗君。魏徵謂兼聽者明。偏信者暗。茲言固簡而當矣。然兼聽偏信。此自外至者也。明之與暗。又有存於中者焉。堯之欽明。舜之聰明。乃其中苟澄徹。如鑑之空。如衡之平。妍媸輕重隨物而見者也。彼昧者昏者反是。此又明暗之所分。蓋偏信固易於蔽。而兼聽亦有所當擇。惟明足以燭理。何施而不可哉。君天下者欲進於堯舜之明。當自格物致知之學始。

貞觀十年。太宗謂侍臣曰。帝王之業。草創與守成孰難。守成。亦作守文。後同 尚書左僕射 尚。音常。射。音夜。凡言尚書僕射。並同。僕射。秦官。古者重武。官有主射以督課。取其領事之號也。唐制。尚書省置左右僕射。掌統理六官。爲令之貳。令闕則總省

專。宰相職也。房玄齡詳見任賢篇對曰。天地草昧。易屯卦彖傳曰。天造草昧。草。雜亂。昧。冥晦也。羣雄競起。攻破乃降。下江切戰勝乃尅。由此言之。草創爲難。魏徵對曰。帝王之起。必承衰亂。覆彼昏狡。百姓樂推。樂。音洛四海歸命。天授人與。乃不爲難。然既得之後。志趣驕逸。百姓欲靜而徭役不休。百姓凋殘而侈務不息。國之衰弊。恒由此起。恒。胡登切。常也。以斯而言。守成則難。太宗曰。玄齡昔從我定天下。備嘗艱苦。出萬死而遇一生。所以見草創之難也。魏徵與我安天下。慮生驕逸之端。必踐危亡之地。所以見守成之難也。今草創之難。既已往矣。守成之難者。當思與公等慎之按通鑑係十二年。又云玄齡等拜曰。陛下及此言。四海之福也。

范氏祖禹曰。自古創業而失之者寡。守成而失之者多。周公曰。相小人厥父母勤勞稼穡。厥子乃不知稼穡之艱難。故禍亂未嘗不生於安逸也。然非特創業之君守成爲難。其後嗣守成尤難也

林氏之奇曰。創業之難。雖庸人亦知其然。守成之難。雖明者亦有所忽。周宣王六月出師不以爲難。而末年庭燎鄉晨以規朝爲不易。漢高帝好謀能聽。從諫若轉圜之易。而末年欲易太子。以聽言爲甚難。是以文帝之世。賈生有厝火積薪之言。太宗之世。魏徵有失於安逸之戒

唐氏仲友曰。太宗之問。禍福之機。房魏之對。更爲本末。若言創業易。太宗身更其難。此不可罔。若言守成易。太宗必謂難者吾猶身濟之。息忽生矣。太宗悟二臣之意。加謹於守成之難。明哉

愚按自古人君創業守成。鮮有身兼之者。周武漢高創業者也。而不及守成。成康文景。守成者也。而不及創業。惟神禹在帝位十年。成湯在帝位十三年。兼創業守成之事者也。然以書傳攷

之。禹不以治水敷上爲難。而以本固邦寧爲難。湯不以升陑伐桀爲難。而以時恍克終爲難。豈創業果易而守成果難乎。葢創業。逆境也。可以進德。守成。順境也。易以喪德。太宗身兼創業守成之事。不以其已能者自滿。而以其未能者爲懼。其致貞觀之治也宜哉

貞觀十一年。特進漢世諸侯功德優盛。朝廷所敬異者。賜位特進。位三公下。唐制因之魏徵上疏曰。臣觀自古受圖膺運。繼體守文。控御英雄。一作傑南面臨下。易說卦傳曰。聖人南面而聽天下。嚮明而治皆欲配厚德於天地。齊高明於日月。本支百世。傳祚無窮。祚。祿位也然而克終者鮮。上聲。少也。後同敗亡相繼。其故何哉。所以求之。失其道也。殷鑒不遠。詩大雅蕩篇之辭。言商紂之所當鑒者近在夏桀之世也可得而言。昔在有隋。統一寰宇。甲兵彊鋭。一作盛三十

飾年。風行萬里。威動殊俗。一旦舉而棄之。盡爲他人之有。彼煬帝豈惡天下之治安。惡。烏去聲 不欲社稷之長久。故行桀虐以就滅亡哉。桀名履癸。夏末淫暴之君。湯伐之而死 恃其富彊。不虞後患。驅天下以從欲。罄萬物而自奉。採域中之子女。求遠方之奇異。宮苑是飾。臺榭是崇。徭役無時。干戈不戢。外示嚴重。內多險忌。讒邪者必受其福。讒。鉏咸切。譖也 忠正者莫保其生。上下相蒙。揜蔽也 君臣道隔。民不堪命。率土分崩。遂以四海之尊。殞於匹夫之手。殞。羽敏切。歿也 子孫殄絕。殄。音腆。盡也 爲天下笑。可不痛哉。聖哲乘機。拯其危溺。拯。之慶切。救也 八柱傾而復正。淮南子曰。地有九州八柱。括地象曰。崑崙山爲柱。地之中也。地下有八柱。柱。幸制名山大川孔穴相通。四維弛而更張。弛。音矢。廢也。更。平聲。管子曰。禮義廉恥。是謂四維。四維不張。國乃滅亡。遠肅邇安不踰於期月。期。與朞同。謂周一歲之月也。論語曰。苟有用我者。朞月而已可也。勝殘去殺。無待於百年。勝。平聲。去。上聲。論語曰。善人爲邦百年。亦可以勝殘去殺矣。今宮觀臺榭。盡居之矣。觀。去聲。奇珍異物。盡收之矣。姬姜淑媛。盡侍於側矣。媛。美女也。音援。四海九州。盡爲臣妾矣。若能鑒彼之所以失。一作亡。念我之所以得。日愼一日。雖休勿休。焚鹿臺之寶衣。武王克商。紂走反入。登鹿臺。蒙衣其珠玉。自燔于火而死。武王命南宮括散鹿臺之財。毁阿房之廣殿。阿。於何切。房。房讀曰旁。秦始皇作前殿阿房。東西五百步。南北五十丈。上可坐萬人。下可建五丈旗。自殿下直抵南山。表閣道絕漢。後爲楚所焚。懼危亡於峻宇。夏書五子之歌曰。甘酒嗜音峻宇雕牆。有一於此。未或不亡。思安處於卑宮。處。上聲。後同。論語曰。卑宮室而盡力乎溝洫。禹吾無間然矣。謂禹薄於己而勤於民也。則神化潛通。無爲而治。德之上也。若成功不毁。即仍其舊。除其不急。損之又損。雜茅茨於桂棟。參玉砌以土堦。堯舜之朝。土堦三等。茅茨不剪。悅以使人。不竭其力。常念居之者逸。作之者勞。億兆悅以子來。羣生仰而遂性。德之次也。若惟聖罔念。周書曰。惟聖罔念作狂。言一念之差。雖聖亦爲狂矣。不愼厥終。忘締構之艱難。締。音帝。結也。構。音姤。成也。謂天命之可恃。忽采椽之恭儉。椽。音傳。榱桷也。追雕牆之靡麗。因其基以廣之。增其舊而飾之。觸類而長。音掌。不知止足。人不見德。而勞役是聞。斯爲下矣。譬之負薪救火。揚湯止沸。以暴易亂與亂同道。莫可測也。測。一作則。後嗣何觀。夫事無可觀則人怨。夫。音扶。後同。人怨則神怒。神怒則災害必生。災害既生。則禍亂必作。禍亂既作。而能以身名全者鮮矣。順天革命之后。將隆七百之祚。隆。一作基。左傳曰。成王定鼎于郟鄏。卜世三十。卜年七百。天所命也。貽厥子孫。傳之萬葉。難得易失。易。以豉切。後同。可不念哉。按通鑑係十一年正月。上作飛山宮。故魏徵上此疏。是月。徵又上疏曰。

臣聞求木之長者。必固其根本。欲流之遠者。必浚其泉源。思國之安者。必積其德義。源不深而望流之遠。根不固而求木之長。德不厚而思國之理。臣雖下愚知其不可。而況於明哲乎。人君當神器之重神器。帝位也居域中之大。老子曰。域中有四大。道大。天大。地大。王亦大。將崇極天之峻永保無疆之休。不念居安思危。戒奢以儉。德不處其厚。情不勝其欲。斯亦伐根以求木盛。塞源而欲流長者也。凡百元首。虞書曰。元首明哉。所以喻君也承天景命。莫不殷憂而道著。殷憂。憂之盛也功成而德衰。有善始者實繁。能克終者蓋寡。豈取之易而守之難乎。昔取之而有餘。今守之而不足。何也。夫在殷憂。必竭誠以待下。既得志。則縱情以傲物。竭誠則胡越爲一體。胡越者極南北之間。言至異可同也。傲物則骨肉爲行路。言至親反疏也雖董之以嚴刑。董督也。虞書曰。

董之用威震之以威怒。終苟免而不懷仁。貌恭而不心服。怨不在大。可畏惟人。載舟覆舟。所宜深慎。家語曰。君者舟也。庶人者水也。水所以載舟。亦所以覆舟也。奔車朽索。其可忽乎。朽。許九切。索。蘇各切。夏書曰。予臨兆民。凜乎若朽索之御六馬。踰危懼可畏之甚。奔車朽索亦此意也君人者。誠能見可欲。則思知足以自戒。將有作。則思知止以安人。念高危。則思謙冲而自牧。懼滿溢。則思江海下百川。樂盤遊。則思三驅以爲度。樂。音洛。後同。盤遊。畋獵也。夏書曰。不敢盤于遊田。三驅者。圍合其三面。前開一路。使之可去。不忍盡物。好生之仁也。易比卦六五。王用三驅失前禽。蓋猶成湯祝網之義憂懈怠。則思慎始而敬終。慮壅蔽。則思虛心以納下。想讒邪。則思正身以黜惡。恩所加。則思無因喜以謬賞。罰所及。則思無因怒而濫刑。總此十思。弘茲九德。虞書皋陶曰。亦行有九德。寬而栗。柔而立。愿而恭。亂而敬。擾而毅。直而溫。簡而廉。剛而塞。彊而義。言人之德見於行者凡九。蓋知人之事也。簡能而任之。擇善而從之。則智者盡其謀。勇者竭其力。仁者播其惠。信者効其忠。文武爭馳。君臣無事。可以盡豫遊之樂。孟子曰。一遊一豫。爲諸侯度。豫樂。遊遊巡也。言王者一遊一豫。皆有惠及民而諸侯所取法。不敢慢遊以病民也。可以養松喬之壽。赤松。王喬。皆古仙人之有壽者。鳴琴垂拱。不言而化。家語曰。舜彈五絃之琴。造南風之詩。垂拱者。垂衣拱手。無爲而治也。何必勞神苦思。代下司職。役聰明之耳目。虧無爲之大道哉。按通鑑係十一年四月。魏徵上此疏。

太宗手詔答曰。省頻抗表。省。悉井切。視也。誠極忠款。苦管切。誠

也

言窮切至。披覽忘倦。每達宵分。夜半也非公體國情深。啟沃義重。啟，開也。沃，灌溉也。商書高宗命傅說曰：啟乃心，沃朕心。豈能示以良圖。臣其不及朕聞晉武帝自平吳已後晉武帝，姓司馬，名炎。家世仕魏。封晉王。受魏禪。國號晉。吳，國名。三國孫權之後。晉武滅之。務在驕奢。不復留心治政。何曾字穎考。仕魏爲司徒。晉受禪。以曾爲太傅。退朝謂其子劭字敬祖。曾之子也。仕晉爲司徒。曰。吾每見主上。不論經國遠圖。但說平生常語。此非貽厥子孫者。爾身猶可以免。指諸孫曰。此等必遇亂死。及孫綏果爲淫刑所戮。綏字伯蔚。曾之孫也。仕晉爲尚書。後爲東海王越所殺。前史美之。以爲明於先見。朕意不然。謂曾之不忠。其罪大矣。夫爲人臣。當進思盡忠。退思補過。將順其美。匡救其惡。孝經傳曾子述孔子之辭所以其爲理也。曾位極台司。三公上應三台。台司者。三公之位也名器崇重。當直辭正諫。論道佐時。今乃退有後言。進無廷諍。以爲明智。不亦謬乎。危而不持。焉用彼相。去聲。焉。於虔切。論語孔子告冉求曰。危而不持。顛而不扶。則將焉用彼相矣公之所陳。朕聞過矣。當置之几案。事等弦韋。弦。弓弦。韋。柔皮也。韓子曰。西門豹性急。佩韋以自緩。董安于性緩。佩弦以自急。必望收彼桑榆。期之歲暮。不使康哉良哉。獨美於在日。美。亦作盛。虞書舜臯陶賡歌之辭曰。股肱良哉。庶事康哉若魚若水。遂爽於當今。蜀先主曰。孤之有孔明。猶魚之得水也遲復嘉謀。犯而無隱。遲。去聲。禮。事君有犯而無隱朕將虛襟靜志。敬佇德音。按太宗此詔。通鑑係在十一年七月。

魏徵累上

疏之後

孫氏甫曰。魏公以忠直稱。歷數百年而名愈高。李翱論修史之法。則曰假如傳魏徵則記其諫諍之詞。足以見正直。是魏公得諫諍之道。其言足以傳信於後也。此二疏乃諫諍之著者。魏公事英主。力贊治道。已成太平之治。見其小失。尚孜孜諫諍以防其甚。如事中常之主。天下未治。其君或有大過。諫必危切。至安危大計。必忘身以爭也。蓋輔相之道。不至此。不足以爲忠。後之爲相者宜詳之。

呂氏祖謙曰。魏徵教太宗十思。使太宗能以是十思而充之。則當時之治。不惟貞觀而已。雖並隆於堯舜可也。然魏公之十思。可以與孔子之九思同垂訓於萬世矣。

愚按魏徵之於諫也。可謂難矣。不惟大事能諫。雖小事未嘗含也。不惟初年能諫。雖末年未嘗輟也。史稱其平生諫疏二百餘篇而是年一月之中。見於諫疏者凡二焉。見於書者如此。則其見於言者。可知矣。傳於世者如此。則其不傳於世者亦可知矣。臣不以數諫爲嫌。君不以數諫爲忤。其致貞觀之治有以也夫。今以二疏觀之。一以爲當監隋之所以失。念唐之所以得。一以爲有善始者實繁。能克終者實寡。夫能懼得失而後能善終始。能慎終始。則有得而無失矣。二疏之言。相爲表裏者也。吳氏合二疏爲一章。厥有旨哉

貞觀十五年。太宗謂侍臣曰。守天下難易（以豉切）侍中（唐制門下省侍中。掌出納帝命。相國儀。凡國家之務。與中書令參總而顓判國事。宰相職也）魏徵對曰。甚難。太宗曰。任賢能。受諫諍。卽可。（卽。一作則）何謂爲難。徵曰。觀自古帝王在於憂危之間則任賢受諫。及至安樂。（音洛）必懷寬怠。言事者惟令兢懼。（令。平聲）日陵月替。以至危亡。聖人所以居安思危。正爲此也。（爲。去聲）安而能懼。豈不爲難。

愚按太宗以間世之才。內芟羣雄。外清四夷。其視取天下有不足爲者。況於守天下乎。故魏徵因其問而對以甚難。魏徵豈欲難人之所易哉。蓋自古人主在憂危。則思敬畏。思敬畏。則亂者治矣。君安樂。則懷寬怠。懷寬怠。則治者亂矣。周宣能謹於北伐之日。而不能謹於庭燎。鄉晨之時。晉武知謹於平吳之先。而不能謹於天下一統之後。明皇首誅諸韋。安居而祿山之亂生。憲宗平蕩淮蔡。休兵而弘志之禍作。唐虞盛治。兢兢業業於一日萬機者。豈徒然哉。昔定公問一言興邦。孔子對以爲君之難。然則魏徵之言。其一言興邦者乎。

政體第二 凡十三章

貞觀初。太宗謂蕭瑀字時文。後梁明帝子也。高祖入關招之。授光祿大夫。武德初。遷內史令。貞觀初。拜太子少師。遷僕射。又遷御史大夫。參預朝政。後拜太子少傅。卒。謚曰恭。帝以性忌。改謚貞褊。曰。朕少好弓矢。少。好。並去聲自謂能盡其妙。近得良弓十數以示弓工。乃曰。皆非良材也。朕問其故。工曰。木心不正。則脉理皆邪（皆一作多）弓雖剛勁而遣箭不直。非良工也。朕始悟焉。朕以弧矢定四方。用弓多矣。而猶不得其理。況朕有天下之日淺。得爲理之意。固未及於弓。弓猶失之。而況於理乎。自是詔京官五品以上。（京官。謂京都官。唐制。五品以上皆以名聽制授）更宿中書內省（更。平聲。唐制。中書內省在禁中）每召見。皆賜坐與語。詢訪外事。務知百姓利害。政教得失焉。

范氏祖禹曰。傳曰。國之將興也。君子自以爲不足。其亡也。若有餘。太宗因識弓之未精而知天下之理已不能盡。詢謀於衆而不自用。此其所以興也。

胡氏寅曰。太宗射藝絶世。矢無虛發。若使弓材不良。發矢不直。則當危幾交急之時。所欲斃者不能應弦而倒。而濆於殆也久矣。工人之意。則不爲是。蓋見太宗之微。故借弓爲喻。所以規之也。猶曰。君心不正。則言行皆邪。勢雖尊嚴。而出政不善云爾。執藝之言。所謂伯牙之彈。而太宗聞之。異乎子期之聽邪。太宗英才蓋世。羣臣亦一時豪傑。多不足以望清光。而造弓者乃自外而窺其內。衆不可揜蓋如此。人君可不慎哉。凡人能反求諸已者實難。太宗雖愧於聽德之聽。然能因是召見京官問民疾苦。政事得失。是亦爲君之進也。

愚按古者工執藝事以諫。固時見於傳不謂唐之弓工。能見太宗之微。而有木心不正。表裏皆邪之語。斯言也。孟子曰。一正君而國定。董子曰。爲人君者。正心以正朝廷。正朝廷以正百官。正百官以正萬民而遠近莫不一於正。不知太宗果能因工人之言。而觸類於經傳之言乎

貞觀元年。太宗謂黃門侍郎漢世。禁門曰黃闥。以仲人主之。故曰。黃門。唐制

黃門侍郎。貳侍中。職掌祭祀。贊獻。奏天下祥瑞之官王珪詳見任賢篇曰。中書所出詔勑。中書。省名。武德三年。改內書省曰中書省。唐制。中書掌軍國政令。凡制冊詔牒。皆宣署而奉行焉。置令二人。侍郎二人。右諫議大夫四人。右補闕六人。令之貳也。其屬則有舍人六人。右散騎常侍二人。右拾遺六人。起居舍人二人。時。中書門下。與尚書號曰三省頗有意見不同。或兼錯失而相正以否。元置中書門下。省名。唐制。門下省。掌出納詔令。國務則與中書。參總焉。置侍中二人。黃門侍郎二人。侍中之二也。其屬則有左散騎常侍二人。左諫議大夫四人。給事中四人。起居郎二人。補闕二人。左拾遺二人。弘文館亦隸焉本擬相防過誤。人之意見。每或不同。有所是非。本為公事。為。去聲或有護己之短。忌聞其失。有是有非。銜以為怨。銜。戶監切。含也或有苟避私隙。相惜顏面。知非政事。遂即施行。施。平聲難違一官之小情。頓爲萬人之大弊。此實亡國之政。卿輩特須在意防也。隋日內外庶官。政以依違。而致禍亂。人多不能深思此理。當時皆謂禍不及身。面從背言虞書曰。汝無面從。退有後言。謂面諛以爲是。背毀以爲非也。不以爲患。後至大亂一起家國俱喪。雖有脫身之人。縱不遭刑戮。皆辛苦僅免。甚爲時論所貶黜。卿等特須滅私徇公。堅守直道。庶事相啟沃。勿上下雷同也。雷之發聲。物無不同時應者。故曰雷同

胡氏寅曰。古者論一相而止。至成王雖以周公位冢宰。然亦與召公同。相爲左右。何者。周公不敢自聖。獨專相事。又將訓後世。爲人心不同。大賢難得。則參錯並行。相輔相正。歸於無失而已。自漢以來。

政置左右丞相。政並置三公。不拘一相之文。至唐而法意猶密。旣有左右僕射。又有侍中中書尚書兩令左右丞。又以官未及而人可用者。參預朝政。而其大綱。則俾中書出令。門下審駁。而尚書受成須之有司。當貞觀時。君明臣忠。朝希粃政。不數年坐致太平。其集材並用之效如此。諸葛武侯曰。參署者。集衆思。廣忠益也。若難相違覆。曠闕損矣。違覆而得中。猶棄弊蹻而獲珠玉也。嗚呼。爲君如太宗。爲臣如武侯。公心望治。可爲後世法也。

愚按胡氏謂古者論一相而止。至周召始並相。以書傳考之。殆不然也。何則。虞廷之使宅百揆。宰相之職也。后稷皐陶垂益伯夷后夔皆羣有司之職也。若契之敷教。龍之納言。則不可以有司言也。豈非輔正宰相。參預朝政者乎。湯以伊尹仲虺並爲宰相。紂以鄂侯西北並爲三公。豈待周召而後有並相之事。哉。唐制俾中書出令。門下審駁。尚書受成。蓋所以集衆人之善。而防一己之私。眞唐虞三代之遺意也。觀太宗戒王珪之辭。首言護短避隙之私。次言隋朝依違之

禍。是不惟法度之善。其中微戒餙於法外者。豈不尤深切矣哉

貞觀二年。太宗問黃門侍郎王珪曰。近代君臣理國多劣於前古。何也。對曰。古之帝王爲政。皆志尚清靜以百姓之心爲心。近代則唯損百姓以適其欲。所任用大臣。復非經術之士。漢家宰相。無不精通一經如漢宣帝時。丞相韋賢通禮。魏相學易之類朝廷若有疑事。皆引經決定。由是人識禮教。理致太平。近代重武輕儒。或參以法律儒行既虧。行去聲淳風大壞。太宗深然其言。自此百官中有學業優長。兼識政體者。多進其階品。累加遷擢焉。

胡氏寅曰。上旣泛問。珪亦泛對。如是則無切磋之益矣。前古凡幾古。近世凡幾世。珪宜復帝曰。不知陛下所指爲何代。請得論之。如是。則有因事獻替之功矣。若魏晉而下。則無足言。若自兩漢。則西京文學之美。不如東漢名節之邵。而風俗厚薄。治化淳漓。無不本於人君者。忠臣事君。必勉其所未能。而奬其所未至。兩漢盛時。太宗所可及也。禹湯文武之業。豈不在所希慕乎

愚按太宗延代劣於前古之問。自三代以下之善哉問也。王珪首以漢爲對。而謂近代重武輕儒。果何所指也。夫古者皐夔稷契伊傅周召此所謂儒也。以明體適用之學。齊斯世於極治者也。豈特漢之經術比哉。太宗以學業優長兼識政體者進其階品。不知學業優長者。果眞儒乎

貞觀三年。太宗謂侍臣曰。中書門下。機要之司。擢才而居。委任實重。詔勅如有不穩便。皆須執論。比來（北音）惟覺阿旨順情。唯唯苟過（唯。唯。並音葦）遂無一言諫諍。

皐

五五

者。豈是道理。若惟署詔敕行文書而已。人誰不堪。何煩簡擇以相委付。自今詔敕疑有不穩便。必須執言。無得妄有畏懼。知而寢默。按通鑑是年四月。上始御太極殿。謂侍臣曰。云云。房玄齡等。皆頓首謝。故事凡軍國大事。則中書舍人各執所見。雜署其名。謂之五花判事。中書侍郎。中書令省審之。給事中。黃門侍郎駁正之。上始申明舊制。由是鮮有敗事

范氏祖禹曰。朝廷設官分職。非徒使上下相從。欲交修其所不逮也。故書曰。百官修職。苟取充位而奉行上令。則是胥史而已。不明之君。自以無過。惡人之言。是以政亂而上不聞。太宗勅責而使之言。雖欲不治。不可得也

呂氏曰。武王諤諤而昌。商紂唯唯而亡。蓋朝廷之上。和而不同。論難往來。務求至當。此諤諤之風也。朝廷以諤諤為風。則正人進。而佞人退。安得而不昌乎。其或君臣上下。有非不諫。務相順從。以

爲雷同。此唯唯之風也。朝廷以唯唯爲風。則倿人進。而君子退。安得而不亡乎。是道也。豈武王與紂爲然。秦人唯唯而亡。漢家諤諤而昌。隋人唯唯而亡。唐家諤諤而昌。未有唯唯而不亡。亦未有諤諤而不昌者也

愚按舜命龍作納言曰。夙夜出納朕命。惟允。說者謂後世中書門下之職。即納言也。夫出者。受上言以宣於下。納者。聽下言以聞於上。而允者。當於理之謂也。下情上達。上情下孚。一切以帝命之公。而無讒說之私。此非擇才不能也彼阿旨順情。唯唯苟免者。豈惟允之義乎

貞觀四年。太宗問蕭瑀曰。隋文帝何如主也。隋文帝姓楊。名堅。弘農人。後周朝以元舅輔政。位相國。封隋王。受周禪。國[illegible]隋對曰。克己復禮。論語。孔子答顏淵問仁之辭。言克去己私。復還天理也勤勞思政。每一坐朝音潮或至日昃。五品已上引坐論事。宿衞之士。傳飧而食。飧音孫。熟

食也雖性非仁明。亦是勵精之主。太宗曰。公知其一。未知其二。此人性至察而心不明。夫音扶心暗則照有不通。至察則多疑於物。又欺孤兒寡婦以得天下。隋文帝受禪之時周宣帝既喪。靜帝幼冲之日也恒恐羣臣內懷不服。不肯信任百司。每事皆自決斷。雖則勞神苦形。未能盡合於理。朝臣既知其意。亦不敢直言。宰相以下。相。去聲。後同惟即承順而已。朕意則不然。以天下之廣。四海之衆。千端萬緒。須合變通。皆委百司商量。平聲宰相籌畫。於事穩便。方可奏行。豈得以一日萬機。虞書曰。一日二日萬機。機。與幾同。言日之至淺。而事之至多也獨斷一人之慮也。且日斷十事。五條不中。

去聲。後同。謂中於理也。中者信善。其如不中者何。以日繼月。乃至累年。乖謬既多。不亡何待。豈如廣任賢良。高居深視。法令嚴肅。誰敢爲非。因令諸司。因令之令。平聲。若詔勅頒下有未穩便者。必須執奏。不得順旨。便即施行。務盡臣下之意

范氏祖禹曰。君以知人爲明。臣以任職爲良。君知人。則賢者得行其所學。臣任職。則不賢者不得苟容於朝。此庶事所以康也。若夫君行臣職。則叢脞矣。臣不任君之事。則惰。此萬事所以墮也。當舜之時。禹爲一相。總百官。自稷以下。分職以聽焉。君人者。如天運於上。而四時寒暑各司其序。則不勞而萬物生矣。君不可以不逸。所治者大。所司者要也。臣不可以不勞。所治者寡。所職者詳也。不明之君。不能知人。故務察而多疑。欲以一人之身。代百官之所爲。則雖聖智。亦日力不足矣。故其臣下。事無

大小皆歸之君。政有得失。不任其患。賢者不得行其志。而持祿之士。得以保其位。此天下所以不治也。是以隋文勤而無功。太宗逸而有成。彼不得其道。而此得其道。故也

愚按古之君天下者。勞於求賢。逸於得人。未有身代羣臣之事。而自以爲勵精者也。隋文帝天資苛察。多疑自任。欲以一身之耳目。而周知天下之務。以一人之手足。而悉代百司之勞。不及再傳。天下大亂。後世道學不明。故隋文自以爲勵精之事。蕭瑀亦稱之爲勵精之主。夫堯之兢兢。堯之勵精也。舜之孳孳。舜之勵精也。堯以不得舜爲已憂。舜以不得禹皐陶爲已憂。堯舜之勵精。勞於求賢而已。豈以其身代羣臣之事哉。瑀又謂其能克己復禮。斯顏子之所勉行也。豈隋文之所能乎。失之遠矣。太宗深悟隋文之非。非非惟欲廣任賢良。高居深視。但令百司不得順旨。務盡臣下之意。故貞觀之治。較之開皇。相去懸絕者。有以也夫。

貞觀五年。太宗謂侍臣曰。治國與養病無異也。病人

覺愈。爾須將護。若論觸犯。必至殞命。治國亦然。天下稍安。尤須競慎。若便驕逸。必至喪敗。今天下安危。繫之於朕。故日慎一日。雖休勿休。然耳目股肱。寄於卿輩。既義均一體。宜協力同心。事有不安。可極言無隱。儻君臣相疑。不能備盡肝膈。實爲國之大害也。按通鑑是年。康國求內附。太宗因有是言。魏徵曰。內外治安。臣不以爲喜。惟喜陛下居安思危耳。

呂氏祖謙曰。魏徵之於太宗。救其惡多矣。而未嘗不將順其美焉。故其言曰。內外治安。臣不以爲喜。惟喜陛下居安思危耳。夫既將其居安思危之美。俾其君安思危之心。永永不忘。則其將順正救之道。豈不兩盡乎

愚按太宗謂治國與養病無異。竊嘗因其言而推之。天下猶一身也。人君爲元首。大臣爲心腹。

其次爲股肱。又其次爲耳目。又其次爲爪牙。天下之疲癃殘疾。則癢痾疾痛。舉切吾身者也。唐虞三代。康強無事之時也。春秋戰國。病困危篤之時也。三國。南北朝。病蹶蠱痱辟者也。隋亡。唐興。其病愈新起之時乎。愼其起居。節其飲食。競競焉。保護之可也。一有觸犯。不惟病之復作。且不可復愈矣。雖然。先儒嘗言。仁者以天地萬物爲一體。認得爲己。何所不至。若不屬己。如手足痿痺。氣已不貫。烏乎。使太宗而知此義。又豈特貞觀之治而已

貞觀六年。太宗謂侍臣曰。看古之帝王。有興有衰。猶朝之有暮。皆爲蔽其耳目。不知時政得失。忠正者不言。邪諂者日進。既不見過。所以至於滅亡。朕既在九重。平聲。君門九重不能盡見天下事。故布之卿等。以爲朕之耳目。莫以天下無事。四海安寧。便不存意。可愛非君

可畏非民。虞書舜告禹之辭。言君可愛。而民可畏也。天子者。有道則人推而爲主。無道則人棄而不用。誠可畏也。魏徵對曰。自古失國之主。皆爲居安忘危。處理忘亂。處上聲所以不能長久。今陛下富有四海。內外淸晏。能留心理道。常臨深履薄。詩曰。如臨深淵。如履薄冰。喻可畏之甚也國家曆數。曆數者。帝王相繼之次第。猶歲月氣節之先後也自然靈長。臣又聞古語云。君。舟也。人。水也。水能載舟。亦能覆舟。陛下以爲可畏。誠如聖旨。

愚按書曰。詢于四岳。闢四門。明四目。達四聰。所以通下情。而防壅蔽也。太宗以廷臣爲耳目。有合於此歟。又曰。民惟邦本。本固邦寧。天下愚夫愚婦。一能勝予。所以畏民心。而保君位也。魏徵以水能載舟覆舟。有得於此歟。君臣之相儆戒如此。誠有天下者之鑑也貞觀六年，太宗謂侍臣曰：古人云：危而不持，顛而不扶，焉用彼相。焉，於虔切。相，去聲。見君道篇註。君臣之義，得不盡忠匡救乎。朕嘗讀書，見桀殺關龍逄，音旁。桀，夏桀。見君道篇註。關龍逄，夏之賢大夫。諫桀，被殺。漢誅鼂錯，上音潮，下音措。鼂錯，潁川人。漢景帝時爲御史大夫。請諸侯之罪過削其地。吳楚七國遂反。爰盎請帝斬錯。遂斬於東市。未嘗不廢書歎息。公等但能正詞直諫，裨益政教，終不以犯顏忤旨。忤，音午。逆也。妄有誅責。朕比來比，音鼻。臨朝斷決，亦有乖於律令者。公等以爲小事，遂不執言。凡大事皆起於小事，小事不論，大事又將不可救，社稷傾危，莫不由此。隋主殘暴，身死匹夫之手，率土蒼生，罕聞嗟痛。公等爲朕思隋

氏滅亡之事。爲。去聲。後同 朕爲公等思龍逢鼂錯之誅。君

臣保全。豈不美哉。

林氏之奇曰。君臣之間。其安危禍福之所在。未嘗不相與共之也。夏桀爲一己之欲。故不恤關龍逢之死。龍逢旣誅。而桀亦不免於亡。虞世基爲一己之計。故不諫煬帝之過。煬帝旣亡。而世基亦不免於禍。夫夏桀之殺龍逢。世基之媚煬帝。豈不以在己之意爲自得哉。及其危禍之至。而俱以不免。此太宗所以戒其臣使之爲己思煬帝之亡也。亦爲之念龍逢之死也。由是言之。君之納諫。臣之進諫。豈非相爲謀而後能相保乎

愚按君臣一心。則君體其臣。臣體其君。上下交泰之時也。君臣二心。則君不恤其臣。臣不恤其君。上下不交。否之時也。太宗欲爲羣臣思龍逢鼂錯之誅。是君能以臣之心爲心也。又使羣臣爲己思隋氏滅亡之事。是臣能以君之心爲心也。君以臣之心爲心。臣以君之心爲心。其上下

之交泰乎。宜其致貞觀之治也

貞觀七年。太宗與秘書監唐制。秘書省置監一人。掌邦國經籍圖書之事。有二局。日著作。日太史。皆率其屬而修其職。少監爲之貳魏徵從容論自古理政得失從。卽容切。從容。和緩貌因曰。當今大亂之後。造次不可致理造七到切。後同。造次。急遽也徵曰。不然。凡人在危困。則憂死亡。憂死亡。則思理。思理則易教。易。以豉切。後同然則亂後易教。猶饑人易食也。太宗曰。善人爲邦百年。然後勝殘去殺。勝。平聲。去。上聲。此述論語之辭大亂之後。將求致理。寧可造次而望乎。徵曰。此據常人。不在聖哲。若聖哲施化。施。平聲上下同心。人應如響。不疾而速。朞月而可。信不爲難。三年成功。猶謂其晚。論語曰。苟有用我者。朞月而已。可也。三年有成。太宗以爲然。封德彝。名倫。以字行。觀州人。初仕隋。爲起居舍人。佐虞世基。以諂承主意。後與宇文士及降唐。以秘策于高祖。爲秦王參謀軍事。貞觀初。拜右僕射。卒。諡曰明。後以邪佞改諡繆。等對曰。按通鑑無等字。作非之曰。三代以後。以一作之。人漸澆訛。上古聊切。薄也。下五禾切。謬也。故秦任法律。謂秦之治專用刑法律令。言尚酷也。漢雜霸道。謂漢之治以王道霸道雜施之。言不純也。皆欲理而不能。豈能理而不欲。若信魏徵所說。說一作論。恐敗亂國家。徵曰。五帝。史記謂黃帝。顓頊。帝嚳。唐堯。虞舜。爲五帝。孔安國書序。以少昊。顓頊。高辛。唐。虞。爲五帝。未詳孰是。三王。夏。殷。周。創業之三王。禹。湯。武王是也。不易人而理。易。如字。行帝道則帝。行王道則王。在於當時所理化之而已。考之載籍。可得而知。昔黃帝與蚩尤七十餘戰。其亂甚矣。旣勝之後。便致太平。黃帝。姓公孫。名軒轅。號有熊氏蚩尤。古諸侯之無道者。蚩尤作亂。黃帝徵師諸侯與戰於涿鹿之野。遂擒殺之。而萬國和九黎亂德。顓頊征之。旣克之後。不失其理。九黎。蚩尤之屬也。顓頊。號高陽氏黃帝之孫也。國語。楚觀射父曰。少皥氏之衰也。九黎亂德。人神雜糅。不可方物。顓帝承之。乃命南正重司天以屬神火正黎。司地以屬人桀爲亂虐。而湯放之。在湯之代即致太平。桀。夏王名履癸。湯。殷主名履。桀不務德而賦傷百姓。湯遂率兵伐之。桀走鳴條。遂放而死。湯乃踐位。平定四海紂爲無道。武王伐之。成王之代。亦致太平。紂。殷王名受。武王。周文王之子名發。紂淫亂日甚百姓怨望。武王遂率諸侯伐之。紂死於鹿臺。武王克殷二年。太子誦立。是爲成王若言人漸澆訛。不及純樸。王今應悉爲鬼魅。應。平聲當也寧可復得而教化耶。德彝等無以難之。難。去聲。駁也。然咸以爲不可。以上文按通鑑係在四年。太宗每力行不倦。數年間。海內康寧。突厥破滅。突。陀没切。厥。九勿切。突厥阿史那氏。古匈奴北部也。居金山之陽。夏曰獫狁。商曰鬼方。周曰獫狁。其別部凡二十八等。皆世其官。與中國抗衡。歷代爲患。悉臣服於唐。因謂羣臣曰。貞觀初。人皆異論。云當今必不可行帝道。王道。惟魏徵勸我。既從其言。不過數載。遂得華夏安寧。遠戎賓服。突厥自古以來。常爲中國勍敵。勍。音檠。強也。今酋長酋。慈由切。長。音掌。番國之長也。並帶刀宿衛。部落皆襲衣冠。使我遂至於此。皆魏徵之力也。顧謂徵曰。玉雖有美質。在於石間。不值良工琢磨。與瓦礫不別。礫。音的。小石也。別。彼列切。若遇良工。即爲萬代之寶。朕雖無美質。爲公所切磋。七多切。詩曰。如切如磋。如琢如磨。言其治之有緒。而益致其精也。
勞公約朕以仁義。弘朕以道德。使朕功業至此。公亦
足爲良工爾。按史傳曰。帝納其言不疑。於是天下大治。蠻夷君長。襲衣冠帶刀宿衛。東薄海
南踰嶺。戶闔不閉。行旅不賫糧取給於道。帝謂羣臣
曰。此徵勸我行仁義既效矣。惜不令封德彝見之。
孫氏甫曰。帝王興治道。在觀時而爲之。觀時在至
明。至明在至公。至明則理無不通。至公則事無不至
正。通於理。故能變天下之弊。正其事。故能立天下
之教。弊變。教立其治不勞而成矣。孔子曰。如有用
我者。期月而已可也。三年有成。則聖人之意可見
矣。但後之爲天下者。雖欲興起治道。多非聖哲之
才。不能通究時弊。以道變之。務速其功以行一時
之事。故所爲駁雜。莫復前古之治也。觀魏公之論。
誠得聖人之意。文皇能納其言而不惑姦人之論。
力變時弊。以行王道。嗚呼明哉。大亂之後。興立教
法。不急其功。致時大平。
德流於後。嗚呼公哉。

義也。慕其名而不得其實。喜其文而不究其本。知求之於紀綱政事。而不知反之於吾身方寸之間。知求之於外廷朝著。而不知行之於宮闈隱微之際。故始以從諫爲美。而終不免仆碑之失。外以出宮女爲名。而內不免懷嬴之累。內外扞格。終始衡決。其於聖人之仁義。蓋外似而內違。名同而實乖也。夫自成康八百餘年而後有漢。漢八百餘年而後有太宗。天之生賢君如此其不數數也。幸而有力行仁義之君。而較之於聖人之道。則又若碔砆之於美玉。梯稗之於美稼焉。豈非聖道不明。有君無臣之所致乎。烏乎惜哉

貞觀八年。太宗謂侍臣曰。隋時百姓縱有財物。豈得保此。自朕有天下已來。存心撫養。無有所科差。人人皆得營生。守其資財。即朕所賜。向使朕科喚不已。雖數資賞賜。數音朔 亦不如不得。魏徵對曰。堯舜在上。百

姓亦云耕田而食鑿井而飲含哺鼓腹而云帝何力於其間矣（堯時有老人擊壤於路曰吾日出而作日入而息鑿井而飲耕田而食帝何力於我哉）今陛下如此含養百姓可謂日用而不知又奏稱晉文公（晉春秋時國名文公晉君名重耳）出田逐獸於碭（徒浪切）入大澤迷不知所出其中有漁者文公謂曰我若君也道將安出我且厚賜若漁者曰臣願有獻文公出澤而受之於是送出澤文公曰今子之所欲教寡人者何也願受之漁者曰鴻鵠保河海厭而徙之小澤則有矰丸之憂（矰音曾矢也）黿鼉保深淵厭而出之淺渚必有釣射之憂（射音石）今君出獸碭入至此何行之太遠也

范氏祖禹曰。太宗可謂能審取捨矣。魏徵仁義之言也。欲順天下之理而治之。封德彝刑罰之言也。欲咈天下之性而治之。夫民莫不惡危而欲安。惡勞而欲息。以仁義治之。則順。以刑罰治之。則咈矣。欲治天下。則順之而已。咈之而能治之。未之聞也。太宗從魏徵而不從德彝。行之數年。遂致太平。仁義之效如此之速也。故治道在人。主所立行耳。孰不可爲太宗乎。及其成功。復歸於下。此前世帝王之所不

及也。

胡氏寅曰。德彝言三代以還。人漸澆訛。未爲甚失。魏徵言若果澆訛。當爲鬼魅。則非也。以書契以來觀之。三代之時。固不若唐虞之世。周之文勝。又不若虞夏之質。兩漢風俗。豈敢望周。而唐室風俗。又安能及漢耶。若謂民常淳樸。無有澆訛。是結繩之治。可以易約劑。土鼓之樂。可以變絲竹矣。要之一治一亂。天地之大數也。亂極人少。則氣厚而人淳。治極人多。則氣漓而人澆。淳漓一變。而天地之氣盈虛消息。後世誠不及古遠矣。若夫人之所以爲人。出於本心不可泯滅者。則古猶今耳。是故可以

懷之以仁。理之以義。先之以敬讓。示之以好惡也。魏徵有見於饑渴者。易爲飲食。而無見於人心之未亡者。故其效止於斗米數錢。外戶不閉。則無以進矣。固不能使人人有七君子之器也。

愚按仁者心之德而愛之理。義者心之制而事之宜。二者皆出於天理之本然。人心之固有也。古之聖人體之於心。行之於身。措之於家國天下。操存於未發之時。持守於隱微之地。終始如一。無須臾之離也。表裏如一。無毫髮之間也。故能使天地自位。萬物自育。氣無不和。四靈畢至。此豈可以僞而爲之襲而取之哉。周道旣衰。聖學榛塞。孟子於戰國之時。汲汲然以仁義說齊梁之君。則見謂迂闊而莫之行也。自時厥後。則自謂馬上得之。安事詩書者。有之矣。崇尚黃老不信儒術者。有之矣。自謂本雜霸道。不喜書生者。有之矣。其視仁義。不過尊之以美名待之以虛器而已。寥寥千載。唐太宗以英武間世之姿當撥亂反正之運。獨能黜抑封倫之言。力行魏徵之請。故能致斗米三錢。外戶不閉。行旅野宿。幾於刑措。亦可謂仁義之效矣。然太宗之於仁

文公曰。善哉謂從者記漁者名。從去聲 漁者曰。君何以名。君尊天事地。敬社稷。保四國。慈愛萬人。薄賦歛去聲輕租稅。臣亦與焉。與去聲 君不尊天不事地。不敬社稷不固四海。外失禮於諸侯。內逆人心。一國流亡。漁者雖有厚賜。不得保也。遂辭不受。太宗曰。卿言是也。舊本

此章附忠義篇。今按其言於正體尤切故附於此

愚按惠王移民移粟。孟子不許其仁。子產濟人溱洧。孟子譏其不知爲政。夫使梁國有九年之備。子產有輿梁之政。安用區區之小惠哉。善乎太宗曰。人得營生。即朕所賜。若科差不已。雖賞賜不如不得。此可謂知爲政之本矣。愚觀後世之君。有賜民今年田租者。有賜民爵。賜民帛者。夫耕田鑿井之民。尚不知帝力之何有。彼有限之賜。何足以周無窮之民乎

◎

貞觀九年，太宗謂侍臣曰：往昔初平京師，師，衆也。周都鎬京，後世因以天子建都之地曰京，言此指長安隋之都而言也。宮中美女珍玩，無院不滿。煬帝意猶不足，徵求無已，徵，平聲，召也。兼東西征討，窮兵黷武，黷音瀆。百姓不堪，遂致滅亡。此皆朕所目見，故夙夜孜孜，孜並音茲，篤意也。惟欲清淨，使天下無事。遂得徭役不興，年穀豐稔，百姓安樂。樂音洛，後同。夫治國猶如栽樹，夫音扶。本根不搖，則枝葉茂榮。一作盛。君能清淨，百姓何得不安樂乎。

愚按：孟子曰：其爲人也多欲，雖有存焉者寡矣。人莫不然，而君天下者尤甚焉。夫峻宇雕墻，本於宮室；酒池肉林，本於飲食；淫虐嚴酷，本於刑罰；窮兵黷武，本於征伐。自古亡國喪家之君，未有不由多欲者也。桀以多欲而亡。成湯反之而興。紂以多欲而亡。武王反之而興。煬帝多欲而亡。太宗反之而興。夫太宗之寡欲。非能如湯武也。不過勉強行之耳。猶能身致盛治。歷年數百。況於眞如實踐者乎

貞觀十六年。太宗謂侍臣曰。或君亂於上。臣理於下。或臣亂於下。君理於上。二者苟逢。何者爲甚。特進魏徵對曰。君心理。則照見下非。誅一勸百。誰敢不畏威盡力。若昏暴於上。忠諫不從。雖百里奚。伍子胥之在虞吳。不救其禍。敗亡亦繼。一作促。虞。吳。二國名。百里奚。虞之賢臣。晉假道於虞以伐虢。欲并取虞。百里奚知虞公之不可諫而去之秦。後果爲晉所滅。伍子胥。名員。楚人。吳之賢臣。吳王夫差伐越。越請和。子胥諫。吳王不聽。與越平。復欲伐齊。子胥以爲不可。吳王又不聽。太宰嚭譖子胥於王。

王賜劍使自死。後吳爲越王勾踐所滅

太宗曰。必如此。齊文宣昏暴。楊遵彥以正道扶之得理。何也。齊文宣姓高名洋。東魏臣。篡其父歡位。封齊王。受魏禪。國號齊。楊遵彥。名愔。仕齊爲尚書令。文宣以功業自矜。遂嗜酒淫泆。肆行強暴。而能委政楊愔。總攝機衡。百度修飭。時人皆言主昏於上。政清於下

徵曰。遵彥彌縫暴主。救理蒼生。纔得免亂。亦甚危苦。與人主嚴明。臣下畏法。直言正諫。皆見信用。不可同年而語也。

林氏之奇曰。君者。臣之綱。君正則臣正。未有綱之不正而能使其目之正者。然則君苟自亂。安能使其臣之治也。鄭公之言。可謂得夫正綱之道。而太宗乃以齊文宣得楊遵彥爲君亂臣治之比。殊不知彼之所爲。才能救其亡耳。烏足以爲治哉。孔子言衞靈公之無道。康子曰。夫如是。奚其不喪。孔子曰。仲叔圉治賓客。祝鮀治宗廟。王孫賈治軍旅。夫如是。奚其喪。是亦君亂而臣治。然止於不喪而已。

◎

安能以興邦乎

愚按書曰。后克艱厥后。臣克艱厥臣。政乃乂。黎民敏德。君臣相須以成至治。此元首股肱所由以取騐也。太宗之言。未爲知要。夫君亂臣理。此季世之所見也。求之古先盛時。太甲欲敗度縱敗禮。可以言亂。必有元聖大臣如伊尹之匡救。遂終爲賢君。降此則魏徵所謂才得免亂爾。若夫君理臣亂。尤無是理。君能理矣。明其政刑。臣何自亂。臣之亂政。由君之未理也。

貞觀十九年。太宗謂侍臣曰。朕觀古來帝王。驕矜而取敗者。不可勝數。上平聲。下上聲。不能遠述古昔。至如晉武平吳。見君道篇註。隋文伐陳。陳後主之世亡滅之。已後。心逾驕奢。自矜諸己。臣下不復敢言。政道因茲弛紊。上音矢。下音汶。散亂也。朕自平定突厥。破高麗已後。麗。平聲。凡言高麗並同。高麗。東夷國名。本扶餘別種居遠東。周封箕子之國也。今爲鎮東省兼并鐵勒。席卷沙漠。以爲州縣。鐵勒。匈奴苗裔。其種類多居西海之北。突厥。北部也。太宗既平其國。即其部落列置州縣。號爲羈縻以其首領爲都督刺史。皆得世襲。凡四夷內屬者皆然也夷狄遠服。聲教益廣。朕恐懷驕矜。恆自抑折音舌日旰而食。旰。音幹。晚也坐以待晨每思臣下有讜言直諫。讜。音黨。亦直也可以施於政教者。施。平聲當拭目以師友待之。一無友字如此。庶幾於時康道泰爾。幾。平聲

愚按是時。魏徵既死。諫諍之臣漸少。高麗雖破。忿兵之興未已。既破鐵勒。自謂雪恥酬百王。除兇報千古。其驕矜滿溢之意。固形於歌詠矣。然猶能日旰而食。坐以待晨。俾羣臣讜言直諫。欲以師友待之。嗚呼。此所以克終盛治。不失令名。有晉武隋文之功。而無晉武隋文之禍歟

太宗自卽位之始。霜旱爲灾。米穀踴貴。突厥侵擾。州縣騷然。帝志在憂人。鋭精爲政。崇尚節儉大布恩德是時自京師及河東。古冀州之域。今河東道河南。古兗州之域。今河南等處隴右。古梁州之域。今陝西等處饑饉尤甚。饑。音飢。饉。音僅。穀不熟曰饑。菜不熟曰饉一匹絹纔得一斗米。百姓雖東西逐食。未嘗嗟怨。莫不自安。至貞觀三年。關中豐熟。漢書。關中左殽函。右隴蜀。太宗分天下爲十道此爲關西。唐建都之地也。今陝西省咸自歸鄉。竟無一人逃散。其得人心如此。加以從諫如流。雅好儒術。一作學。好。去聲孜孜求士。務在擇官。改革舊弊。興復制度。每因一事。觸類爲善。初息隱海陵之黨。息隱。高祖長子也。名建成。初立爲皇太子。海陵。高祖第四子也。名元吉。初封齊王。建成荒色嗜酒。畋遊無度。見秦王功高。與元吉謀害秦王。秦王知之。遂殺二人。既即帝位。乃封建成爲息王。謚曰隱。元吉爲海陵王。謚曰剌。同謀害太宗者。數百千人。事寧。復引居左右近侍。心術豁然。不有疑阻。時論以爲能斷決大事。得帝王之體。深惡官吏貪濁。惡。烏去聲。有枉法受財者。必無赦免。在京流外有犯贓者。皆遣執奏。隨其所犯。寘以重法。由是官吏多自清謹。制馭王公妃主之家。大姓豪猾之伍。皆畏威屏跡。屏。音餅。無敢侵欺細人。商旅野次。無復盜賊。囹圄常空。囹。音零。圄。音語。周獄名也。馬牛布野。外戶不閉。又頻致豐稔。米斗三四錢。行旅自京師至于嶺表。五嶺之外。今二廣之地。自山東至于滄海。山東古冀州之域。今濟南等路。滄海東海之名也。皆不賫糧。取給於路。入山東村落。行客經過者。過。平聲。必厚加供待。供。平聲。或發時有贈遺。遺。去聲。饋送也。此皆古昔未有也。

歐陽氏修曰。盛哉。太宗之烈也。其除隋之亂。比迹湯武。致治之美。庶幾成康。自古功德兼隆。由漢以來。未之有也。至其牽於多愛。復立浮屠。好大喜功。勤兵於遠。此中材庸主之所常爲。然春秋之法。責備賢者。是以後世君子。欲成人之美者。莫不歎息於斯焉。

曾氏鞏曰。太宗之爲君也。屈已從諫。仁心愛人。可謂有天下之志。以租庸任民。以府衛任兵。以職事任官。以才能任職。以興義任俗。以尊本任衆。賦役有定制。兵農有定業。官無虛名。職無廢事。人習於善行。離於末作。使之操於上者。要而不煩。取於下者寡而易供。民有農之實。而兵之備存。有兵之名。而農之利在。事之分有歸。而祿之出不浮。材之品不遺。而治之體相承。其廉恥日以篤。田野日以闢以其法修則安且治。廢則危且亂。可謂有天下之材。行之數歲。粟米之賤。斗至數錢。居者有餘蓄。行者有餘貲。人人自厚。幾於刑措。可謂有治天下之效。有是三者而不得與先王並者。法度之行。禮樂之具。田疇之制。庠序之教。擬之先王未備也。躬親行陣之間。戰必勝。攻必取。天下莫不以爲武。而非先王之所尚也。四夷萬古所未及以政者。莫不服從。天下莫不以爲盛。而非先王之所務也。太宗之爲政於天下者如此。其得失可睹矣。

司馬氏光曰。太宗文武之才。高出前古。驅策英雄。網羅俊乂。好問善謀。樂聞直諫。極民於水火之中。而措之袵席之上。使盜賊化爲君子。吟呻轉爲謳謌。衣食有餘。刑措不用。突厥之渠。繫頸闕庭。北海之濱。悉爲州縣。蓋三代以還。中國之盛。未之有也。

范氏祖禹曰。太宗以武撥亂。以仁勝殘。其材畧優於漢高。而規摹不及也。恭儉不若孝文。而功烈過之矣。迹其性本强悍。而能畏義而好賢。屈已以從諫。刻厲矯揉。力於爲善。此所以致貞觀之治也。夫人主之所行、其善惡是非。在後世。當其時不可得辨也。老子曰。善人者。不善人之師。不善人者。善人之資。人君擇其善者而從之、足以得師、其不善而戒之。足以爲資矣

程氏祁曰、太宗舉兵五年、定海內、卒天下於仁壽富庶之域者、亦以天下之才爲天下之務而已。觀其任王珪魏徵於仇讐、任褚亮李百藥於降虜起劉洎馬周於疏遠、起張玄素孫伏伽於胥舊委之以政、責之以功、諫無不從、謀無不獲。且太宗之才固非天下之所能及、然而不以此驕天下之士、惴惴然常若有所不逮、此其所以能爲三百年之基也

愚按太宗之爲君可以爲賢矣。貞觀之治可以爲盛矣。今即其行事觀之、內除羣雄。外定四夷身經百戰。未嘗負北。後世人君之功、未有高焉者也。其人君之大德有三。一日謙虛納諫二日知人善任。三日恭儉愛民。後世人君之德、未有過之者也。定租庸調以爲取民之制。定府兵十六衛以爲養兵之制。任官則有職爵勳階之制。用刑則有笞杖徒流之制。後世制度之美。莫能

卯也。命房杜以爲相，英衛以爲將。王魏之諫爭。褒鄂之驍勇。虞褚之詞翰。下至孫思邈之醫藥。李淳風之曆數。袁天綱之相法。莫不至精至妙。度越千古。後世人才之盛。莫能及也。夫功也。德也。制度也。人才也。其盛如此。而卒不得。與於二帝三王之盛者。何哉。蓋嘗觀之。古先帝王雖其天資之美。未有不由學問而成者也。二帝三王之事尚矣。其所從學猶班班可考。若高宗之學于古訓而有獲。成王之學有緝熙而光明。泰和盛治。寇冕百王。有以也夫。太宗外親瀛洲之賢內立弘文之館。未嘗不學也。特非二帝三王之學耳。使其能從事於二帝三王之學。又豈特貞觀之治而已哉。

貞觀政要卷第一

貞觀政要卷第二　戈直集論　朱載震校閱

論任賢三　論求諫四

論納諫五

任賢第三 凡八章

房玄齡　杜如晦　魏徵　王珪

李靖　虞世南　李勣　馬周

房玄齡。名喬。以字顯。父彥謙。仕隋歷刺史。玄齡少警敏。通經史。善屬文。開皇中。隋方盛。喬白父曰。上無功德。徒以周近親。妄誅殺。亂嫡庶。競僭侈。終當滅亡。父驚曰。無妄言。年十八。舉進士。授羽騎尉。校讎秘省。侍郎高孝基曰。此郎當爲國器。恨不見其聳壑昂霄耳。中原方亂。慨然有憂天下之志。既事秦王。王曰。漢光武得鄧禹。今我得玄齡。猶禹也。餘見下文齊州臨淄人也。齊州。今濟南路。隸山東。臨淄。縣名。今屬益都路初仕隋。爲隰城尉。隰音習。隰城。今隰州隸河東。唐制。縣置尉掌親理庶務。分判衆曹。割斷追催。收率課調。令之佐也。坐事。除名。徙上郡。太宗徇地渭北。渭水之北。今陝西之地。玄齡杖策謁於軍門。太宗一見。便如舊識。署渭北道行軍記室參軍。唐制。掌軍府表啟書疏之職。玄齡既遇知已。遂罄竭心力。是時賊寇每平。衆人競求金寶。玄齡獨先收人物。致之幕府。及有謀臣猛將。與之潛相申結。各致死力。累授秦王府記室兼陝東道。今河南等處大行臺考功郎中。唐制。掌百官功過善惡之職。玄齡在秦府十餘年。恒典管記。隱太子巢剌王以玄齡及杜如晦詳見下章爲太宗所親禮。甚惡之。惡烏去聲譖之高祖。

諱淵。字叔德。由是與如晦並遭驅斥。及隱太子將有變也。太宗召玄齡如晦令衣道士服。令。平聲。衣去聲。潛引入閤謀議。及事平。太宗入春宮。東宮也。武德九年六月。太宗初為皇太子。擢拜太子左庶子。唐制。東宮左春坊左庶子。掌侍從。贊相禮儀。駁正啟奏之職。貞觀元年。遷中書令。唐制。中書省之長。掌佐天子。執大政而總判省事。宰相也。三年。拜尚書左僕射。監修國史。唐制。史館有監修國史。皆宰相兼領。封梁國公。實封一千三百戶。唐爵九等。一曰王。食邑萬戶。二曰郡王。食邑五千戶。三曰國公。食邑三千戶。四曰開國郡公。食邑二千戶。五曰開國縣公。食邑千五百戶。六曰開國縣侯。食邑千戶。七曰開國縣伯。食七百戶。八曰開國縣子食五百戶。九曰開國縣男。食三百戶。此言千三百戶。者。實封數也。後倣此。旣總任百司。虔恭夙夜。盡心竭節。不欲一物失所。聞人有善若巳有之。明達吏事。飾以文學。審定法令意在寬平。不以求備取人。不以巳長格物。隨能收敘無隔疎賤。論者稱爲良相焉。相。去聲。後同十三年。加太子少師。少去聲。唐制。太子少師。少傅。少保。掌曉三師德行。以諭皇太子。奉觀三師之德玄齡自以一居端揆。舜使禹宅百揆。端揆者相位也十有五年。頻抗表辭位。優詔不許。十六年。進拜司空。唐制。太尉司徒司空爲三公。佐天子理陰陽。平邦國。無所不統仍總朝政。依舊監修國史。玄齡復以年老請致仕。太宗遣使去聲謂曰。國家久相任使。相如字一朝忽無良相。朝音昭如失兩手。公若筋力不衰。無煩此讓。自知衰謝。當更奏聞。玄齡遂止。按史傳。玄齡抗表陳辭。太宗遣使謂之曰。昔留侯讓位。竇融辭

榮自懼盈滿。知進能退。善自止足。前代美之。公亦獻
齊蹤在昔。實可嘉尚。然國家久相任使。一朝忽無良
相。如失兩手。玄齡遂止。太宗又嘗追思王業之艱難。佐命之臣
咸乃作威鳳賦以自喻。因賜玄齡。其見稱類如此按新
舊唐書。皆曰。太宗追思王業艱難。佐命之力。作威鳳
賦以賜無忌。俱載長孫無忌傳。參之通鑑亦然。政要
作賜玄齡。未詳孰是。愚謂其所紀姓名雖不同。而太
宗眷命功臣之意則一也。今錄其賦於此。以備觀覽
焉其辭曰。有一威鳳。憇翮朝陽。晨遊紫霧。夕飲玄霜
資長風以舉翰。戾天衢而遠翔。西翥則煙氛閉色。東
飛則日月騰光。化垂鵬於北裔。訓羣鳥於南荒。珍亂
世而方降。應明時而自彰。俛翼雲路。歸功本樹。仰喬
枝而見猜。俯修條而抱蠹。同林之侶俱嫉。共幹之儔
並作。無恒山之義情。有炎洲之凶度。若巢葦而居安。
獨懷危而履懼。鴟鴞嘯乎側葉。燕雀喧乎下枝。慙已
陋之至鄙。害它賢之獨奇。或聚咮而交擊。乍分羅而
見羈。戢凌雲之逸羽。韜偉世之清儀。遂乃蓄情宵影。
結志晨暉。霜殘綺翼。露點紅衣。嗟憂患之易結。歎矰

緣之難違。斯畢命於一死。本無情於再飛。幸賴君子。以依以恃。引此風雲。濯斯塵滓。披蒙翳於葉下。發光彩於枝裏。仙翰屈而還舒。靈音摧而復起。職八極以遐翥。睎九天而高峙。庶廣德於梟鴿。非崇利於一己。是以徘徊感德。顧慕懷賢。憑明哲而禍散。託英才而福全。答惠之情彌結。報功之志方宣。非知難而行易。思今後而終前。俾賢德之流慶。畢萬葉而芳傳。

朱氏黼曰。人主以任相爲職。宰相以任人爲職。使宅百揆。舜所以命禹也。旁招俊乂。列于庶位。傳說所以相高宗也。太宗嘗謂玄齡當廣求賢人。隨材授任。可謂知任相矣。玄齡聞人有善。若已有之。不以求備取人。不以已長格物。可謂知相職矣。是以居端揆十五年。有司庶府皆稱其職也。竊嘗論之宰相非量材受任爲難。而爲國用人之不易。貞觀之盛。羣材蟻附。一財計之任雖賤。有司且能之。玄齡特以度支關天下利害。寧虛其位。而不以與人。寧任於已而不庀凡士。蓋以民力所繫。不當委貪刻之吏。國計所本。不可付聚歛之臣。故寧抱乏材之歎。而不容苟且以具員。寧受吝權之譏。而不畀

冐非以與下此其
所以號稱名相歟

吕氏祖謙曰。房玄齡之相太宗。王魏以善諫而爲
直。英衛以善兵而立功。玄齡乃斷斷於上而爲一
時之名相。可謂無它技。而能有容。足以任天下之
事矣。觀其以度支係天下利害。嘗有缺。求其人未
得。乃自領之。其材固足以辨天下之事。而能不自
用也。由是言之。無它技而有容。固足爲貴。至於材
不自用。而能用人之材。則玄
齡之賢。所以爲不可及也。

與氏德秀曰。梁文昭公佐太宗定天下。及終相位
凡三十三年。其持身也敬。其謀國也忠。蓋庶乎古
大臣之風矣。至於用人。則委諫爭於王魏。付征伐
於英衛。使衆善畢集於君。退然若無能爲者。此一
節蓋秦漢以來。未有能及之者。後之
君子。其用梁公之用心。當端拜師之

愚按昔漢高祖初入關也。諸將爭走金帛財物
之府。而蕭何獨收相府律令圖書。竟爲開基之
根本。夫蕭何起秦刀筆吏。而高見遠識如此。爲
輿王名相。豈偶然之故哉。房玄齡杖策謁軍門。

太宗一見如舊識。賦寵每平。衆人競求金寶。玄齡獨先收人物。致之幕府。其知所先務與蕭何收相府圖書。同一高見遠謀。與王相業。蕭不專美於漢。風雲感召。此豈人力也哉。非天其孰能使之

杜如晦。字克明。少英爽。以風流自命。內負大節。臨機輒斷。隋世預吏部選。高孝基異之。曰。君當爲棟梁用。願保令德。餘見下文京兆萬年人也。京兆郡名。今奉元路。萬年。縣名。今咸寧縣。隷陝西武德初。爲秦王府兵曹參軍。唐制。掌王府武官簿書考課儀衛假使等事。俄遷陝州總管府長史。長。音掌。唐制。邊要之地。置總管以統軍。長史其貳職也時府中多英俊。被外遷者衆。太宗患之。記室房玄齡曰。府僚去者雖多。蓋不足惜。杜如晦聰明識達。王佐才也。若大王守藩端拱。無所用之。必欲

經營四方。非此人莫可。太宗自此彌加禮重。寄以心腹。遂奏爲府屬。嘗參謀帷幄。時軍國多事。剖斷如流。深爲時輩所服。累除天策府從事中郎。武德四年。高祖以秦王功高古官。號不足以稱。乃加號天策上將。位在五公上。開府置官屬。從事中郎其屬職也兼文學館學士。太宗爲天策上將。亂稍平。乃嚮儒宮城西作文學館。收聘賢才。詢訪討論。學士其職也隱太子之敗。如晦與玄齡功第一。遷拜太子右庶子。唐制。東宮右春坊右庶子。掌侍從左右獻納啟奏。宣傳令旨之政。俄遷兵部尚書。唐制。兵部掌武選地圖車馬甲械之政。尚書其長也。進封蔡國公。實封一千三百戶。貞觀二年。以本官檢校侍中。唐制。檢校其官者。皆詔除而非正命三年。拜尚書右僕射。兼知吏部選事。唐制。吏部掌文選勳封考課之政。如

猶王也

仍與房玄齡共掌朝政。至於臺閣規模。典章文物。皆二人所定。甚獲當時之譽。時稱房杜焉。

按史傳如晦進僕射。久之以疾辭職。薨。贈司空。謚曰成。手詔虞世南為碑文。言痛悼意。它日食瓜美。輟其半奠焉。後夢如晦若平生。明日勑所御饌往祭。勞問妻子。恩禮無少衰。後詔功臣世襲。贈密州刺史。徙國萊。

柳氏芳曰。房杜佐太宗。天下號為賢相。然無迹可尋。德亦至矣。故太宗定禍亂。而房杜不言功。王魏善諫諍。而房杜讓其賢。英衛善將兵。而房杜行其道。理致太平。善歸人主。為唐宗臣。宜哉。

劉氏煦曰。房杜皆以命世之才。遭逢明主。謀猷允協。以致升平。議者以比漢之蕭曹。信矣。然杜之見用。房之所舉也。太宗嘗與玄齡圖事。則曰。非如晦莫能籌之。及如晦至。竟如玄齡之策。蓋房知杜之能斷大事。杜知房之善建嘉謀。裨諶草創。東里潤色。相須而成。俾無悔事。賢達用心。良有以也。若以往哲方之。房則管仲子產。杜則鮑叔罕虎矣。

宋氏祁曰。太宗取孤隋。攘羣盜。天下已平用房杜輔政。大亂之餘。紀綱彫弛。而能興仆植僵。使號令典刑。粲然罔不完。可謂名宰相。然求所以致之之迹。殆不可見何哉。雖然宰相。代天者也。輔贊彌縫而藏諸用。使斯人由而不知。彼揚已取名。暸然使戶曉者。殆房杜之知耶

張氏九成曰。太宗身屬橐鞬。以基帝業。閫外之臣。皆以功爲尚。而房杜隱然爲國名臣。自後世觀之。任公竭節。身處要地。如玄齡者。誰人也。臨機獨斷。吐胸中之奇。若如晦者。誰人也。

呂氏祖謙曰。房杜輔相太宗。成貞觀之治。而後世觀之。無迹可尋。此則近於無聲無臭之至矣。是故漢之文景。紀無可書之事。而爲西都之仁君。唐之房杜。傳無可載之功。而爲貞觀之賢相。

鹿氏仲友曰。太宗與房杜君臣之契深矣。謂之明良相遇可矣。而古之王者必有師臣。湯之於伊尹。武王之於尚父是也。是故能以道正君。格其非心。以登堯舜之盛。故曰成王畏相。房杜之於太宗。可以爲名相矣。未可以爲畏相也

愚按蘇文忠公有言。唐之房杜傳無可載之功。今以史傳考之。則褚遂良嘗謂玄齡自義旗之始。翼贊聖功。武德之季。冒死決策。貞觀之初。選賢立政。人臣之勤。玄齡爲最。高祖謂玄齡論事千里外猶對面。長孫后謂玄齡奇謀秘計。未嘗宣泄。是玄齡之功。猶可得而知也。至於如晦之爲人。則世稱玄齡善謀。如晦善斷。每有大事。玄齡輒曰。非如晦不能斷。及如晦至。卒用玄齡之策。是如晦之斷。初不能出於玄齡之謀也。故如晦之功。不可得而知也。然世豈以如晦爲不及玄齡哉。嗚呼。後之大臣。幸而與賢者同列。恥巳之短。而求加於人者。眞如晦之罪人也哉

魏徵。字玄成。孤貧落拓。有大志。不事生業。出家爲道士。好讀書。尤屬意縱横之說。大業末。李密見徵所爲文。召之。徵進十策。密奇之而不能用。後竇建德攻陷黎陽。獲徵。署爲起居舍人。及竇建德就擒。與裴矩西入關。隱太子聞其名。引直洗馬。甚禮之。餘見下文

鉅鹿人也。鉅鹿。郡名。今順德路。鉅鹿縣隸河東

近徙家相州之內黃。相。去聲。相州今彰德路。隸腹裏。內黃。縣名。今屬滑州

武德末。爲太子洗馬。（洗。音跣。洗馬。漢有是職。太子出則當直者前驅淸道。唐制。東宮左春坊司經局置洗馬。掌經史子集四庫圖籍刊緝之事。凡天下之圖書上東宮者。皆受而藏之）見太宗與隱太子陰相傾奪。每勸建成早爲之謀。太宗旣誅隱太子。召徵責之曰。汝離間我兄弟何也。（間。去聲）衆皆爲之危懼。徵慷慨自若。從容對曰。（從。即容切）皇太子若從臣言。必無今日之禍。太宗爲之歛容。厚加禮異。擢拜諫議大夫。數引之臥内。（數。音朔）訪以政術。徵雅有經國之才。性又抗直。無所屈撓。太宗每與之言。未嘗不悅。徵亦喜逢知己之主。竭其力用。又勞之曰。（勞。去聲。慰勞也）卿所諫前後二百餘事。皆稱朕意。（稱。去聲）非卿忠誠。

奉國何能若是。三年。累遷秘書監。參預朝政。深謀遠筭。多所弘益。太宗嘗謂曰。卿罪重於中鉤。我任卿逾於管仲。中。去聲。管仲。名夷吾。齊卿也。被齊襄公被弒。議立君。高國先陰告公子小白於莒。魯亦發兵送公子糾。而使管仲別將兵遮魯道。射中小白帶鉤。糾至齊。小白已立。是爲桓公。管仲請囚。鮑叔牙請公用之。公以爲大夫。後爲相。遂霸天下近代君臣相得。寧有似我於卿者乎。六年。太宗幸九成宮隋仁壽宮也宴近臣。長孫無忌曰。長音掌。凡言長孫。並同。長孫。複姓。無忌其名也。字輔機。文德皇后之兄。從太宗征討有功。累擢比部郎中。貞觀初。遷吏部尚書。封齊國公。復進策司空。爲太子太傅。高宗時以沮立武后。削官爵。置黔州卒王珪魏徵。往事息隱。臣見之若讎。不謂今者又同此宴。太宗曰。魏徵往者實我所讎。但其盡心所事。有足

嘉者。朕能擢而用之。何慙古烈。徵每犯顏切諫不許
我爲非我所以重之也。徵再拜曰。陛下導臣使言。臣
所以敢言。若陛下不受臣言。臣亦何敢犯龍鱗。觸忌
諱也。史記。韓非傳曰。諫說之士。不可不察。夫龍可擾狎而馴也。然喉下有逆鱗徑寸。嬰之必殺人。人主亦有逆鱗。說之者。能無嬰人主逆鱗則幾矣。太宗大悅。各賜錢十五萬。七
年。代王珪爲侍中。累封鄭國公。尋以疾乞辭所職。請
爲散官。太宗曰。朕拔卿於讐虜之中。任卿以樞要之
職。見朕之非。未嘗不諫。公獨不見金之在鑛。古猛切。金璞也。
何足貴哉。良冶鍜而爲器。冶。陶鑄匠也。便爲人所寶。朕方
自比於金。以卿爲良工。雖有疾。未爲衰老。豈得便爾

耶。徵乃止。後復固辭。聽解侍中。授以特進。仍知門下省事。十二年。太宗以誕皇孫。詔宴公卿。帝極歡謂侍臣曰。貞觀以前。從我平定天下。周旋艱險。玄齡之功無所與讓。貞觀之後。盡心於我。獻納忠讜。安國利人成我今日功業爲天下所稱者。惟魏徵而已。古之名臣何以加也。於是親解佩刀以賜二人。庶人承乾太宗初立長子承乾爲太子。後以罪廢爲庶人。在春宮不修德業。魏王泰字惠褒。太宗第四子。封魏王。好士善屬文。後貶王濮。謚曰恭。寵愛日隆內外庶寮。咸有疑議。太宗聞而惡之。惡烏去聲謂侍臣曰。當今朝臣。忠謇無如魏徵。我遣傅皇太子。用絕天下之望。十七年。遂授太子太師。唐制。太子太師、太傅、太保爲三師。掌以道德輔導皇太子。知門下事如故。徵自陳有疾。太宗謂曰。太子宗社之本。須有師傅。故選中正以爲輔弼。知公疹病。可臥護之。徵乃就職。尋遇疾。徵宅內先無正堂。太宗時欲營小殿。乃輟其材爲造。爲去聲五日而就。遣中使。去聲賜以布被素褥。遂其所尚。後數日薨。太宗親臨慟哭。臨去聲贈司空。謚曰文貞。太宗親爲製碑文。復自書於石。特賜其家食實封九百戶。太宗後嘗謂侍臣曰。夫以銅爲鏡。可以正衣冠。以古爲鏡。可以知興替。以人爲鏡。可以明得失。朕常保此三鏡。以防己過。今魏徵殂逝。遂亡一鏡

矣。因泣下久之。乃詔曰。昔惟魏徵。每顯予過。自其逝
也。雖過莫彰。朕豈獨有非於往時。而皆是於兹日。故
亦庶僚苟順。難觸龍鱗者歟。所以虛己外求。披迷內
省。悉井切言而不用。朕所甘心。用而不言。誰之責也。自
斯已後。各悉乃誠。若有是非。直言無隱。按史傳。徵疾甚。藥膳賜遺
無筭。上親問疾。語終日。後復與太子至。徵加朝服拖
帶。上悲慟撫之。將以衡山公主降其子叔玉。時公主
從上曰。公強視新婦。徵不能謝。及旦薨。帝臨哭。罷朝
五日。太子舉哀西華堂。詔內外百官朝集皆赴喪。晉
王奉詔致祭。陪葬昭陵。
上登苑西樓。望哭盡哀。
劉氏煦曰。魏公與文皇討論政術。往復應對。凡數
十萬言。其匡過弼違。能近取譬。博約連類。皆前代
諍臣所不至者。其實身正而心勁。上不負時主。中
不阿權倖。內不侈親族。外不為朋黨。不以逢時改

節。不以圖位責忠。前代爭臣。一人而已。

宋氏邢曰。君臣之際。顧不難哉。以徵之忠。而太宗之賢。身沒未幾。猜譖遽行。始徵之諫。至君子小人。未嘗不反覆言之。以邪佞之亂忠也。久猶不免。故曰皓皓者易汙。嶢嶢者難全。自古所歎云。

曾氏鞏曰。太宗屈已以從羣臣之議。而魏公之徒。喜遭其時。感知己之遇。事之大小。無不諫爭。雖其忠直所自至。亦得君以然也。

呂氏祖謙曰。或謂三代遺直者。言其以至公為心。而不以事形迹為美。以後言為戒。而不以卽應為嫌。任強直之責。而不顧擅權之議。為忠讜之論。而不畏誹謗之譏。此太宗貞觀之治。獨歸於徵。勸行仁義之效者。其以此歟。

唐氏仲友曰。責難於君謂之恭。陳善閉邪謂之敬。謂吾君不能謂之賊。此孟子之諫爭。徵有之矣。

真氏德秀曰。魏公始終以規諫為己任。唐史以為前代爭臣。一人而已。豈不信哉。然攷其學問淵源。

殆不可見。文中子世家謂魏徵嘗從其學。受王佐之道。先儒疑之。觀其勸太宗行仁義。則必有所本。然嘗論之。有仁義之體。有仁義之用。正其心。修其身。而達之於國家天下。無往而非仁義。此二帝三王之所行。兼體用之全者也。心未必正。身未必修。假仁義以行之。而不免於利欲之雜。然其受人利物之功。禁暴止亂之政。亦有補於世教。此齊桓晉文之所行。依倣於仁義之用。而體則未純。故其用亦未盡也。太宗除隋之難。身致升平。可謂偉矣。然由心而身。由身而家。皆有慚德。觀魏公之所論諫。即事而言者多。即心而論者少。正救於已形者多。而變化於未形者少。君臣之間。相與策勳者。屈勉於仁義之用而已。故貞觀之治。雖有志於三王。迄未能大異於五伯。魏公正君之功。雖秦漢以下所難及。而揆之伊傅周召。則猶可憾焉。或以爲由於縱横之學。則又有未然者。蓋戰國策士。多邪諂之言。而魏公所陳。皆正大之論。是豈可同日語哉。叔玠以王魏並稱。考觀本末。蓋亦其流亞云。

愚按魏鄭公之諫。自兩漢以來。一人而已。史稱爲三代遺直。豈不信哉。然嘗聞之孟子曰。人不足與適也。政不足與閒也。惟大人爲能格之非。蓋更一弊政，是一弊政而已。去一小人，是一小人而已。非心存焉，吾恐不勝其去，不勝其更也。今觀魏公之諫疏，大槩能裨益於政事，而不能匡正於本原；能規諫於臨時，而不能涵養於平昔。律以孟子之言，殆所謂過謫用人之非，非閒行政之失而已，無乃於格心之道猶有所未至乎。故程子謂其能正君而不能養德，真氏謂其即事而言者多，即心而論者少；正救於已形者多，變化於未形者少。其知言哉。

王珪字叔玠，志量隱正，能安於貧賤，交不苟合。開皇末，爲奉禮郎。季叔頗坐事被誅，珪當從坐，遂亡匿積十餘歲。高祖入關，相府司錄李綱薦珪貞諒有器識，引爲世子府諮議參軍。及東宮建，除中舍人，尋轉中允。餘見下文

太原祁縣人也。太原，郡名，今冀寧路；隸河東。祁縣，今仍舊。

武德中，爲隱太子中允。唐制，東宮官屬，掌侍從贊相，駁正啟奏，總司經典膳藥。

甚爲建成所禮。後以連其陰謀事，流于巂州。巂，音髓。武德末，高祖以太

（子與秦王有隙。責珪等不能輔導。皆被流。貶巂州。屬羅羅斯地。今爲建昌路。隸雲南。）建成誅後。太宗即位。召拜諫議大夫。每推誠盡節。多所獻納。珪嘗上封事切諫。（封事。實封言事也）太宗謂曰。卿所論皆中朕之失。（中去聲。）自古人君莫不欲社稷永安。然而不得者祗爲不聞已過。（爲去聲）或聞而不能改。故也。今朕有所失。卿能直言。朕復聞過能改。何慮社稷之不安乎。太宗又嘗謂珪曰。卿若常居諫官。朕必永無過失。顧待益厚。貞觀元年。遷黃門侍郎。參預政事。兼太子右庶子。二年。進拜侍中。時房玄齡魏徵李靖。（詳見下章）溫彥博（字大臨。并州人。警悟而辯。隋末。幽州總管羅藝以降。彥博預謀。召入爲郎。戰突厥被執。貞觀始。給歸）

司檢校吏部侍郎。時譏其煩碎後遷尚書右僕射。卒。追贈特進。諡曰恭。戴胄。字玄胤。相州人。性明正。善簿最。王世充謀篡。胄以大義說之。秦王引爲府士曹參軍。貞觀初。遷大理少卿。又遷尚書左丞。號稱職。拜諫議大夫。杜如晦遺言請以選舉委胄。遂檢校吏部尚書。卒。諡曰忠與珪同知國政。嘗因侍宴。太宗謂珪曰。卿識鑒精通。尤善談論。自玄齡等。咸宜品藻。定其差品文質也又可自量孰與諸子賢。量平聲對曰。孜孜奉國。知無不爲。臣不如玄齡。每以諫諍爲心。恥君不及堯舜。臣不如魏徵。才兼文武。出將入相。臣不如李靖。將相並去聲敷奏詳明。出納惟允。臣不如溫彥博。處繁理劇。衆務必舉。臣不如戴胄。處上聲至如激濁揚清。嫉惡好善。好去聲臣於數子亦有一日之長

太宗深然其言。羣公亦各以爲盡己所懷，謂之確論

援史傳。珪後進爵郡公。八年。拜禮部尚書。十一年。正定五禮。兼魏王師。十三年卒。上素服舉哀。詔魏王泰率百官臨哭。贈吏部尚書。謚曰懿。

劉氏煦曰。王珪履正不回。忠讜無比。君臣時命。胥會于茲。易曰。自天祐之。吉無不利。叔玠有之矣。

陳氏惇修曰。太宗嘗歷數諸臣之得失。以夸大於一己。而復使王珪商確人物。珪亦盡因是而進戒曰。知人之道。堯以爲難。陛下不當以知人爲能。子貢方人。夫子謂不暇。臣亦不敢以知人自負。昔皋陶陳謨。分爲九德。亦欲多方而參攷之。以示所難之意也。今陛下安可輕問。而臣亦安可輕對。惜乎珪不知此。且復一二而爲之商確。遂使太宗謂吾之知人如此其易。而珪之品藻如此其當。天下之賢否善惡。皆不足辨。而邪佞之言。所以乘間而入也。然則。太宗之爲君。固有愧於帝堯。而王珪之徒。蓋亦有愧於皐陶者矣。

愚按太宗既正位東宮。首以魏徵爲詹事主簿。珪爲諫議大夫。是珪爲諫官在徵之先也。是時前宮齊府之黨。多懷反側不安。珪首請太宗坦懷待之。以示無間。是珪之論諫。在徵之先也。厥後與徵上下其論。卒得與徵齊名。豈偶然哉。一然嘗觀宋末眞氏論後世賢臣。悉以四事律之。一日正已。二日正君。三日謀國。四日用人。以唐初諸賢臣觀之。則論謀國用人。王魏不如房杜。論正已正君。房杜不如王魏。四賢如耳目股肱。相資爲用。其致貞觀之治。不亦宜乎。

李靖。字藥師。姿貌魁奇。少有文武材。每日大丈夫若遇主逢時。必當立事立功。以取富貴。其舅韓擒虎。號名將。每與論兵。必日可與言孫吳者。惟隋爲長安縣功曹。歷駕部員外郎。楊素牛弘皆器之。餘見下文京兆三原人也。京兆。見前註。三原。縣名。今屬耀州路。隸陝西。大業末。爲馬邑郡丞。大業。隋煬帝年號。馬邑郡。今朔州路。隸河東。丞。守之貳也。會高祖爲太原留守。靖觀察高祖知有四方之志。因自鎖上變詣江都。今揚州路江都縣。隸淮東。至長安。即闗中。道塞不通而止。高祖克京城。執靖將斬之。靖大呼曰。呼去聲。公起義兵除暴亂。不欲就大事。而以私怨斬壯士乎。太宗亦加救靖。高祖遂捨之。武德中。以平蕭銑輔公祏功。銑音跣。祏音石。蕭姓。銑名。後梁宣帝曾孫也。隋末。起兵巴陵。自稱梁王。靖陳十策。高祖命副趙郡王孝恭討之。遂降。輔姓。公祏名。爲淮南道行臺僕射。武德中。據丹陽反叛。又詔靖副孝恭討之。擒獲。遂平。歷遷揚州大都督府長史。長音掌。揚州見上註。唐制。總十州者爲大都督。長史其上佐也。太宗嗣位。召拜刑部尚書。唐制。刑部掌律令。刑法徒隸。按覆讞禁。尚書其長也。貞觀二年。以本官檢校中書令。三年。轉兵部尚書。爲代州行軍總管。代州。今仍舊。隸腹裏。唐制。武德初。置行軍總管以統軍。進擊突厥定襄城破之。定襄郡名。今忻州隸腹裏。突厥諸部落俱走磧北。走音奏。沙土曰磧，地在塞北。北擒隋齊王暕之子。暕古限切。楊道政及煬帝蕭后送于長安。突利可汗來降。汗音韓。凡言可汗並同。降下江切。後同。可汗蕃王之稱。猶漢時稱單于。中國稱天子也。突利可汗。始畢可汗之子。名什鉢苾。嘗自結於太宗。請入朝。太宗禮見良厚。拜右衛將軍。頡利可汗處羅可汗之弟。名莫賀咄設。牙直五原北。太宗因其地置伊西州。僅以身遁。太宗謂曰。昔李陵提步卒五千。不免身降匈奴。李陵。字少卿。漢武帝時爲侍中。將兵伐匈奴。無救而敗。遂降匈奴。尚得名書竹帛。卿以三千輕騎深入虜庭。尅復定襄。威振北狄。實古今未有。足報在年渭水之役矣。以功進封代國公。此後頡利可汗大懼。四年。退保鐵山。西北之地。遣使入朝謝罪。使。（去聲後同）請舉國內附。又以靖爲定襄道行軍總管。往迎頡利。頡利雖外請降。而心懷疑貳。詔遣鴻臚卿（秦官典客。漢武時。更名大鴻臚。郊廟行禮。讚道九賓。鴻聲臚傳之也。唐制。掌賓客。及凶儀之事。）唐儉（字茂約。并州人。聞隋政日亂。唐說秦王建大計。爲天策長史。）攝戶部尚書。（唐制。戶部掌天下土地人民錢穀之政。貢賦之差。尚書其長也。部除而非正命謂之攝。）將軍安修仁（安。姓。修仁名。）慰諭之。靖謂副將（去聲）張公謹。（字弘愼。魏州人。仕王世充。爲洧州長史。挈城歸高祖。授檢校鄒州別駕。李勣等。啟秦王引入府。貞觀初。爲代州都督。謀破頡利有功。封鄒國公。攺封州都督。以惠政聞。七年卒。）曰。詔使到彼。虜必自寬。乃選精騎賚二十日糧。引兵自白道襲之。公謹曰。既許其降。詔使在彼。未宜討擊。靖曰。此兵機也。時不可失。遂督單疾進行至陰山。在西北之極綿亘數百里遇其斥候千餘帳皆。俘以隨軍。頡利見使者甚悅。不虞官兵至也。靖前鋒乘霧而行。去其牙帳七里。頡利始覺。列兵未及成陣。單馬輕走。虜衆因而潰散。斬萬餘級。殺其妻隋義成公主。俘男女十餘萬。斥土界自陰山至于大漠。北邊廣漠之地遂滅其國。尋獲頡利可汗於別部落。餘衆悉降。太宗大悅。顧謂侍臣曰。朕聞主憂臣辱。主辱臣死。往者國家草創。突厥強梁。太上皇以百姓之故。稱臣於頡利。朕未嘗不痛心疾首。志滅匈奴。坐不安席。食不甘味。今者暫動偏師。無往不捷。單于稽顙。單。音蟬。漢時蕃王之號。猶可汗也駐其雪乎。羣臣皆稱萬歲。漢武帝禮祭中嶽太室。從官在山下。聞若有言萬歲者三。後世臣下稱萬歲者本此。壽拜靖光祿大夫尚書右僕射。賜實封五百戶。又爲西海道行軍大總管。征吐谷渾。胡昆切。吐谷渾西域國名。本遼東鮮卑徒河涉歸長子之名。其孫葉延。遂以其名爲氏大破其國。改封衛國公。及靖身亡。有詔許墳塋制度依漢衛霍故事。衛青。霍去病。皆漢武時爲大將軍。討匈奴有大功。去病尚公主。及亡。詔與主合塋。起冢象盧山。築闕象突厥內燕然山。燕。平聲吐谷渾內積石二山。以旌殊績。按史傳十四年。靖妻卒。故有墳塋之詔及靖身亡。四字疑誤。十八年。上幸其第問疾上將伐遼東。靖入閣賜坐。謂曰。公南平吳會。北清沙漠。西定慕容。惟東有高麗未服。公意如何。對曰。臣往者憑藉天威。薄展微效。今殘年朽骨。唯擬此行。陛下若不棄老臣。病其瘳矣。上愍其羸老不許二十三年

夔。贈司徒
諡曰景武。
張氏九成曰。當隋氏丧鹿之際。承唐祖騰龍之時。而能依乘風雲。勸功帝籍者。豈有它哉。特以根于忠智。故功名若是其顯也。觀其用兵善於料敵。速於應機。故所嚮有功。南平吳。北破突厥。西走吐谷渾。功大寵盛。乃能闔戶自守以謝過從。可謂能自全矣。始能免僇戮。終能保厥躬。勝於韓信遠矣。
愚按太宗天資英武。善戰無敵。一時羣臣皆不足以仰望清光。帝之所推服而師問者。獨李靖一人而已。蓋自孫武以來。能將法度之師者。獨諸葛武侯與靖耳。今世傳武經。雖未必出靖之手。要必有近似者。其論霍邑之戰。謂建成幾敗爲奇兵。太宗旁擊爲正兵。大意謂唐之戰勝。特暗合兵法耳。亦猶韓信謂漢高天授非人力。是也。異時太宗伐遼無功而歸。謂靖曰。吾以天下之力屈於小夷。何也。靖不答所問。顧曰玆事道宗知之。蓋指駐蹕之戰。請分兵襲平壤之事也。世
嗚呼。卽其所至而論靖。可謂知兵之聖者歟。世以英衛並稱。要之李勣。非靖之匹。彙倫伍也。

虞世南。字伯施。性沈靜寡欲。篤意學問。與兄世基仕隋。俱有重名。時人方晉二陸。累遷至秘書郎。起居舍人。從宇文化及至聊城。又陷于竇建德。僞授黃門侍郎。太宗後滅建德。引爲秦府參軍。餘見下文會稽餘姚人也。會音檜。稽音基。會稽郡名。今紹興路。餘姚。縣名。今陞爲州隸浙東貞觀初。太宗引爲上客。因開文館。館中號爲多士。咸推世南爲文學之宗。授以記室。與房玄齡對掌文翰。嘗命寫列女傳。去聲以裝屏風。于時無本。世南暗書之。一無遺失。貞觀七年。累遷秘書監。太宗每機務之隙。引之談論。其觀經史。世南雖容貌懦弱。如不勝衣。懦乃亂切。一音儒。勝字平聲。而志性抗烈。每論及古先帝王爲政得失必存規諷。多所補益。及高祖晏駕。漢書曰。宮車晏駕。註謂天子當晨起早作。而方崩殂。故稱晏駕者。臣子之心。猶謂宮車。晚出也。按高祖以貞觀九年五月崩。太宗執喪過禮。喪。平聲後同哀容毀頓。久替萬機。文武百寮。計無所出。世南每入進諫。太宗甚嘉納之。益所親禮。嘗謂侍臣曰。朕因暇日。每與虞世南商推古今。朕有一言之善。世南未嘗不悅。有一言之失。未嘗不悵恨。其懇誠若此。朕用嘉焉。羣臣皆若世南。天下何憂不理。太宗嘗稱世南有五絕。一曰德行。去聲二曰忠直。三曰博學。四曰詞藻。五曰書翰。及卒。子聿切太宗舉哀於別次。哭之甚慟。喪事官給。仍賜以東園秘器。葬具也贈禮部尚書。唐制。禮部掌禮儀祭享貢舉之政。尚書其長也。凡既沒而加之以官曰贈。諡曰文懿

◎

太宗手敕魏王泰曰。虞世南於我。猶一體也。拾遺補闕無日暫忘。實當代名臣人倫準的。吾有小善。必將順而成之。吾有小失。必犯顏而諫之。今其云亡。石渠東觀之中。無復人矣。觀。去聲。漢置石渠閣。東觀。皆藏圖籍秘書之所。痛惜豈可言耶。未幾。平聲太宗爲詩一篇。追思往古理亂之道既而歎曰。鍾子期死。伯牙不復鼓琴。列子曰。鍾子期與伯牙爲友。伯牙鼓琴。子期善聽。子期死。伯牙絕絃。以世無知音者。朕之此篇。將何所示。因令平聲後同起居官名。唐制門下省置起居郎。中書省置起居舍人。掌錄天子之動作法度。以修記事之史書。以授之于國史焉。褚遂良字登善。杭州人。博涉經史。工楷隸。累遷起居郎。十五年。拜諫議大夫兼起居事。後授太子賓客。高宗朝拜僕射。因沮立武后。后立。被貶卒。書其靈帳讀訖茨之。其悲悼也若此。又令與房玄齡。長孫無忌。杜如晦。李靖等。二十四人。圖形於凌煙閣。按史傳。十七年。詔趙國公長孫無忌。河間元王孝恭。萊國成公杜如晦。鄭國文貞公魏徵。梁國公。房玄齡。鄂國公尉遲敬德。衛國公李靖。宋國公蕭瑀。褒忠壯公段志玄。夔國公劉弘基。蔣忠公屈突通。鄖節公殷開山。譙襄公柴紹。邳襄公長孫順德。鄖國公張亮。陳國公侯君集。郯襄公張公謹。盧國公程知節。永興文懿公虞世南。渝襄公劉政會。莒國公唐儉。英國公李勣。胡壯公秦叔寶。二十四人。可並圖畫於凌煙閣。

張氏九成曰。世南始以文翰馳譽陳隋間。兄弟長安。方之二陸。在唐以五絕見稱。而論議規諷固多忠稱。補過弼違。有犯無隱。上贊明聖之德。下植生民之利。宜其眷眷勤審而見於夢想君臣之情。何其厚哉。

愚按。世南。信為德行忠直文章之士。唐興之儒臣也。終身以正事君。將順匡救。其弘多矣。雖君臣相得之深。而未臻大用。太宗止歎息以石渠東觀之中無復人。亦可惜也矣。

李勣。本名世勣。字茂功。永徽中。以犯太宗諱。單名勣焉。餘見下文**曹州離狐人也。**曹州。今仍舊隸腹裏。離狐。縣名。後改南華。今廢**本姓徐。初仕李密。爲左武候大將軍。**李密。字元邃。其先遼東人。大業未。韋城人翟讓聚衆爲盜。勣往從之。密初從楊玄感起兵謀事。及玄感敗。亡命雍丘。勣說讓奉密爲王。號魏公。密後殺讓。而人心始離。武德初。入關見高祖。拜光祿卿。復以反誅**密後爲王世充所破。**王世充。字行滿。本西域人。姓支。幼從母嫁王氏。因冒其姓。仕隋。爲民部侍郎。陰結豪傑。自爲太尉。矯隋主侗策禪位。殺侗自立。武德初。破李密。高祖詔秦王攻之。擒歸長安。族徙于蜀**擁衆歸國。勣猶據密舊境十郡之地。**密舊境。東至于海。南至于江。西至汝州北至魏郡。時未有所附勣並據之**武德二年。謂長史郭孝恪曰。**長。音掌。郭孝恪許州人。初附密爲長史後謁秦王。上策擒竇建德。拜上柱國。後還大總管。破龜茲國。爲疏矢所中而卒　魏公既歸大唐。今此人衆土地。

魏公所有也。吾若上表獻之。則是利主之敗。自爲己功。以邀富貴。是吾所耻。今宜具錄州縣及軍人戶口。總啟魏公。聽公自獻。此則魏公之功也。不亦可乎。乃遣使啟密。使去聲。後同。使人初至。高祖聞無表。惟有啟與密。甚恠之。使者以勣意聞奏。高祖方大喜曰。徐勣感德推功。實純臣也。拜黎州總管。黎州今濬州隸腹裏　賜姓李氏附屬籍于宗正。唐制。宗正府掌親屬。以別昭穆。宗室居之。封其父蓋爲濟陰王。濟上聲。瀆名。固辭王爵。乃封舒國公。授散騎常侍。唐制掌規諷過失侍從顧問之職。尋加勣右武侯大將軍。唐制。武衛之職　及李密反叛伏誅。勣發喪行服。喪。平聲 備君臣之禮。表請收葬。高祖遂歸其屍。於是大具威儀。三軍縞素。三軍。上軍中軍下軍也。葬於黎陽山。在今濬州。禮成。釋服而散。朝野義之。尋爲竇建德所攻。陷於建德。又自拔歸京師。竇建德。貝州人。世爲農。材力絕人。大業中。募兵伐遼。補隊長。後據渤海。自立爲夏王。建元。置官屬。武德初。擒化及於魏縣。進兵攻勣。勣力屈降之。救勣父爲質。令勣復守黎陽。三年。勣自拔歸京師。四年。從太宗平建德。於是獲而斬之。從太宗征王世充竇建德。平之。貞觀元年。拜并州都督。并州。即太原。唐制。武德七年。改總管曰都督。立府置佐 令行禁止。號爲稱職。稱。去聲 突厥甚加畏憚。太宗謂侍臣曰。隋煬帝不解精選賢良。解。音懈。鎮撫邊境。惟遠築長城。廣屯將士。將。去聲以備突厥。隋大業三年詔發丁男百餘萬築長城西距榆林東至紫河旬而畢工而情識之感。一至於此。朕今委任李勣於并州。遂得突厥畏威遠遁。塞垣安靜。豈不勝數千里長城耶。其後并州改置大都督府。又以勣爲長史。長音掌累封英國公在并州凡十六年。召拜兵部尚書。兼知政事。勣時遇暴疾。驗方云。鬚灰可以療之。太宗自剪鬚爲其和藥。爲和並去聲後同勣頓首見血。泣以陳謝。太宗曰。吾爲社稷計耳。不煩深謝。十七年。高宗居春宮。轉太子詹事。唐制東宮官掌統三寺十率府之政加特進。仍知政事。太宗又嘗宴。顧勣曰。朕將屬以孤幼。屬音囑思之無越卿者。公往不遺於李審。今豈負於朕哉。勣雪涕致辭。因噬指流血。俄沉醉。御服覆之。覆音副。其見委信如此。勣每行軍用師。籌筭臨敵應變。動合事機。自貞觀以來。討擊突厥頡利。及薛延陀。陀北狄國名。本延陀部。與薛種雜居。號薛延陀。貞觀中。拔灼立。勣滅其國。置爲州縣。高麗等。並大破之。太宗嘗曰。李靖李勣二人。古之韓白。漢將韓信。秦將白起也。衛霍。見前註。豈能及也。按史傳二十三年。帝疾。謂太子曰。李勣才智有餘。然汝與之無恩。恐不能懷服。我今黜之。若其卽行。俟我死。汝用爲僕射。親任之。若徘徊顧望。當殺之。乃授疊州都督。受詔不至家而去。高宗立。召進僕射。後欲立武昭儀爲后。畏大臣異議未決。帝密訪勣。勣曰。此陛下家事。無須問外人。帝意遂定。詔勣率冊立武氏。總章二年。卒。贈太尉。謚曰貞武。

范氏祖禹曰。太宗以勣爲何如人哉。以爲愚也。則不可託幼孤。而寄天下矣。以爲賢也。當在而弗疑。

◎

何乃憂後嗣之不能懷服。先黜之。而後用之。是以犬馬畜之也。豈堯舜親賢之道乎。利祿之士。可得而使也。

又曰。高宗欲廢立。而猶難於顧命大臣。取決於勣之一言。勣若以爲不可。則武氏必不立矣。勣非惟不諫。又勸成之。孽后之立。無忌遂良之死。唐室中絕皆勣之由。其禍豈不博哉。太宗以勣爲忠。故託以幼孤。而其大節如此。知人帝其難之。信矣。

胡氏寅曰。古者不盟。結言而退。蓋人不愛其情相命而信喻矣。逮德下衰。疑阻猜貳。至于刑牲歃血。曾未旋踵。又已背之。是故孔子於春秋不貴盟誓。而善胥命。取荀息欲人之惇信。而不食言也。若李勣齧指出血。以受太宗之託。若不爲負義者。而於王武廢興之際。以一言喪邦。則不必待如里克。然後爲驟大節也。夫以言許人者。猶恐非其本心。勣受託而無一言。徒齧指出血而已。使當堯舜之智。豈得遁乎。

呂氏祖謙曰。太宗以勣守邊。可謂善用人矣。至其任以託孤之寄。則非其所能也。按吳起與田文論功。起曰。將三軍。使士卒樂死。敵國不敢謀。子孰與起。文曰不如。治百官。親萬民。實府庫。子孰與起。文曰不如。此三者皆出吾下。而位加吾上。何也。文曰。主少國疑。大臣未附。百姓不信。方是之時。屬之子乎。屬之我乎。起默然良久曰。屬之子矣。蓋勣之賢於長城。是亦吳起之所長。而太宗以之處田文之任。宜其敗也。

葉氏適曰。勣本無甚所長。只是不負人。夫不負人。固可任以事。至於關朝廷之重。則非不負者能之如立武氏之說。彼豈有意於負太宗者。柰何利害所在。彼其不學。誠不識此。噫。以周勃之少文。幾陷呂氏之禍。以霍子孟之重厚。猶有所不免。皆不學無術。所以致也。況勣以一言之失。豈知他日之禍如此哉。

愚按太宗英武。將畧優於漢高。至於知人料事。不及漢高遠矣。其間章章較著者。李勣之事其也白今觀之勣之爲人外若純愨内任術數非持太宗不能知至今人不能知何也勣始事翟讓讓爲李密所誅勣不能死後爲竇建德所敗屈伏請降復不能死勣始與單雄信誓同死生雄信誅又不能死其名節如此獨於李密之敗生則推功死則收葬太宗信其區區之小節遂謂可以託孤過矣太宗之將終也黜勣爲疊州都督謂太子曰勣若即行汝用爲相若不即行汝必殺之勣聞命不辭家而去夫太宗之術數可謂精矣孰知勣之術數又高出於其上哉厥後武氏之立竟以勣一言而定而唐之子孫幾盡於武氏之手蓋太宗以術數待勣故勣亦以術數報之固不暇爲唐社稷計也勣之將死告其弟曰我見房杜辛勤起家皆爲不肖子所敗吾後子孫有交遊非類者汝必殺之異時敬業舉兵覆宗至毀冢而暴骨嗚呼勣所在之術數至是而無所施其巧矣是以君子惡任智而大居正也

馬周

字賓王家貧嗜學資志曠遠武德中補州助教不治事而去客州趙仁本高其才厚贈使入關

◎

留汴。爲浚儀令。崔賢所辱。遂感激而西。舍新豐逆旅。主人不之顧。周命酒一斗八升。悠然獨酌。衆異之。餘見下文博州茌平人也。茌。士疑切。博州。今東昌路。茌平。縣名。今仍舊隸山東。貞觀五年。至京師。舍於中郎將。將。去聲。唐制。中郎將。太子府屬。掌校尉旅帥。及親勳翊衞之屬。常何之家。常。姓。何。名。史無傳時太宗令百官上書言得失。令。平聲。後同。周爲何陳便宜二十餘事。爲。去聲。令奏之事皆合旨。太宗恠其能。問何。何對曰。此非臣所發意。乃臣家客馬周也。太宗卽日召之。未至間。凡四度遣使催促。使。去聲及謁見。與語甚悅。令直門下省。授監察御史。唐制。掌分察百寮。巡按州郡獄訟軍戎祭祀。營作太府出納。皆隸焉累除中書舍人。唐制。掌侍進奏參議表章周有機辯。能敷奏。深識事端。故動無不中（去聲）太宗嘗曰：我於馬周，暫時不見，則便思之。十八年，歷遷中書令（如字），兼太子左庶子。周既職兼兩官，處事平允（處，上聲），甚獲當時之譽。又以本官攝吏部尚書。太宗嘗謂侍臣曰：周見事敏速，性甚慎至（一作貞正）。至於論量人物（量，平聲），直道而言，朕比任使之（比音鼻），多稱朕意（稱，去聲）。既寫忠誠，親附於朕，實藉此人，共康時政也。

按史傳，帝嘗以飛白書賜周曰：鸞鳳冲霄，必假羽翼；股肱之寄，要在忠力。周疾甚，詔使視護，躬爲調藥。周以所上章奏悉焚之，曰：管晏暴君之過，取身後名，吾不爲也。二十二年卒。按此章曰：貞觀五年，周爲何陳便宜，與舊史同。通鑑考異曰：五年，周見有詔令百官上封事。唐曆曰：三年六月，詔文武官言得失，馬周代常何陳事。舊史或本於政要，而吳氏所紀是也。

宋氏祁曰。周之遇太宗。顧不異哉。由一介草茅言天下事。若素宦于朝明習憲章者。其自視與築巖釣渭。亦何以異迹。夫帝鋭于立事。而周所建。皆切一時。君宰間不膠漆而固。恨相得晚。宜矣。然周才不逮傳說呂望。使後世未有述焉。惜哉。

唐氏仲友曰。觀太宗待遇馬周過於房杜王魏。如四使催趣。飛白之賜。皆異寵也。惜周不及四子。功業止此。史氏謂君宰不膠漆而固。信矣。然周之才。豈獨不及。說望而已哉。

林氏之奇曰。魏無知之在漢。常何之在唐。其才能技業。初無太過於人。而無知以舉陳平。而獲賞。常何以舉馬周而受賜。故無無知之名。託於陳平。常何之名。託於馬周。以爲萬世不朽之傳。由此觀之。人之有善。豈必盡出於己哉。

愚按自耕莘飯牛築巖釣渭由匹夫而陞朝著君臣相得。建事立功者。不多見于後世矣。太宗覽常何之奏。而知其非何所爲。何又能以實告遂以布衣起新豐逆旅。擠濟清要。卒加寵所見。若馬周。固偉矣。太宗之知人。得不尤偉矣乎。周固未可以並驅先哲。而太宗則可謂有古先哲王之遺風焉。

求諫第四 凡十二章

太宗威容儼肅。百僚進見者見音現皆失其舉措。太宗知其若此。每見人奏事。必假顏色。冀聞諫諍。知政教得失貞觀初。嘗謂公卿曰。人欲自照。必須明鏡。主欲知過。必藉忠臣。主若自賢。臣不匡正。欲不危敗。豈可得乎。故君失其國。臣亦不能獨全其家。至於隋煬帝暴虐。臣下鉗口。鉗。巨淹切卒令不聞其過。卒。子聿切。令。平聲。遂至滅亡。虞世基等。尋亦誅死。前事不遠。公等每看事有不利於人。必須極言規諫。

愚按太宗之求諫。可謂切矣。而其納諫。亦可以爲難矣。非惟能容人之諫。又遵人而使之諫。非惟不怒人之諫。又賞人而使之諫。故一時之臣。非特大臣能諫。小臣如皇甫德參無不諫也。非特內臣能諫。外臣如李大亮無不諫也。非特文臣能諫。武臣如尉遲敬德亦無不諫也。非特廷臣能諫。宮妾如充容徐惠亦無不諫也。賢臣而能諫。固也。佞臣如裴矩亦諫焉。中國之臣能諫固也。夷狄之臣如契苾何力亦諫焉。蓋自三代而下。求諫之誠。納諫之美。未能或之先也。觀其貞觀之初。自以威容儼肅。故嘗假人以顏色。深鑒煬帝滅亡。故嘗求人使諫諍。夫能鑒隋之亡。則內有樂諫之實。假人以色。則外無拒諫之容。故能化及一時。大小咸諫。雖古昔謗木諫旌之盛。無以加焉。蓋由初年二者。實有以感召之也。史臣置此於求諫之首。其有深意哉。

貞觀元年。太宗謂侍臣曰。正主任邪臣。不能政理。正臣事邪主，亦不能致理。惟君臣相遇，有同魚水，則海內可安。朕雖不明，幸諸公數相匡救。數，音朔。冀憑直言鯁議，鯁，音梗，刺在喉也。致天下太平。諫議大夫王珪對曰：臣聞木從繩則正，后從諫則聖。商書傅說告高宗之辭，明諫之不可不受。是故古者聖主必有爭臣七人，言而不用，則相繼以死。爭，讀曰諍。孝經曰：天子有爭臣七人，雖無道，不失其天下。陛下開聖慮，納芻蕘，愚臣處不諱之朝，處，上聲。實願罄其狂瞽。太宗稱善，詔令自是宰相入內，令，平聲。相，去聲。平章國計，必使諫官，唐制，諫官左右散騎常侍四人，掌規諷過失，侍從顧問。左右諫議大夫八人，掌諫諭得失，侍從贊相。左右補闕十二人，掌供奉諷諫，大事廷議，小事則上封事。左右拾遺十二人，掌同補闕。隨入預聞政事。有所開說必虛已納之。按通鑑曰。詔諫官隨中書門下同三品官入閤。

孔氏甫曰。太宗之任諫官。真得其道。夫天下之務至廣也。軍國之機至要也。雖明主聽斷賢相謀議思慮之失。亦不能免。當君相論事之際使諫官預聞。得以關說或有缺失。從而正之。豈不美乎。然大臣論事規正於人君之前。安有不從之議。茲亦制馭大臣。使之無過之術耳。若以諫官小臣。不可預聞國謀。必衆知缺失。方許諫正。事或已行而不可救。過或已彰而不可言。故剛直之臣。有激訐而不顧以爭之者。君從之。猶掩其過。或不從。則君之過。大臣之罪。愈大矣。太宗任諫官。可謂真得其道。

胡氏寅曰。有失輒許諫官諫止。貞觀致治之本。凡有天下者皆可行。是爲王者師也。雖然諫官盡如魏徵。褚遂良。王珪。之徒。則上不憚人君威嚴。下不承大臣風旨。而言可聽矣。苟徒有聽諫之名。而不擇忠直識治之士。則或詐或比。陰行其私。而人主不之覺。其弊有甚於不置諫官者。故耳目之任。以得人爲要也。

尹氏起莘曰。夫官以諫爲名。所言必本於公。而宰相制天下事。豈必盡能無失。誠使諫官得隨事言之。則不待命令已行。而後救之於未流矣。雖然諫宮入閤。或非大臣之所樂也。必有英明之君。體而行之。則貞觀之治。可復見矣。

愚按唐制。入閤儀。最爲後世美稱。蓋天子旣御紫宸殿。復移仗御便殿。百官隨入。曰入閤。太宗用王珪言。詔諫官隨中書門下同三品入閤。夫君相一體固也。而宰相入內。必使諫官隨之。則君臣舉無過矣。兹太宗所以致治之美歟。愚有望後世之君人也。

貞觀二年。太宗謂侍臣曰。明主思短而益善。暗主護短而永愚。隋煬帝好自矜誇。好。去聲。護短拒諫。誠亦實難犯忤。虞世基不敢直言。或恐未爲深罪。昔箕子佯狂自全。孔子亦稱其仁。箕。國名。子。爵也。紂之諸父。見紂無道諫之。紂囚之爲奴。箕子因徉狂而受。孔子曰。殷有三仁焉。謂微子去之。箕子爲之奴。比干諫而死也。及煬帝被殺。世基合同死否。杜如晦對曰。天子有諍臣。雖無道不失其天下。仲尼稱直哉史魚。邦有道如矢。邦無道如矢。仲尼。孔子字。史官。名魚。衛大夫。名鰌。如矢。言直也。史魚自以不能進賢退不肖。既死猶以尸諫。事見家語世基豈得以煬帝無道。不納諫諍。遂杜口無言。倫安重位。又不能辭職請退。則與箕子徉狂而去。事理不同。昔晉惠帝。姓司馬。名衷。武帝次子也。西晉昏庸之主。賈后惠帝之后。後爲趙王倫所廢。詔賜死。將廢愍懷太子。名遹。惠帝太子。爲賈后所殺。趙王倫後謚曰愍懷。司空張華。司空。三公之官。張華字茂先。范陽人也。惠帝時爲丞相竟不能苦爭。免。及趙王倫。字子彝。晉宣帝第九子。後以簒逆誅死。舉兵廢后

遣使收華。使去聲。後同華曰。將廢太子曰。非是無言。當不
被納用。當去聲。後同其使曰。公爲三公。太子無罪被廢。言
旣不從。何不引身而退。華無辭以答。遂斬之。夷其三
族。古人有云。危而不持。顛而不扶。則將焉用彼相。焉於
虔切。相去聲故君子臨大節而不可奪也。皆論語之辭。張華旣
抗直不能成節。遜言不足全身。王臣之節。固已墜矣。
虞世基位居宰輔。在得言之地。竟無一言諫諍。誠亦
合死。太宗曰。公言是也。人君必須忠良輔弼。乃得身
安國寧。煬帝豈不以下無忠臣。身不聞過。惡積禍盈
滅亡斯及。若人主所行不當。臣下又無匡諫。苟在阿

◎

順。事皆稱美。則君爲暗主。臣爲諛臣。君暗臣諛。危亡不遠。朕今志在君臣上下。各盡至公。共相切磋。以成理道。公等各宜務盡忠讜。匡救朕惡。終不以直言忤意。輒相責怒。

愚按太宗之問。歸咎於君。如晦之對。歸罪於臣。可謂兩得其道矣。蓋君知所以歸咎於君。則爲君也。必能盡君之道。臣知所以歸咎於臣。則爲臣也。必能盡臣之道矣。太宗君臣辭令之間。豈非兩得其道哉。然太宗因是而求言於臣。謂終不以直言忤意。輒相責怒。可謂尤賢也已。況斯時也。正年穀豐熟。百姓樂生。邇安內肅。上恬下熙。太宗方以行帝王道。有旣效之語。固宜望侍臣以匡救之益也。制治于未亂。保邦于未危。此古先哲王處治安之大猷也。太宗有焉。

貞觀三年。太宗謂司空裴寂。字玄真。蒲州人。仕隋。爲晉陽宮副監。秦王方建大計。未敢白高祖。以寂最善。遂以情告之。寂乃以宮人私侍高祖。脅從之。武德初。拜僕射。呼裴監不名。貞觀初。進拜司空。後坐罪放靜州。會羌反。或言寂爲主。旣而寂率家僮破羌。帝念寂。詔入朝。會卒。封河東公。

曰。比有比音鼻。上書奏事。條數甚多。朕總黏之屋壁。出入觀省。悉井切所以孜孜不倦者。欲盡臣下之情。每一思政理。或三更方寢。更。平聲。亦望公輩用心不倦。以副朕懷也。

愚按成湯之聖。昧爽丕顯。坐以待旦。周公之聖。思兼三王。夜以繼日。經綸萬化。皆是心也。聖哲猶爾。況賢王乎。太宗每思政理或至三更。猶望羣臣同心不倦。是心也。坐以待旦之心乎。夜以繼日之心乎。

貞觀五年。太宗謂房玄齡等曰。自古帝王多任情喜怒。喜則濫賞無功。怒則濫殺無罪。是以天下喪亂。莫不由此。朕今夙夜未嘗不以此爲心。恒欲公等盡情極諫。公等亦須受人諫語。豈得以人言不同已意。便即護短不納。若不能受諫。安能諫人。

胡氏寅曰。太宗俾大臣受諫。蓋欲大臣知諫之難受。欲之難違。以明已之不易。然其言則善矣。非惟責其臣以諫君。又訓其臣以正已。切磋之義也。三代人君必有師友。後世師師難其人。得端良正直之士。使講論經訓。規諫闕失。如三益之友。則亦可以成德而寡過。太宗勉此不怠。其致昇平之治。宜哉

愚按太宗之納諫。其三代以下之所無有也。已能納諫。可以爲賢矣。而又勸其臣使受人之諫。可不謂尤賢乎哉。且其言曰。不能受諫。安能諫人至哉言乎。蓋必已能遷善。而後能告其君以善。已能改過。而後能正其君之過。是故曹參成清靜之。治資蓋公之一言。仁宗成中興之功。賴

行沖之藥石。傳曰。惟善人能受直言。已不能受人之直言。而望其直言於主。不亦難乎。

貞觀六年。太宗以御史大夫唐制。以掌刑法典章糾正百官之罪惡。御史臺之長也。韋挺京兆人。少與隱太子善。後爲太子宮臣。武德七年。或言太子與宮臣謀逆。帝專責宮臣。遂流嶲州。貞觀初。王珪數薦之。拜御史大夫。俄兼魏王府事。復改太常卿。帝討遼東。命挺主餉料。運渠塞不通。挺以待凍泮。帝怒廢爲民。中書侍郎唐制。貳令之職也。朝廷大政參議焉。臨軒冊命則爲使以授之。四夷來朝。則受其表疏而奏之。獻贄幣。則受以付有司。杜正倫相州人。隋世舉秀才。貞觀初。魏徵薦之。擢兵部員外郎。遷知起居注。累進中書侍郎。後行左庶子。漏泄。帝怒。太子廢。坐流驩州。顯慶初。遷中書令。出爲橫州刺史卒。秘書少監少。去聲。唐制。秘書監之貳職也。虞世南著作郎唐制。秘書省屬官也。掌修撰碑志祝文祭文。與佐郎分判局事。姚思廉名簡以字行。京兆人。仕隋。爲河間郡司法。遷代王侍郎。高祖定京師。府僚皆奔。獨思廉侍王。帝義之。授秦王府

◎

文學。王郎位。改弘文館學士。遷著作郎等。上封事稱旨。稱去聲。召而謂曰。朕歷觀自古人臣立忠之事。若值明主便宜盡誠規諫。至如龍逢比干。龍逢。桀之賢臣。比干。紂之賢臣。皆以忠諫見殺。不免孥戮。一作佽戮。孥。子也。戮。殺也。謂併妻子而戮之也。爲君不易。以致爲臣極難。朕又聞龍可擾而馴。音循然喉下有逆鱗。卿等遂不避犯觸。各進封事。常能如此。朕豈慮宗社之傾敗。每思卿等此意。不能暫忘。故設宴爲樂。音洛仍賜絹有差。

唐氏仲友曰。此太宗見諫者悅而從之之一事也有功見之猶悅。況諫諍而見知乎。設宴賜帛。謂思至意。故舉酒相樂。具有鹿鳴燕忠臣嘉賓之意。亦太宗行王道之一端也。

愚按太宗以廷臣上封事稱旨。設宴賜帛。所以奬進激勸之道。可謂至矣。而且以觸鱗爲喻。使臣下知觸忤之必無罪，則將犯顏而進諫也。且龍逢比干之誅，事無道之君，而然也。以太宗之聰明英叡，夫豈有是哉。而能以無道之君戮諫臣以爲戒，亦聖王兢懼之意歟。

太常卿唐制，掌禮樂郊廟社稷之事韋挺嘗上疏陳得失，太宗賜書曰：所上意見，極是讜言，辭理可觀，甚以爲慰。昔齊境之難，去聲夷吾有射鉤之罪，蒲城之役，勃鞮爲斬袂之仇，而小白不以爲疑，重耳待之若舊。重，平聲。夷吾射鉤事見任賢篇注。勃鞮，晉寺人披也。重耳，晉文公名。晉獻公使勃鞮殺重耳，重耳踰垣，勃鞮逐斬其衣袪。重耳奔狄。後重耳歸晉，即位爲晉君。懷公之黨欲弑之，勃鞮欲以告，求見解前罪。文公使人讓之。勃鞮曰：臣不二心事君，故得罪。君已反國，其無蒲狄乎。於是見之。豈非各吠非主。漢書，吠堯不仁，特吠非其主耳。志在無二，卿之深誠，見於斯矣。若能克全此節則永保令名。如其怠之。可不惜也。勉勵終始。垂範將來。當使後之視今。亦猶今之視古。不亦美乎。朕比不聞其過。比。音鼻。未覩其闕。賴竭忠懇。數進嘉言。數音朔。用沃朕懷。一何可道。舊本此與上章通爲一章。今按不同分爲二章。

愚按太宗賜書韋挺。示至公用人之道。而舉齊之管仲。晉之勃鞮爲喻。夫齊晉二伯主置射鉤斬袪。而用二子。二子亦能盡忠於其君矣。然嘗觀之。懷公入國。狐突之子毛及偃從重耳。懷公命突召其子。狐突曰。子之能仕。父教之忠。策名委質。貳乃辟也。狐突寧死。而毛偃事文公不二。若以狐突之言律之。則管仲勃鞮。又若之何而可哉。

貞觀八年。太宗謂侍臣曰。朕每閑居靜坐。則自內省悉井切恒恐上不稱天心。稱。去聲。下爲百姓所怨。但思正人臣諫。欲令平聲耳目外通。下無怨滯。又比見。比。音鼻人來奏事者。多有怖慴。慴。音輒。懼也。言語致失次第。尋常奏事。情猶如此。况欲諫諍。必當畏犯逆鱗。所以每有諫者。縱不合朕心。朕亦不以爲忤。若即嗔責。深恐人懷戰懼。豈肯更言。

愚按。昔漢賈山曰。人主之威。非特雷霆也。勢重非特萬鈞也。開導而求諫。和顏色而受之。人猶恐懼不敢自盡。况震之以威怒乎。太宗每以上不厭天心。下爲百姓所怨。以自省。固宜開導人言。和顏聽納也。爲人君者。思賈山之言。充太宗之量。何慮人臣之不忠諫哉。

貞觀十五年。太宗問魏徵曰。比來比。音鼻。朝臣都不論事。何也。徵對曰。陛下虛心採納。誠宜有言者。然古人云。未信而諫則以爲謗已。信而不諫。則謂之尸祿。論語。子夏曰。信而後諫。未信則以爲謗已也。尸祿謂尸位而竊祿。但人之才器。各有不同。懦弱之人。懷忠直而不能言。疎遠之人。恐不信而不得言。懷祿之人。慮不便身而不敢言。所以相與緘默。俛仰過日。太宗曰。誠如卿言。朕每思之。人臣欲諫。輒懼死亡之禍。與夫音扶赴鼎鑊音霍冒白刃。亦何異哉。故忠貞之臣。非不欲竭誠。竭誠者。乃是極難。所以禹拜昌言。語見虞書益稷謨。豈不爲此也。爲。去聲朕今開懷抱納諫諍。卿等無勞怖懼。遂不極言。

朱氏黼曰。言路通塞。關君德之盛衰。人主因言者之多寡。固可自察其身之得失也。諫者多必吾之

能聽諫者直。必吾之能容。犯顏而不撣。必吾無拒
人之色。苦口而無隱。必吾無好佞之心。一或反是。
則是吾德之不進。吾心之不大。吾之好佞而惡直。
樂諫而畏忠也。太宗即位之初。虛心訪納。故論諫
者。步隨袂接。表疏之進。篙溢几盈。一日萬機。在今
猶昔。而論事之誠。頓爾銷減。帝而內省當必有以
致此者。始導諫。中悅從。終勉強。徵屢論矣。今猶此
問。徵以愛身畏罪爲告。蓋欲使帝自悟耳。帝以赴
鼎冒刃爲開說之比。終不能深自克責。復爲數求也。

愚按貞觀十五年。魏徵謂陛下欲善之志。不及
於昔時。聞過必改。少虧於曩日。十三年。又謂陛
下志業比貞觀初。漸不克終者。凡十事。則君德
亦少貶矣。尚幸勉強欲善之意。猶能自克。故能
開導聽納。至謂羣臣近來都不論事。則又在魏
徵儆戒不克終之後。得無或如徵之言乎。後之
人君所宜慎
始而敬終也。

貞觀十六年。太宗謂房玄齡等曰。自知者明。信爲難

矣。如屬文之士。屬音囑伎巧之徒。皆自謂己長。他人不及。若名工文匠。商略詆訶。蕪詞拙跡。於是乃見。由是言之。人君須得匡諫之臣。舉其僁過。僁與愆同一日萬機。一人聽斷。雖復憂勞。安能盡善。常念魏徵隨事諫正。多中朕失。中。去聲如明鏡鑒形。美惡必見。因舉觴賜玄齡等數人勗之。勗。吁玉切。勉也。

愚按魏徵以貞觀十七年春正月卒。太宗謂玄齡嘗念魏徵隨事諫正。如鏡照形。美惡必見。舉觴賜玄齡等數人以勗之。蓋欲羣臣亦如徵之極言無隱也。然此言恐在徵卒之後。未必在十六年也。

貞觀十七年。太宗問諫議大夫褚遂良曰。昔舜造漆器。柒。木名。可以髹物。世傳造漆器自舜始。禹雕其俎。俎。薦肉之器。雕。鏤飾也。當時諫者十有餘人。食器之間。何須苦諫。遂良對曰。雕琢害農事。纂組傷女工。組。音祖。綉作也。首創奢淫危亡之漸。漆器不已必金爲之。金器不已必玉爲之。所以諍臣必諫其漸及其滿盈。無所復諫。復。音缶。太宗曰。卿言是矣。朕所爲事。若有不當。去聲。或在其漸。或已將終。皆宜進諫。比見前史。比。音鼻。或有人臣諫事。遂答云業已爲之。或道業已許之。竟不爲停改。爲。去聲。此則危亡之禍。可反手而待也。舊本此與前章通爲一章。今按不同。分爲二章。仍按通鑑標年於此章之首。

范氏祖禹曰。所貴乎賢者。爲其能止亂於未然。閑邪於未形也。若其已然。則衆人之所能知也。何賴於賢乎。危亡之言。惟明主能信。闇主忽焉。是以自古無事之時。常患乎諫之難入也。故聖主能從諫於未然。賢主能改過於已然。諫而不聽。斯爲下矣。忠臣之事上君也。亦諫其未然。事中君也。多諫其已然。事闇君也。救其橫流。故有以諫殺身者矣。唐虞之時。羣聖聚於朝。無過舉矣。憂其所當憂。戒其所當戒。故常有儆懼之言。其慮患豫防也。至於後世令王。其賢臣多諫其已然。而防其未然。太宗求諫於羣臣。其有意於防未然者乎。

唐氏仲友曰。遂良之對是矣。抑猶有說。舜禹大聖。纖過必箴。與太保旅獒同意。荀卿謂事聖君。有聽從無諫爭。豈知言哉。

愚按昔商紂始爲象箸。箕子歎曰。彼爲象箸。必不盛以土簋。將爲犀玉之杯。玉杯象箸。必不羹菽藿衣短褐。而舍於茅茨之下。則錦衣九重。高臺廣室。稱此以求。天下不足矣。遠方珍怪之物。輿馬宮室之漸。自此而始。故吾畏其卒也。遂良之言。其意蓋亦若此也。然所謂滿盈無所復諫。

則似非忠臣愛君之誼。幸太宗之言。有足以救斯言之失也。

納諫第五

凡十章。直諫另爲一類。附此篇之後。

貞觀初。太宗與黃門侍郎王珪宴語。通鑑作貞觀二年十二月。以黃門侍郎王珪爲守侍中。上嘗閒居與珪語時有美人侍側。美人。女官九員。充世婦之數。本盧江王瑗之姬也。盧江王。名瑗。瑗。太祖生蔚。蔚生哲。哲生瑗。武德末。爲幽州都督右領軍。王君廓誘瑗反。後。瑗傳首至京師。瑗敗籍沒入宮。太宗指示珪曰。盧江不道。賊殺其夫。而納其室。暴虐之甚。何有不亡者乎。珪避席曰。陛下以盧江取之爲是邪。爲非邪。太宗曰。安有殺人而取其妻。卿乃問朕是非何也。珪對曰。臣聞於管子曰。管仲著書十八篇。曰管子齊桓公之郭國。齊桓公名小白。郭。小國。齊滅之之。猶在也問其父老曰。郭何故亡。父老曰。以其善善而惡惡也。惡惡。上烏。去聲。下如字。後同。桓公曰。若子之言。乃賢君也。何至於亡。父老曰。不然。郭君善善而不能用。惡惡而不能去。所以亡也。去。上聲。後同。已上。王珪述管子之言以爲諭也今此婦人。尚在左右。臣竊以爲聖心是之。陛下若以爲非。所謂知惡而不去也。太宗大悅。稱爲至善。遽令以美人還其親族。令。平聲。按新舊史。皆云帝雖不出此美人。而甚重其言。與此異。通鑑考異曰。太宗賢王。旣重珪言。何得反棄而不用乎。且美人汎待左右。又非嬖寵著名之人。太宗何愛而留之。此章爲是也。

唐氏仲友曰。王珪納諫。皆人主情慾之際。人所難言。可謂無愧於魏徵矣。

愚按春秋傳曰。人誰無過。過而能改。善莫大焉。王珪之直言無諱。言人之所難言。太宗之改不吝。改人之所難改。王珪進諫之誠。太宗納諫之美。方之古昔。何以尚茲。

貞觀四年。詔發卒修洛陽之乾元殿。洛陽。古成周之地。今河南路。乾元殿。隋所建。以備巡狩。孟子曰。天子適諸侯日巡狩。巡狩者。巡所守也。給事中唐制。掌侍左右。分判省事之官。察弘文館繕寫校讐之課。大事覆奏。小事署而行之。張玄素。蒲州人。仕隋爲景城縣戶曹。竇建德陷景城。將殺之。邑人號泣曰。此清吏。殺之。是無天也。遂釋之。貞觀初。召問以政道。歷太子詹事。遷左庶子。會東宮廢坐罪爲民。頃之。召授刺史。麟德初卒。上書諫曰。陛下智周萬物。囊括四海。令之所行。何在不應。志之所欲。何事不從。微臣竊思秦始皇之爲君也。藉周室之餘。因六國之盛。將貽之萬葉。及其子而亡。周之季世。天下大亂。秦并吞之六國。齊楚燕韓趙魏也。始皇曰。朕爲始皇帝。後世以數計。二世三世。至于萬世。傳之無窮。始皇歿。二世立。而趙高弑之。嬰立。而遂降于漢。子諒由湜嗜奔慾。逆天害人者也。是知天下不可以力勝。神祇不可以親恃。惟當弘儉約。薄賦斂。去聲慎終始。可以永固。方今承百王之末。屬彫弊之餘。必欲節之以禮制。陛下宜以身爲先。東都未有幸期。即令補葺。令。平聲諸王今並出藩。又須營構興發數多。豈疲人之所望。其不可一也。陛下初平東都之始。層樓廣殿。皆令撤毁。天下翕然。同心傾仰。豈有初則惡其侈靡。惡。烏去聲今乃襲其雕麗。其不可二也。每承音旨。未即巡幸。此乃事不急之務。成虛費之勞。國無兼年之積。何用兩都之好。兩都。東都洛陽。西都長安也。勞役過度。怨讟將起。其不可。三也。百姓承亂離之後。財力凋盡。天恩含育。粗見存立。粗。平聲饑寒猶切。生計未安。三五年間。未能復舊。奈何營未幸之都。而奪疲人之力。其不可。四也。昔漢高祖將都洛陽。婁敬一言。即日西駕。漢高祖。姓劉。名邦。沛人。伐秦得天下。國號漢。婁敬。齊人。高祖在洛陽。敬說曰陛下取天下。與周異。宜入關而都。按秦之故。上未決。張良言入關便。即日駕西。都長安。賜敬姓劉氏。拜郎中。豈不知地惟土中。貢賦所均。但以形勝不如關內也。伏惟陛下化凋弊之人。革澆漓之俗。爲日尚淺。未甚淳和。斟酌事宜。詎可東幸。其不可。五也。臣嘗見隋室初造此殿。楹棟宏壯。大木非近道所有。多自豫章採來。豫章。郡名。

（今龍興路。隸江西。）二千人拽一柱。其下施轂。皆以生鐵爲之。中間若用木輪。動即火出。略計一柱。已用數十萬。則餘費又過倍於此。臣聞阿房成。秦人散。（房音旁。見政體篇註）章華就。楚衆離。（楚靈王爲章華之臺。納亡人以實之。）乾元畢工。隋人解體。且以陛下今時功力。何如隋日。承凋殘之後。役瘡痍之人。費億萬之功。襲百王之弊。以此言之。恐甚於煬帝遠矣。深願陛下思之。無爲由余所笑。（由余。西戎人。戎王使由余觀秦繆公。示以宮室積聚。由余曰。鬼爲之。則勞神矣。人爲之。亦苦民矣。公怪之。問曰。中國以詩書禮樂法度爲政。然尚時亂。今戎夷無此。何以爲治。由余笑曰。此乃中國所以亂也。云云出史記。）則天下幸甚矣。太宗謂玄素曰。卿以我不如煬帝。何如桀紂對曰。若此殿卒興。卒子聿切所謂同歸於亂。太宗歎曰。我不思量平聲遂至於此。顧謂房玄齡曰。今玄素上表洛陽實亦未宜修造。後必事理須行。露坐亦復何苦。所有作役。宜卽停之。然以卑干尊。古來不易。以豉切非其忠直。安能如此。且衆人之唯唯。並音葦不如一士之諤諤。可賜絹五百匹。魏徵歎曰。張公遂有回天之力。可謂仁人之言。其利博哉。按史傳。此疏有曰。臣聞東都始平。太上皇詔宮室過度者焚之。陛下謂瓦木可用。請賜貧人。事雖不從。天下稱爲盛德。今復度而營之。是隋役又興。不五六年間。一捨一取。天下將謂何帝。顧玄齡曰。洛陽朝貢天下中。朕營之。意欲便四方百姓。今玄素言如此。使後必在雖露坐庸何苦。卽詔罷役。

范氏祖禹曰。上之所好者。下之所競也。太宗虛已以來直言。故羣臣爭救其失。惟恐其言之不切。太宗不惟悅而從之。又賞以勸之。此人君之所難能也。夫如是。何患於有過乎。

張氏九成曰古人以片言干知已。以疏賤投至貴非至誠切直豈足以遇合。始玄素以小吏在擾攘間。蒙天子訪問隋唐興替之由。遂蒙寵遇。洛陽之役。懇切疏諫遂有回天之力。惜乎匪人淫慢。厥疾忠誨。功無成。而遷播之禍至。此忠良所以於悒而痛哭也。

呂氏祖謙曰。堯舜。天下之至善也。故人情莫不欲爲之。桀紂。天下之至惡也。故人情莫不恥言之。世之爲人君者。未嘗不是堯舜。而未必爲堯舜之所爲。亦未嘗不非桀紂。而未必不爲桀紂之所爲。如是。則雖知以堯舜自名。而未必不爲桀紂之歸也。惟聖明之君。知所以爲堯舜者。在於力行。而不在於空言。苟其行之未善。人雖被以桀紂之名而不怒。夫然後可以進於堯舜。則漢高祖。唐太宗。其人也。高祖問周昌曰。我何如主。對曰桀紂之主。太宗謂玄素曰。我何如桀紂。對曰。此役不息。同歸于亂夫二君。三代而下之英主也。雖其臣比之桀紂。而二君受之。雖不能盡如堯舜。而亦堯舜之徒耳。此無他。知以桀紂自儆。故不敢爲桀紂之歸也。

愚按洛邑爲土中。以四方貢賦道里均也。周之都鎬京也。洛爲東都。於此而朝諸侯焉。漢之都長安也。洛有南宮。於此而臨幸焉。唐都長安。視洛陽與周漢同。天下旣平。修治洛邑。若未甚害也。然洛陽多隋宮室。制度過侈。非所宜修。太宗納玄素之諫。遽令罷役。善矣。它日飛山翠微玉華之役。又非洛陽陪京之事勢。能追思玄素之言。則尤善矣。

太宗有一駿馬。特愛之。恒於宮中養飼。無病而暴死。太宗怒養馬宮人。將殺之。皇后長孫氏諫曰。昔齊景公以馬死殺人。齊景公。名杵臼。晏子請數其罪云。數。上聲。晏子。名嬰。字平仲。齊大夫。爾養馬而死。爾罪一也。使公以馬殺人。百姓聞之必怨吾君。爾罪二也。諸侯聞之必輕吾國。爾罪三也。公乃釋罪。陛下嘗讀書見此事。豈忘之邪。太宗意乃解。又謂房玄齡曰。皇后庶事相啟沃。極有利益爾。

愚按晏子諫齊景公。有三罪之說。其意美矣。今觀太宗欲殺宮人之事。蓋亦有三失焉。何也。不寶賢。而寶駿馬。則寶非其寶矣。不任牧人。而牧宮人。則任非其任矣。以馬死。而欲殺人。則刑非其刑矣。向非文德皇后之諫。豈不爲盛德之累乎。史稱太宗有壯馬不能御。則天時爲宮人。進而言曰。妾有三物能御之。一曰鐵鞭。鞭其背。二曰鐵檛。檛其首。三曰匕首斷其喉。太宗壯之。夫太宗使宮人養馬。不過一時溺於嗜好而已。孰知宮人之中。有善御馬如則天者。已潛擬於其後乎。吁。可畏哉。

貞觀七年。太宗將幸九成宮。隋仁壽宮也。散騎常侍姚思屏進諫曰。陛下高居紫極。寧濟蒼生。應須以欲從人應。平不可以人從欲。然則離宮遊幸。此秦皇漢武之事。始皇。姓嬴。名政。國號秦。武帝。姓劉。名徹。國號漢。故非堯舜禹湯之所爲也。言甚切至。太宗諭之曰。朕有氣疾。熱便頓劇。故非情好遊幸。好。去聲。甚嘉卿意。因賜帛五十段。

愚按漢元欲乘樓船。以薛廣德之言而止。則天欲觀舍利。以狄仁傑之言而止。夫漢元庸君。則天女主。尚能改過不吝。況如太宗之素號納諫者乎。愚謂九成之諫。非不切也。太宗氣疾之喻。亦近於飾非矣。且既不從其言。復多賜之帛。是人君之過。可以賄賂而免。人臣之直諫。可以賄賂而移也。太宗之賜。思廉之受。胥失之矣。

貞觀三年。李大亮京兆人。有文武才。高祖入關自歸。授土門令。擊盜皆降。擢金州司馬。

貞觀初。授太府卿。復出爲涼州都督。俄爲西北道安撫大使。以綏諸部降者。八年。討吐谷渾有功。進爵爲公。拜右衛將軍。臨終。表請罷遼東役爲涼州都督。涼州。今西涼州。隸甘肅。嘗有臺使至州境。使。去聲。後同見有名鷹。諷大亮獻之。大亮密表曰。陛下久絕畋獵。而使者求鷹。若是陛下之意。深乖昔旨。如其自擅。便是使非其人。太宗下書曰。以卿兼資文武。志懷貞確。故委藩牧。藩屏牧守也。當茲重寄。比在州鎮。比音鼻。聲績遠彰。念此忠勤。豈忘寤寐。使遣獻鷹。遂不曲順。論今引古。遠獻直言。披露腹心。非常懇到。覽用嘉歎。不能已已。有臣若此。朕復何憂。宜守此誠。終始若一。詩云。靖恭爾位。好是正直。神之聽之。介爾景福。好。去聲。詩。小雅小旻篇之辭。古人稱一言之重。侔於千金。卿之所言。深足貴矣。今賜卿金壺缾。金椀各一枚。雖無千鎰之重。鎰。音益。重二十四兩爲鎰。是朕自用之物。卿立志方直。竭節至公。處職當官。處。上聲。每副所委。方大任使。如字以申重寄。公事之間。宜觀典籍。兼賜卿荀悦漢紀一部。荀悦。字仲豫。潁川人。後漢時爲秘書監。撰漢紀三十卷。此書敘致簡要。論議深博。極爲政之體。盡君臣之義。今以賜卿。宜加尋閱。舊本此章之首。曰貞觀初。今按通鑑標年

張氏九成曰。事君必以忠。立忠必以才。行已必以誠。三者全備。可謂賢矣。大亮文武才幹。而諫獻鷹近於忠。太宗親任之篤。蓋才兼文武。而濟之以忠誠耳。房喬稱有陵勃之節。詎不信夫。

愚按太宗之朝。臺閣侍從之臣。獻可替否。必開論亹亹。不啻如饑渴之於飲食。是宜列在外服之臣。亦不肯順旨曲從。敢踰位而言也。若李大亮求鷹之諫。太宗非惟悅從之。又賞賚之。盛哉太宗之納諫也。然廷臣進諫。猶日朝夕論思。日昇獻納也。遠方藩臣。不在君側。寧咈旨而不顧身。若大亮者。可謂忠臣也已。此尤藩臣之所當則效也。

貞觀八年。陜縣丞陜縣。今仍舊屬陜州。隸河南。皇甫德參。皇甫。複姓。德參。名也。上書忤旨。太宗以爲訕謗。訕。所諫切侍中魏徵進言曰。昔賈誼當漢文帝上書云云。可爲痛哭者一。可爲長歎息者六。漢文帝。名恒。高祖次子也。賈誼。洛陽人。文帝召爲博士。後爲梁懷王傅。上書陳事。多所匡建。其畧曰。臣竊爲事勢可爲痛哭者一。可爲流涕者二。可爲長太息者六。自古上書。率多激切。若不激切。則不能起人主之心。激切卽似訕

謗。惟陛下詳其可否。太宗曰。非公無能道此者。令賜

德參帛二十段。令。平聲。按通鑑。中牟丞皇甫德參上言。修洛陽宮。勞人。收地租。厚斂。俗好高髻。蓋宮中所化。上怒。謂房玄齡等曰。德參欲國家不役一人。不收十租。宮人皆無髮。乃可其意耶。欲治訕謗之罪。魏徵諫曰云云。上曰。朕罪斯人。則誰敢言。乃賜絹二十四匹。它日徵奏言陛下近日不好直言。雖勉强含容。非曩時之豁如。上乃更加優賜。并監察御史。與此章雖小異而詳。故附見焉。

胡氏寅曰。無常者。惟人心乎。太宗初下洛陽。毁隋宮室。惡其侈也。即欲修修建。雖爲諫少輟。然意終不已。竟使成之。最後并怒諫者。欲加之罪。何其一念之難同也。太宗克己從諫。終自勉焉。其心術有蔽。不能自袪。猶如此。况不能克己從諫者。宜如何。則亦觸情縱欲。猶蒹葭萑葦。寧有旣耶。

愚按爲人上者。甚矣虛心聽納之難也。以太宗之始怒皇甫德參。而欲罪之。復從徵言。德參遂擢高官。膺厚賞。始也怒人之言。終也從人之諫不貴無過。而貴改過。太宗之謂矣。然忤旨之怒

其中心之發見耶。抑一時磯激而然耶。向非徵之忠鯁。其爲君德之累豈少哉。德参區區一縣丞耳。乃能奮不自顧如此。尤可爲徵臣之則效也。

貞觀十五年。遣使詣西域。使。去聲。後同。西域。西夷之國也。立葉護可汗未還。葉。音攝。葉護。突厥大臣之號也。本曰葉護統。葉護嗣其兄射匱可汗。乃號葉護可汗。是年葉護數遣使入貢。秋七月。左領軍將軍張大帥持節即其所號。立爲可汗。賜以鼓纛。又令人多賫金帛。令。平聲。後同。歷諸國市馬。魏徵諫臣。今發使以立可汗爲名。可汗未定立。即詣諸國市馬。彼必以爲意在市馬。不爲專立可汗。不爲之爲。去聲。可汗得立。則不甚懷恩。不得立則生深怨。諸蕃聞之。且不重中國。但使彼國安寧。使。如字。則諸國之馬。不求自至。昔漢文帝有

◎

千里馬者曰。吾吉行日三十。吉行。謂巡幸。祭祀也。凶行日五十。凶。漢書作師。凶行。謂出兵行師也。鸞輿在前。輿。漢書作旗。屬車在後。屬。音囑。漢因秦制。大車八十一乘相屬也。吾獨乘千里馬將安之乎。乘。平聲。之。猶往也。乃償其道里所費而返之。又光武名秀。漢中興之君。有獻千里馬。及寶劍者。馬以駕鼓車。劍以賜騎士。今陛下凡所施為。施。平聲。皆邈過三王之上。邈。音莫。奈何至此欲為孝文光武之下乎。又魏文帝姓曹。名丕。操之子也。受漢禪。國號魏。求市西域大珠。蘇則曰。蘇。姓。則。名。字文師。扶風人。仕魏。為侍中。若陛下惠及四海。則不求自至。求而得之。不足貴也。陛下縱不能慕漢文之高行。去聲可不畏蘇則之正言耶。太宗遽令止之。舊本此章之首。曰貞觀中。今按通鑑標年。

唐氏仲友曰。魏徵之諫。不使蠻夷窺中國也。先王內中夏。而外四夷。其待之固有其道矣。後世不爲所亂。則爲所窺。皆起於喜功貪利之故。太宗聖明。猶不免此。徵之所言切中其病。而終唐之世。困於亂華。可不戒哉。

愚按禹貢曰。織皮。崑崙。析支。渠搜。西戎即敘。因其織皮之貢。而即敘之。此大禹之撫四夷也。漢武因名馬。通大宛而致連年之師。光武卻名馬。閉玉關而絕西域之使。二君之得失。葢可覩矣。是宜魏徵之進諫。幸太宗克從之也。

貞觀十七年。太子右庶子高季輔。名馮。以字行。德州人。以孝聞。貞觀初。拜監察御史。不避權要。累轉中書舍人。列上五事。後除是職。遷吏部侍郎及卒。謚曰憲。上疏陳得失。特賜鍾乳一劑。鍾乳。產於石。食之使人通氣生胃謂曰。卿進藥石之言。謂其言有益於國。猶藥石有益於病也。故以藥石相報。按史傳季輔後爲吏部侍郎。善銓敘人物。帝賜金背鏡一。以況其清鑒焉。

唐氏仲友曰。書曰德懋懋官。功懋懋賞。人主勉進臣下之功德。欲其不息如此。太宗兩賜季輔。得懋賞之意。然以季輔文武正直。不至宰輔。未爲盡其才也。

愚按藥石。所以愈膏肓之疾。金鏡。可以別媸妍之形。太宗嘉人臣之進言。比之爲藥石。望人臣之清鑒。比之於金鏡。可爲君臣相與之盛事也。

貞觀十八年。太宗謂長孫無忌等曰。夫人臣之對帝王。夫音扶。多順從而不逆。甘言以取容。朕令發問。不得有隱。宜以次言朕過失。長孫無忌唐儉等。皆曰。陛下聖化道致太平。以臣觀之。不見其失。黃門侍郎劉洎字思道。荆州人。貞觀七年。爲治書侍御史。遷右丞。號稱職。十七年。遞日直東宮。遷侍中。太宗征遼東。詔輔太子監國。洎曰。願無憂。大臣有罪。當按法誅之。帝惟其言。及還。遂賜死。對曰。陛下撥亂創業。實功高萬古。誠如無忌等言。然頃有人上書。辭理不稱者。稱去聲或對面窮詰。無不慚退。恐非獎進言者。太宗曰。此言是也。當爲卿改之。爲去聲。按通鑑。是年夏四月。上至太平宮。因有是問。無唐儉名。又載馬周曰。陛下比來賞罰。微以喜怒。有所高下。此外不見其失。上皆納之。

林氏之奇曰。仁人君子之事君。當夫治安之世。而危敗禍亂之言。未嘗一日而忘於口者。蓋不如是不足以維持其治安。而保養其聰明也。舜襲堯之位。行堯之道。可謂治世矣。然益曰。罔失法度。禹曰無若丹朱傲。皐陶曰。元首叢脞哉。夫舜豈有是哉而禹益皐陶則不可以無是言也。太宗之德。固未能盡如堯舜。貞觀之治。固未能盡如唐虞之時。而欲自聞其過。則其心猶足爲堯舜之心也。惜夫太

宗有堯舜好問之心。而長孫無忌之徒無禹益皐陶箴規之戒。可勝歎哉

愚按貞觀末年。魏徵旣死。在廷羣臣。類多諛說之風。其間諛說之特甚者長孫無忌是也。太宗欲羣臣直言。無忌則曰。陛下無失。太宗欲知其過。無忌則曰。陛下武功文德。臣等將順之不暇。太宗欲聞破高麗之計。無忌則曰。諸將奉成筭而已。嗚呼。孔子所謂言而莫予違者。其無忌之謂乎。向非劉洎輩。面折廷爭。庶幾魏徵之風。則貞觀之政。難乎令終矣。

太宗嘗怒苑西監掌宮苑之官穆裕。穆姓裕名命於朝堂斬之。時高宗爲皇太子。高宗名治。初封晉王。十七年。立爲皇太子遽犯顏進諫。太宗意乃解。司徒長孫無忌曰。自古太子之諫。或乘間從容而言。乘。平聲。間。去聲。從。即容切今陛下發天威之怒。太子申犯顏之諫。誠古今未有。太宗曰。夫人久相與處夫音

扶。處上聲。自然染習。自朕御天下。虛心正直。即有魏徵朝夕進諫。自徵云亡。劉洎。岑文本字景仁。鄧州人。貞觀初。除秘書郎。奏籍田頌。擢中書舍人。號善職。遷侍郎。十七年。文本不欲兼東宮官。乃詔五日一參東宮。後遷中書令。卒。馬周。褚遂良等繼之。皇太子幼在朕膝前。每見朕心說諫者。因染以成性。故有今日之諫。舊本。此章與前章通爲一章。今按不同。分爲二章。

愚按高宗之處東宮也。不惟已能納諫。又能諫於其父。何其賢哉。及其在位既久。艷后擅權。諫臣結舌。李善感一言。至比之鳳鳴朝陽。其不能納諫可知矣。夫以一人之身。始則能諫。終則拒諫。其故何哉。蓋嘗以唐史觀之。高宗以久不聞諫。問於李勣。勣對曰。陛下所爲盡善。無事可諫。嗚呼。高宗始之能諫。蓋由太宗之德。有以化之。終之拒諫。豈非李勣輩。實逢君之惡哉。

直諫 附凡十章

貞觀二年。隋通事舍人隋制掌引納通奏鄭仁基女年十六七。容色絶姝。當時莫及。文德皇后長孫氏。喜圖傳。尚禮法。性約素。嘗著女則十篇。又爲論斥漢馬后不能撿抑外家。使與政事。乃戒其車馬之侈。此謂開本源。恤末事。臨終請帝納忠諫勿受讒。省遊畋作役訪求得之。請備嬪御。太宗乃聘爲充華。唐制。女官號九嬪之一詔書已出。策使未發。使去聲後同魏徵聞其已許嫁陸氏。方遽進而言曰。陛下爲人父母。書曰。元后作民父母。撫愛百姓。當憂其所憂。樂其所樂。樂並音洛自古有道之主。以百姓之心爲心。故君處臺榭。處上聲後同則欲民有棟宇之安。食膏粱。則欲民無饑寒之患。顧嬪御則欲民有室家之歡。此人主之常道也。今鄭氏之女久已許人。陛下取之不疑。無所顧問。播之四海。豈爲民父母之道乎。道一作義臣傳聞雖或未的。然恐虧損聖德。情不敢隱。君舉必書。所願特留神慮。太宗聞之大驚。手詔答之。深自克責。遂停策使。乃令女還舊夫。令平聲後同左僕射房玄齡中書令溫彥博禮部尚書王珪御史大夫韋挺等云。女適陸氏。無顯然之狀。大禮旣行。不可中止。又陸氏抗表云。某父康在日。與鄭家往還。時相贈遺資財。初無婚姻。交涉親戚。並云外人不知。妄有此說。大臣又勸進。太宗於是頗以爲疑。問徵曰。羣臣或順旨。陸氏何爲過爾分疎。徵曰。以臣度之。度。待洛切其意可識。將以陛下同於太上皇。太宗曰。何也。徵曰。太上皇初平京城。得辛處儉婦。稍蒙寵遇。處儉時爲太子舍人。唐制。東宮右春坊置舍人。掌行令書表啓。太上皇聞之不悅。遂令出東宮爲萬年縣。見任賢篇註每懷戰懼。常恐不全首領。陸爽。陸氏名。以爲陛下今雖容之。恐後陰加譴謫。音摘。責也。所以反覆自陳。意在於此。不足爲怪。太宗笑曰。外人意見。或當如此。然朕之所言。未能使人必信。乃出勑曰。今聞鄭氏之女。先已受人禮聘。前出文書之日。事不詳審。此乃朕之不是。亦爲有司之過。授充華者宜停。時莫不稱歎。

朱氏黼曰。人主以改過爲德。而以恥過作非爲戒。人臣以格非爲職。而以順非逢惡爲罪。太宗嘗曰。前世帝王拒諫者多矣。或曰業已爲之。又曰業已許之。終不爲改。如此。欲無危亡得乎。是以終身道人使諫。從善如流。未嘗少有靳吝也。聘陸氏已聘之女。是誠不知而作也。聞魏徵一言。遂罷已停册。可謂更也。人皆仰之矣。玄齡輩一時名臣。宜有以將順其美。正救其惡。有以格君心之非。可也。乃曰。大禮既行。不可中止。雖妾婦所以愛主不當如是。況大臣乎。太宗有改過之德。而玄齡輩不免有逢惡之罪。若魏徵其賢矣哉。

愚按古者天子一后。三夫人。九嬪。二十七世婦。八十一御妻。蓋天子所娶之國。嫡爲正后。庶爲娣媵。正后既終。則其娣媵攝行后職。故曰天子諸侯不再娶。大抵六宮之職一定。則不可改移。不可增益也。後世正家之道不明。正后之立。亦多以色而舉。況妃嬪乎。故姝麗之所在。不遠千里求之。雖有夫之婦。有不暇恤。以太宗之爲君。文德之爲后亦不能免。魏徵之諫。僅强從之而已。厥後士襲之女。亦以色選。孰知牝晨之禍。已兆於此乎。益之戒舜曰。罔淫於樂。仲虺之稱湯曰。不邇聲色。後之人君。亦法乎此而已矣。

貞觀三年。詔關中免二年租稅。關東給復一年。關東潼關以東也尋有勅已役已納。並遣輸納。明年總爲準折。爲去聲。後同。給事中魏徵上書曰。伏見八月九日詔書。率土皆給復一年。老幼相歡。或歌且舞。又聞有勅。丁已配役。即令役滿。折造餘物。亦遣輸了。待明年總爲準折道路之人。咸失所望。此誠平分百姓。均同七子。但下民難與圖始。日用不足。皆以國家追悔前言。二三其德。臣竊聞之。天之所輔者仁。人之所助者信。今陛下初膺大寶。易大傳曰。聖人之大寶曰位。億兆觀德。始發大號。便有二言。生八表之疑心。失四時之大信。縱國家有倒懸之急。猶必不可。況以泰山之安。而輒行此事。爲陛下爲此計者。爲此之爲。如字。於財利小益。於德義大損。臣誠智識淺短。竊爲陛下惜之。伏願少覽臣言。詳擇利益。冒昧之罪。臣所甘心。簡點使去聲。後同右僕射封德彝等並欲中男十八已上。簡點入軍。敕三四出。徵執奏以爲不可。德彝重奏重。平聲今見簡點者云。次男內大。有壯者。太宗怒。乃出敕。中男已上。雖未十八。身形壯大。亦取徵又不從不肯署敕太宗召徵及王珪作色而待之曰中男若實小自不點入軍若實大亦可簡取於君何嫌過作如此固執朕不解公意（解音懈）徵正色曰臣聞竭澤取魚非不得魚明年無魚焚林而畋非不獲獸明年無獸若次男已上盡點入軍租賦雜徭將何取給且比年（比音鼻）國家衛士不堪攻戰豈爲其少但爲禮遇失所遂使（如字後同）人無鬪心若多點取人還充雜使其數雖衆終是無用若精簡壯健遇之以禮人百其勇（謂一人可當百夫也）何必在多陛下每云我之爲君以誠信待物欲使官人百姓並無矯僞之心自登極

已來。大事三數件。皆是不信。復何以取信於人。太宗愕然曰。所云不信。是何等也。徵曰。陛下初即位。詔書曰。逋私宿債。欠負官物。並悉原免。即令（平聲）所司列爲事條。秦府國。司亦非官物。陛下自秦王爲天子。國司不爲官物。其餘物復何所有。又關中免二年租調。（去聲）關外給復一年。百姓嘗恩。無不歡悅。更有勅旨。今年白丁多已役訖。若從此放免。並是虛荷國恩。（荷去聲）若已折已輸。令總納取了。所免者。皆以來年爲始。散還之後。方更徵收（徵。平聲後同）百姓之心。不能無恠。已徵得物。便點入軍。來年爲始。何以取信。又共理所寄。在於刺史（唐制武德初。罷郡爲州。改太守曰刺史。掌宣德化。歲巡屬縣。觀風俗。錄囚。恤鰥寡。

縣令。

唐制。縣置令。掌導揚風化。撫字黎甿。敦民業。崇地利。養鰥寡。恤孤貧。審寃屈。親獄訟。

常年貌稅。並悉委之。至於簡點。即疑其詐僞。望下誠信。不亦難乎。太宗曰。我見君固執不已。疑君蔽此事。今論國家不信。乃人情不通。我不尋思。過亦深矣。行事往往如此錯失。若爲致理。乃停中男。賜金甕一口。賜珪絹五十匹。

愚按孔子曰。去食去兵。無信不立。湯之有天下也。首曰彰信兆民。武王之有天下也。首曰惇信明義。三代之得天下。未有不以信爲先者也。太宗即位之初。首欲以誠信待物。可謂能以湯武爲法者矣。然後知其爲信。不知其所以信。故魏徵歷陳其目。謂原免逋債。而秦府不與。一不信也。給散租調。已散復徵。二不信也。簡點丁男。不任守令。三不信也。太宗欣然從徵之言。君臣魚木。實始于此。終致貞觀之盛。有以也哉。

貞觀五年。持書侍御史（唐制。舉劾官品。本作治書。避高宗諱。故改日持）權萬紀（權姓。萬紀。名。京兆人。性悻直爲治書侍御史。魏徵奏黜之。後數年復是官。）侍御史。（唐制。掌糾舉百寮。及入閣承詔推彈雜事）李仁發。俱以告訐譖毀（訐。居謁切）數蒙引見。（數。音朔。見。音現。）任心彈射（彈。平聲。後同）肆其欺罔。令在上震怒。（令。平聲）臣下無以自安。內外知其不可。而莫能論諍。給事中魏徵正色而奏之曰。權萬紀李仁發。並是小人。不識大體。以譖毀爲是。告訐爲直。凡所彈射。皆非有罪。陛下掩其所短。收其一切。乃騁其姦計。附下罔上。多行無禮。以取強直之名。誣房玄齡。（玄齡嘗掌內外官考。萬紀劾其

不平斥退張亮。鄭州人。初玄齡薦爲車騎將軍。詳見公平篇註無所肅厲徒損
聖明道路之人。皆興謗議。臣伏度聖心。度。待洛切必不以
爲謀慮深長。可委以棟梁之任。將以其無所避忌。欲
以警厲羣臣。若信狎回邪。猶不可以小謀大。羣臣素
無矯僞。空使臣下離心。以玄齡亮之徒。猶不可得伸
其枉直。其餘疏賤。孰能免其欺罔。伏願陛下留意再
思。自驅使二人以來。有一弘益。臣卽甘心斧鉞。受不
忠之罪。陛下縱未能舉善以崇德。豈可進姦而自損
乎。太宗欣然納之。賜徵絹五百匹。其萬紀又姦狀漸
露。仁發亦解黜。萬紀貶連州司馬。連州。今仍舊隸廣東。司馬。州僚佐也。

朝廷咸相慶賀焉。

愚按中庸曰。敬大臣則不眩。先儒曰。信任專而小臣不得以間之。故臨事而不眩也。自古英明之君。若漢之武宣。隋之高祖。宋之孝宗。旣任委大臣。而復信小臣之言。其意蓋慮大臣之專權而恃小臣之察以防之也。太宗之於萬紀輩。亦若是而已矣。雖玄齡之親密。猶得而間之。況其餘乎。夫天下之權。初無定在。專在於大臣。固足以致亂。移於小臣。尤非所以爲治也。唯持敬則足以。增一己之聰明。窮理則足以察他人之邪正。人君亦勉於此而已。徒恃小臣之察。欲廣己之耳目者。何其惑之甚哉

貞觀六年。有人告尚書右丞魏徵。言其阿黨親戚。太宗使御史大夫溫彥博案驗其事。乃言者不直。彥博奏稱徵旣爲人所道。雖在無私。亦有可責。遂令彥博

謂徵曰。令（令平聲後同）爾諫正我數百條。豈以此小事便損衆美。自今已後。不得不存形迹。居數日。太宗問徵曰。昨來在外聞有何不是事。徵曰。前日令彥博宣勅語臣云。因何不存形迹。此言大不是。臣聞君臣同氣。義均一體。未聞不存公道。惟事形迹。若君臣上下同遵此路。則邦國之興喪。或未可知。太宗矍然改容曰。（矍厥縛切。驚悟貌）前發此語。尋已悔之。實大不是。公亦不得遂懷隱避。徵乃拜而言曰。臣以身許國。直道而行。必不敢有所欺負。但願陛下使臣爲良臣。勿使臣爲忠臣。太宗曰。忠良有異乎。徵曰。良臣使身獲美名。君受顯號。子孫傳世。福祿無疆。忠臣身受誅夷。君陷大惡。家國並喪。獨有其名。以此而言。相去遠矣。太宗曰。君但莫違此言。我必不忘社稷之計。乃賜絹二百匹。按通鑑徵

又曰。稷契皋陶良臣也。龍逢比干。忠臣也。

胡氏寅曰。忠良一道也。未有優於忠。而劣於良者。亦未有偏於良。而短於忠者。魏公之言。過爲分别不若曰。臣願爲稷契皋陶諫行言聽。不願如龍逢比干。身誅國亡。如此自足以警帝意也。夫稷契比干。所謂易地則皆然也。後世事君者。柔和獻納。不敢强諫。曰。吾效稷契皋陶。苟有犯顔苦口。面折廷爭者。則或非之曰。爾何以桀紂事吾君而欲爲忠臣乎。則魏公之說啟之矣。

林氏之奇曰。自古君明臣良。猶腹心手足之一體歡然無間。而后朝廷之政。無不舉。豈拘拘形迹之末。以。自爲疑外者。太宗之於魏公。雖曰言必聽。諫必從。而責之以宜存形迹。則仆碑之兆。已見於此

呂氏曰。魏公之對。誠足以警動太宗之心矣何則臣諫而君從之。則可以爲稷契臯陶之良。不從。則亦不失其爲龍逢比干之忠。則是忠之與良固未甚相遠也。若乃君之聽諫。從之則爲堯舜。不從之。則爲桀紂。其相去不啻霄壤。則太宗於此。安得而不警乎

愚按魏徵忠良之論美矣。然攷之文義。則有不然者。何也文武之臣。身獲美名。君受顯號。專謂之良臣。可也。而冏命則曰咸懷忠良。商紂之臣身受誅夷。君陷大惡。專謂之忠臣。可也。而武王則曰。焚炙忠良。此猶渾而言之也。子文仕爲令尹。身得令終。可以爲良臣矣。夫子則稱之爲忠奄息殺身殉葬。以從其君可以爲忠臣矣。詩人則稱之爲良。然則徵之言。豈得爲定論哉。先儒有言忠良一道也。未有優於忠。而劣於良者。亦未有偏於良。而短於忠者。斯言不可易矣。

貞觀六年。匈奴克平遠夷入貢符瑞日至年穀頻登。岳牧等屢請封禪。去聲。封禪者封土於山。禪祭於地也羣臣等。又稱述

功德以爲時不可失。天不可違。今行之。臣等猶謂其晩。惟魏徵以爲不可。太宗曰。朕欲得卿直言之。勿有所隱。朕功不高耶。曰高矣。德未厚耶。曰厚矣。華夏未安耶。曰安矣。遠夷未慕耶。曰慕矣。符瑞未至耶。曰至矣。年穀未登耶。曰登矣。然則何爲不可。對曰。陛下功高矣。民未懷惠。德厚矣。澤未旁流。華夏安矣。未足以供事。供。平聲。後同遠夷慕矣。無以供其求。符瑞雖臻。而罻羅猶密。罻。音蔚積歲豐稔。而倉廩尚虛。此臣所以切謂未可。臣未能遠譬。且借近喻於人。有人長患疼痛不能任持。療理且愈。皮骨僅存。便欲負一石米。日行百里必不可得。隋氏之亂。非止十年。陛下爲之良醫。除其疾苦。雖已乂安。未甚充實。告成天地。竊有疑。且陛下東封。謂東封泰山也。在今泰安州。萬國咸萃。要荒之外。要。平聲。要服荒服。蠻夷之地也。莫不奔馳。今自伊洛之東。暨乎海岱。岱。泰山也。萑莽巨澤。茫茫千里。人煙斷絕。雞犬不聞。道路蕭條。進退艱阻。寧可引彼戎狄。示以虛弱。竭財以賞。未厭遠人之望。厭。音淹。足也。加年給復。不償百姓之勞。或遇水旱之災。風雨之變。庸夫邪議。悔不可追。豈獨臣之誠懇。亦有輿人之論。太宗稱善。於是乃止。按通鑑是年正月文武官請封禪。上曰。卿輩皆以封禪爲帝王盛事。朕意不然。若天下乂安。家給人足。雖不封禪。庸何傷乎。昔秦始皇封禪。漢文帝不封禪。後世豈以文帝之賢。不及始皇耶。且事天掃地而祭。何必登泰山之顛。封數尺之土。然後可以展其誠敬乎。羣臣猶請之不已。上亦欲從之。魏徵獨以爲不可。云云。會河南北數州大水。事遂寢。

孫氏甫曰。封禪之文。不著於經典。秦漢諸儒用管仲說。以爲帝王盛德之事。無大此禮。故秦皇漢武行之。儀物侈大。自謂光輝無窮。然封禪之後。災異數至。天下多事。蓋繁費生靈。干動和氣所致。則崇尚此禮。惡足以當天意哉。況此禮不著於經典也。司馬遷作封禪書。引經典之文。但巡守之禮耳。帝王巡守。每至方嶽。必燔柴以告。至非謂自陳功於天也。帝王治天下。能以功德濟生民。致時太平。則天必佑之以永久之福。郊祀之禮。足伸其報。何待自告其功也。太宗嘗謂事天至敬。掃地而祭。何必登山封土。

此實至論。

范氏祖禹曰。古者天子巡守。至于方岳。必告祭柴望。所以尊天而懷柔百神也。後世學禮者失其傳而諂諛者。爲說以希世主謂之封禪。實自秦始。古無有也。且三代不封禪而王。秦封禪而亡。不法三代。而法秦以爲太平盛事。亦已謬矣。太宗方明朝多賢而佞者猶倡其議。獨魏徵以爲時未可。而亦不以其事爲非也。其後使顏師古議其禮。玄齡裁定之。徵亦與焉。貞觀之末。欲東封。以事而止。高宗明皇遂踵行之。終唐之世。惟柳宗元以爲非。以韓愈之賢猶勸憲宗。則其餘無足惟者。嗚呼。禮之失也久矣。世俗之惑可勝救哉。

胡氏寅曰。自孟子沒。聖學不傳。學者以天人爲二致。不能監觀休咎之符。凡天事尚象。往往以道遠難知。置於寘漠而不省。昧者無足恠矣。以太宗之明。房杜王魏並侍左右。正且日食。天變爲大。不聞其胥訓告胥教誨以消陰沴。復陽德而羣臣獻諂。侈蕩上心。請登太山。明示德意。太宗尸雖不允。實欲從之。至稱功高德厚。儼然自足。徵雖以空虛勞費爲言。若非數州大水。亦未必爲止也。夫大水者。陰氣沴也。日食者。陽氣微也。二者君象。尤當儆懼。而不知戒焉。豈非以天人爲二致不學不知道之

過歟

愚按文中子曰。封禪。其秦漢之侈心乎。聖人復起。不易斯言矣。虞舜之制。五載一巡守。成周之盛六年一巡肆覲羣后大明黜陟。望秩山川蓋所以盡報本之誠。明命討之公也。豈泥金刻玉。升中告成之謂哉。善乎太宗之言曰秦始皇封禪。漢文帝不封禪。後世豈以文帝不及始皇耶。厥後惑於諂佞。自背其言。爲魏徵討者。惟當援古據經。正名定論。于以復先王之常禮。于以掃秦漢之謬說。不亦偉歟。顧以爵羅猶容。倉廩尚虛。執爲未可。夫以爲未可行。則必有可行之時也。嗚呼。大道不明。禮學無據。爲君者昧於上。爲臣者。惑於下。不有聖人出焉。孰能袪其謬而反諸正乎。

貞觀七年。蜀王名愔太宗第六子也妃父楊譽。在省競婢。都官郎中。唐制刑部都官掌配役徒隸簿錄俘囚以給衣糧藥料以理訴競雪免。凡公私良賤必周知之。其反逆相坐沒其家爲官奴婢其薛仁方留身勘問未及予奪。予音與其子爲千牛。後魏官名隋有千牛刀。人主防身刀也。其識本掌御刀蓋取莊子庖丁爲惠文君解牛十九年所割者數千牛。而刀刃若新發硎石。言此刀可以備身。因以名官。唐制左右千牛衛將軍掌宮殿侍衛及供御儀伏左右執弓箭宿衛於殿庭陳訴云。五品以上。非反逆不合留身以是國親故生節目。不肯決斷。淹留歲月。太宗聞之。怒曰。知是我親戚。故作如此艱難。卽令平聲後同杖仁方一百解所任官。魏徵進曰。城狐社鼠皆微物爲其有所憑恃故除之猶不易。爲去聲後同易以豉切古語城狐不灌社鼠不燻謂其所棲穴者得所憑恃也。故議者率謂人君左右近習爲城狐社鼠況世家貴戚。舊號難理。漢晉以來。不能禁禦。武德之中。以多驕縱。陛下登極。方始蕭條。仁方既是職司。能爲國家守法。豈可枉加刑罰。以成外戚之私乎。此源一開。萬端爭起。後必悔之。將無所及。自古能禁斷此事。惟陛下一人。備豫不虞。爲國常道。爲如字豈可以水未橫流。橫去聲便欲自毀隄防。臣竊思度。待洛切未見其可。太宗曰。誠如公言。嚮者不思。然仁方輒禁不言。頗是專權雖不合重罪。宜少加懲肅。乃令杖二十而赦之。

愚按仁方之問楊譽。雖申屠之屈鄧通。董宣之抗湖陽。不是過也。太宗不惟不能賞之。又欲加刑焉。其視孝文光武。何其遠哉。且既從魏徵之諫。免仁方之罪。可也。顧猶杖二十而後赦之。是猶紾兄臂。而曰姑徐云爾。攘鄰雞。而曰請俟來年。以五十步笑百步而已。從諫之道。豈如是乎。

貞觀八年。左僕射房玄齡右僕射高士廉。名儉。齊清河王岳之孫。初隱居終南山。武德初。秦王領雍州牧。舉爲治中。及居東宮。授右庶子。遷益州都督長史。屬風俗有聲。入爲吏部尚書。拜僕射。卒。贈司徒。於路逢少府監少。去聲。唐制。掌百工繕作之政。竇德素問北門近來更何營造。德素以聞太宗。乃謂玄齡曰。君但知南衙事。我北門少有營造。何預君事。玄齡等拜謝。魏徵進曰。臣不解陛下責。解。音懈。後同。亦不解玄齡士廉拜謝。玄齡既任大臣。即陛下股肱耳目。有所營造。何容不知。責其訪問官司。臣所不解。且有利害。役工多少。陛下所爲善。當助陛下成之。所爲不是。雖營造。當奏陛下罷之。此乃君使臣。臣事君之道。論語孔子對魯定公曰。君使臣以禮。臣事君以忠。玄齡等問既無罪。而陛下責之。臣所不解。玄齡等不識所守。但知拜謝。臣亦不解。

太宗深愧之

朱氏黼曰。宰相之職。無所不統。冢宰以九式均節財用。固於朝廷庶務無不當預也。作洛之役。周召經營。未央之成。蕭何綜理。烏有營繕之小。而宰臣不知乎。以將軍爲內廷。以宰相爲外廷。正漢人體統之紊。太宗方鼎新三省。復修六典。獨欲使宰相事立南牙政事。不預北門營繕。是分朝廷爲二。岐內外爲兩。以一司而處相臣也。微魏徵盡言。則唐之相職豈正哉。

愚按王者以天下爲一家。其大臣宗子之家相也。故天下之事。天子無不當與宰相亦無不當與者。豈有南衙北門之分乎。太宗責非其所當責。玄齡等謝非其所當謝。微魏徵之言。君臣盡莫知其失也。唐中葉以後。以中書門下爲南衙以樞密中尉爲北司。軍機之密。策立之重。宰相

遂不得與聞。太宗之失言實啟之矣

貞觀十年。越王（名貞太宗第八子也）長孫皇后所生。太子介弟。聰敏絕倫。太宗特所寵異。或言三品以上。皆輕蔑王者。意在譖侍中魏徵等。以激上怒。上御齊政殿。引三品已上入坐定。大怒作色而言曰。我有一言向公等道。往前天子。即是天子。今時天子。非天子耶。往年天子兒是天子兒。今日天子兒非天子兒耶。我見隋家諸王。達官已下皆不免被其躓頓。我之兒子。自不許其縱橫。（縱平聲）公等所容易過。得相共輕蔑。（易以豉切後同）我若縱之。豈不能躓頓公等。玄齡等戰慄皆拜謝。徵正色而諫曰。當今羣臣必無輕蔑越王者。然在禮。臣子一例。傳稱傳。去聲王人雖微。列於諸侯之上。諸侯用之爲公。即是公。用之爲卿。即是卿。若不爲公。卿。即下士於諸侯也。今三品已上列爲公卿。並天子大臣。陛下所加敬異。縱其小有不是。越王何得輙加折辱。若國家紀綱廢壞。臣所不知。以當今聖明之時。越王豈得如此。且隋高祖不知禮義。寵樹諸王。使行無禮。尋以罪黜。不可爲法。亦何足道。太宗聞其言。喜形於色謂羣臣曰。凡人言語理到。不可不伏。朕之所言。當身私愛。愛。去聲魏徵所論國家大法。朕嚮者忿怒。自謂理在不疑。及見魏徵所論。始覺大非道理。爲人君言何可容易。召玄齡等而切責之。賜徵絹一千匹。

愚按。齊桓殊會王世子于首止。春秋之大。胡氏釋之曰。自天王而言。欲屈遠其子。使次乎其下。示謙德也。自臣下而言。欲尊敬王世子。則序乎其上。正分義也。然則由胡氏分義之說觀之。魏徵之言非耶。曰皆是也。胡氏之言。謂在外諸侯也。魏徵之言。謂在內公卿也。胡氏之言。謂世子也。魏徵之言。謂諸王也。爲大臣者。苟不能權其輕重隨時以取中。又豈足與論春秋之義哉

貞觀十一年。所司奏凌敬乞貧之狀。凌平聲。凌姓敬名。初仕竇建德爲祭酒 太宗責侍中魏徵等濫進人。徵曰。臣等每蒙顧問。常具言其長短。有學識。強諫諍。是其所長。愛生活好經營。是其所短。好。去聲 今凌敬爲人作碑文。爲。去聲 教

人讀漢書。因茲附托。回易求利。與臣等所說不同。陛下未用其長。惟見其短。以爲臣等欺罔。實不敢心伏
太宗納之。
愚按夫子曰。孟公綽爲趙魏老則優。不可爲滕薛大夫。夫寸有所長。尺有所短。人君用其所長。棄其所短。可也。善乎魏徵之言曰。有學識。強諫諍。凌敬之所長也。愛生活。好經營。凌敬之所短也。太宗既不能用其所長。顧欲因其所短。責及舉者。豈用人之道乎。向非鄭公之諫。太宗好賢之意荒矣
貞觀十二年。太宗謂魏徵曰。此來所行得失政化比音鼻何如往前。對曰。若恩威所加。遠夷朝貢。比於貞觀之始。不可等級而言。若德義潛通。民心悅服。比於貞

觀之初。相去又甚遠。太宗曰。遠夷來服。應由德義所
加。應。平聲往前功業何因益大。徵曰。昔者四方未定。常
以德義爲心。旋以海內無虞。旋。平聲漸加驕奢自溢。所
以功業雖盛。終不如往初。太宗又曰。所行比在前何
爲異。徵曰。貞觀之初。恐人不言。導之使諫。三年已後
見人諫。悅而從之。一二年來。不悅人諫。雖黽强聽受
而意終不平。諒有難也。太宗曰。於何事如此。對曰。卽
位之初。處元律師死罪。處。上聲後同元。姓。律師。名。孫伏伽貝州人。武德中
上言三事。帝稱之曰。諍臣貞觀中拜御史遷大理卿諫曰。法不至死。無容濫加
酷罰。遂賜以蘭陵公主園。直錢百萬。人或曰。所言乃

常事。而所賞太原。答曰。我即位來。未有諫者。所以賞之。此導之使言也。徐州司戶柳雄。（徐州。今仍舊隸河南。司戶。州屬戶曹。柳。姓。雄。名。）於隋資妄加階級。人有告之者。陛下令其自首。（令。平聲。首。去聲。後同）不首與罪。遂固言是實。竟不肯首。大理推得其僞。將處雄死罪。少卿戴胄奏。法止合徒。（少。去聲。唐制。徒刑。五。一年至于三年。）陛下曰。我已與其斷當訖。（當。去聲）但當與死罪。胄曰。陛下既不然。即付臣法司。罪不合死。不可酷濫。陛下作色遣殺。胄執之不已。至於四五。然後赦之。乃謂法司曰。但能爲我如此守法。（爲。去聲）豈畏濫有誅夷。此則悅以從諫也。往年陝縣丞皇甫德參上書大有聖旨。陛下以爲訕謗。臣奏稱上書不激切。不能起人主意。激切即似訕謗。于時雖從臣言。賞物二十段。意甚不平。難於受諫也。太宗曰。誠如公言。非公無能道此者。人皆苦不自覺。公向未道時。都自謂所行不變。及見公論說。過失堪驚。公但存此心。朕終不違公語。

胡氏寅曰。天下之理。不進則退。不退則進。以天地日月四時之運。與萬物之盈虛消長觀焉。則見矣人之德慧智術。何獨不然。太宗自謂今所爲猶在年也。是則不逮在年也。譬之日焉。雖在昃晡。未嘗不明。若語其嚮於煕盛。豈若未中之時乎。是故乾之象曰。君子以自強不息。湯之盤銘曰。苟日新日日新。又日新。知從事於此者。惟持忠存誠。以堯舜爲法。豈不可及。勉焉日有孜孜。斃而後已。是則湯所以入聖域。而成功不殊。惜乎太宗之未學也。

愚按隋文帝失天下之道不一。而莫大於拒諫喜太宗得天下之道不一。而莫大於納諫。夫太宗之納諫。豈其天性之本然哉。良由目覩煬帝之亡。矯揉強勉而行之也。故貞觀之初。天下未安。則能道人使諫。中年天下漸安。尚能悅人之諫。末年天下已安。則勉強從人之諫矣。昔者舜之舍己從人。禹之聞善則拜。湯之從諫弗咈。終其身於一日。果何道哉。蓋聖人之納諫。由於志氣之自然。故無始終之異。太宗之納諫。由於血氣之矯揉。故少而銳。老而衰也。然則人君欲盡納諫之道者。可不孳孳而務聖人之學哉。

貞觀政要卷第二

貞觀政要卷第三　戈直集論　朱載震校閱

論君臣鑒戒六　論擇官七

論封建八

君臣鑒戒第六 凡七章。

貞觀三年。太宗謂侍臣曰。君臣本同治亂共安危。若主納忠諫。臣進直言。斯故君臣合契。古來所重。若君自賢。臣不匡正。欲不危亡。不可得也。君失其國。臣亦不能獨全其家。至如隋煬帝暴虐。臣下鉗口。卒令不聞其過。卒。子聿切。令。平聲。遂至滅亡。虞世基等尋亦誅死。前事不遠。朕與卿等可得不慎。無爲後所嗤。

愚按太宗常以隋煬帝爲戒。而欲其臣以虞世基爲戒。形之於言者數矣。夫人雖至愚。未有不愛其身者也。煬帝之縱欲肆志。未必不曰吾知愛吾身而已。不暇憂吾民也。世基之緘默保位。未必不曰。吾知愛吾身而已。不暇憂吾君也。豈知江都西閣之變。君臣俱不免也哉。故君以煬帝爲戒。則凡吾之容受直言。非以愛其臣也。所以爲吾身計也。臣以世基爲戒。則凡吾之盡忠無隱。非以愛其君也。所以爲吾身計也。君臣各爲其身計。則炎涼寒燠。無一時不愛吾身也。寧可以須臾之不謹乎。髮膚齒甲無一處之非吾身也。寧可以細微之不謹乎。然則君臣胥盱相與嘉惠蒼生者。非以利天下國家也。各愛其身而已。太宗斯言。推其意。若出於一已之私。盡其義。乃所以成天下之公也。

貞觀四年。太宗論隋日。魏徵對曰。臣在隋朝曾聞有盜發。曾音層 煬帝令於士澄捕逐。令。平聲。後同。於。如字。姓也。士澄。名。

（隋將。以魏郡降唐。）但有疑似苦加拷掠。枉承賊者二千餘人並令同日斬決。大理丞（隋獄官之貳職）張元濟恠之。試尋其狀。乃有六七人盜發之日。先禁他所被放纔出。亦遭推勘。不勝苦痛。（勝平聲。）自誣行盜。元濟因此更事究尋。二千人內惟九人逗遛不明。（逗。音豆。遛。音留。逗遛延也。）官人有諳識者就九人內四人非賊。有司以煬帝已令斬決。遂不執奏。並殺之。太宗曰。非是煬帝無道。臣下亦不盡心。須相匡諫。不避誅戮。豈得惟行諂佞。苟求悅譽。（平聲）君臣如此。何得不敗。朕賴公等共相輔佐。遂令囹圄空虛。願公等善始克終。恆如今日愚按大學曰。爲人君止於仁。爲人臣止於敬。此言君臣各盡其道也。虞廷賡歌。帝舜先言股肱。皋陶先言元首。此言君臣更相責難也。各盡其道。所以明上下之分。更相責難。所以明上下之交也。今觀前章太宗自以煬帝爲戒。欲羣臣以世基爲戒。此君臣各盡其道者也。此章論隋世濫刑。則魏徵歸過於君。太宗歸過於臣。此君臣更相責難者也。二章之旨。實相爲用。史臣以此居鑒戒之首。豈非貞觀致治之本歟。

貞觀六年。太宗謂侍臣曰。朕聞周秦初得天下。其事不異。然周則惟善是務。積功累德。所以能保八百之基。秦乃恣其奢淫。好行刑罰。好。去聲。後同。不過二世而滅。豈非爲善者福祚延長。爲惡者降年不永。朕又聞桀紂帝王也。以匹夫比之。則以爲辱。顏閔匹夫也。顏回。字子閔損字子騫。皆孔子弟子。以德行稱以帝王比之。則以爲榮。此亦帝王深恥也。朕每將此事以爲鑒戒。常恐不逮。爲人所笑。魏徵對曰。臣聞魯哀公魯君名蔣。謂孔子曰。有人好忘者。移宅乃忘其妻。孔子曰。又有好忘甚於此者。丘見桀紂之君。丘。孔子名乃忘其身。願陛下每以此爲慮。庶免後人笑爾。

愚按。桀紂帝王也。以匹夫比之。則以爲辱。何辱焉。人心之惡惡也。顏閔匹夫也。以帝王比之。則以爲榮。何榮焉。人心之善善也。孜孜爲善。顏閔之徒也。以匹夫而天下後世所企敬。匹夫而帝王矣。孜孜爲惡。桀紂之徒也。以帝王而天下後世所羞稱。帝王而匹夫矣。太宗所論。亦知言哉。而魏徵之對。又明桀紂之所以爲桀紂也。愚則曰。欲知桀紂顏閔之分。善與惡之間也。

貞觀十四年。太宗以高昌平。高昌。西域國名。都交河城。漢車師之地。其王麴文泰。是年文泰卒。子智盛立。平。謂征討平定也。召侍臣賜宴於兩儀殿。謂房玄齡曰。高昌若不失臣禮。豈至滅亡。朕平此一國。甚懷危懼。惟當戒驕逸以自防。納忠謇以自正。謇。音蹇。言也。黜邪佞。用賢良。不以小人之言而議君子。以此慎守。庶幾於獲安也。幾。平聲。魏徵進曰。臣觀古來帝王撥亂創業。必自戒慎。採芻蕘之議。從忠讜之言。天下既安。則恣情肆欲。甘樂諂諛。樂。音洛。惡聞正諫。惡。烏去聲。張子房漢王計畫之臣。及高祖爲天子。將廢嫡立庶。子房曰。今日之事。非口舌所能爭也。張子房。名良。漢封留侯。高祖欲廢太子盈。立趙王如意。或謂呂后曰。留侯善畫計。上信用之。后劫良曰。君爲上謀臣。今上欲易太子。君安得高枕而臥。良曰。始上在急困中。幸用臣策。天下巳定。以愛欲易太子。雖臣等百人何益。后强要曰。爲我畫計。良曰。此難以口舌爭。遂爲太子請四皓爲輔。賴以不廢終不敢復有開說。復。音缶。況陛下功德之盛以漢祖方之彼不足準。卽位十有五年。太宗以武德九年卽帝位。至是十有五年。聖德光被。今又平珍高昌。屢以安危繫意。方欲納用忠良。開直言之路。天下幸甚。昔齊桓公。齊君。名小白。與管仲鮑叔牙甯戚三人。皆齊相四人飲。桓公謂叔牙曰。盍起爲寡人壽乎。爲。去聲。諸侯自稱曰寡人。言寡德之人也。叔牙奉觴而起曰。奉。音捧。願公無忘出在莒時。桓公初出奔於莒。鮑叔爲之傅。使管仲無忘束縛於魯時。桓公立。謂魯曰。管仲。讐也。請得甘心醢之。管仲請囚。叔牙迎受之。及堂阜而脫桎梏。使寗戚無忘飯牛車下時。寗戚嘗俟桓公出。扣牛角歌曰。南山矸。白石爛。中有鯉魚長尺半。生不遭堯與舜禪。短布单衣纔至骭。從昏飯牛至夜半。公遂召之爲相。桓公避席而謝曰。寡人與二大夫能無忘夫子之言。則社稷不危矣。太宗謂徵曰。朕必不敢忘布衣時。公不得忘叔牙之爲人也。按通鑑十三年。高昌王麴文泰遏絕西域朝貢。伊吾既內屬高昌。又與西突厥共擊之。上徵其臣阿史那矩。文泰不遣。中國人在突厥者或奔高昌。詔使歸之。亦不遣。又與西突厥共破焉耆。上遣使責之。文泰語不遜。於是詔侯君集等擊之。遂降。由此唐地東極于海。西至焉耆。南盡林邑。北抵大漠。皆爲州縣。凡東西九千五百一十里。南北一萬九百一十八里。爲唐之極盛焉

愚按唐虞之世。雍熙泰和。帝治之極盛也。聖君賢相。都俞吁咈於一堂之上。凜乎。儆戒之言。以

聖君賢相。夫豈有是哉。兹所以保雍熙泰和之
盛也。今觀高昌既平。土宇極盛。太宗有兢兢保
治之言。魏徵有諄諄鑒戒之意。兹所以成貞觀
太平之盛也。然古帝王傳心之學。其要在於欽
而儆戒之際。尤謹於欽之一辭。蓋敬者萬化之
本原。一心之妙用。聖神之能事。學問之極功。帝
王授受之懿在此。其發於言者皆由於心也。故
能無怠無荒。謹終如始。爲上人者。佩太宗君臣
鑒戒之言。體帝王心學之要。則豈
惟貞觀。可以進於三代之上矣

貞觀十四年。特進魏徵上疏曰。臣聞君爲元首。臣作股肱。齊契同心。合而成體。體或不備。未有成人。然則首雖尊高。必資手足以成體。君雖明哲。必藉股肱以致理。禮云。人以君爲心。君以人爲體。心莊則體舒。心肅則容敬。（禮緇衣篇之辭。）書云。元首明哉。股肱良哉。庶事康

哉。元首叢脞哉。股肱惰哉。萬事墮哉。墮。音隳。虞書皋陶賡歌之辭。然則委棄股肱。獨任胸臆。具體成理。非所聞也。夫君臣相遇。夫。音扶。後同。自古爲難。以石投水。千載一合。以水投石。無時不有。其能開至公之道。申天下之用。內盡心膂。膂。音旅。外竭股肱。和若鹽梅。商書。高宗命傅說曰。若作和羹。爾惟鹽梅。固同金石者。非惟高位厚秩。在於禮之而已。昔周文王遊於鳳凰之墟。韈系解。顧左右莫可使者。乃自結之。豈周文之朝。盡爲俊乂。聖明之代。獨無君子者哉。但知與不知。禮與不禮耳。是以伊尹。有莘之媵臣。韓信。項氏之亡命。殷湯致禮。定王業於南巢。漢祖登壇。成帝功於垓下。若夏桀不棄於伊尹。項羽番恩於韓信。寧肯敗已成之國爲滅亡之虜乎。媵。音佩。垓。音該。伊娃。尹字也。伊尹。名摯。湯三聘之。遂佐湯伐桀。放桀於南巢之地。有莘國名。送女曰媵。湯妃有莘氏之女也。史記謂伊尹欲行道以致君而無由。乃爲有莘氏之媵臣。說湯致於王道。益戰國時有爲此說者。韓信。名也。淮陰人。數以策干項羽。羽弗聽。信亡歸漢。高祖用蕭何言。於是擇日齋戒設壇場拜信爲大將。後圍羽於垓下之地。

又微子骨肉也。受茅土於宋。箕子良臣也。陳洪範於周。仲尼稱其仁。莫有非之者。微箕。二國名。子。爵也。微子。紂之庶兄。諫紂不聽。遂去之。武王克商。封微子於宋。箕子。紂之諸父。諫紂不聽。被囚爲奴。武王即位。訪之箕子。爲陳洪範九疇。論語曰。微子去之。箕子爲之奴。比干諫而死。子曰。殷有三仁焉。禮記稱魯穆公問於子思曰。穆公。魯君。名顯。子思。孔子之孫。名伋。爲舊君反服。古歟。爲。去聲。子思曰：古之君子，進人以禮，退人以禮，故有舊君反服之禮也。今之君子，進人若將加諸膝，退人若將隊諸泉。隊音墜。泉，禮作淵。蓋避高祖諱，故以泉代淵。毋爲戎首，不亦善乎？又何反服之禮之有？禮檀弓篇之辭。齊景公問於晏子曰：忠臣之事君，如之何？晏子對曰：有難不死，難，去聲，後同。出亡不送。公曰：裂地以封之，疏爵而待之，疏，平聲。有難不死，出亡不送，何也？晏子曰：言而見用，終身無難，臣何死焉？諫而見納，終身不亡，臣何送焉？若言不見用，有難而死，是妄死也；諫不見納，出亡而送，是詐忠也。春秋左氏傳曰：傳，去聲。春秋，孔子所作，而左氏爲傳。崔杼弑齊莊公，崔杼，齊臣崔武子也。莊公名光晏子立於崔氏之門外。其人曰。死乎。曰。獨吾君也乎哉。吾死也。曰。行乎。曰。吾罪也乎哉。吾亡也。故君爲社稷死。則死之。爲。去聲後同爲社稷亡。則亡之。若爲己死爲己亡。非其親暱。誰敢任之。門啓而入。枕尸股而哭興。三踊而出。枕。去聲。踊。音勇。事見左傳襄公二十五年。孟子曰。君視臣如手足。臣視君如腹心。君視臣如犬馬。臣視君如國人。君視臣如糞土。臣視君如寇讐。孟子告齊宣王之辭。雖臣之事君無二志。至於去就之節。當緣恩之厚薄。然則爲人主者。爲。如字。後同安可以無禮於下哉。竊觀在朝羣臣當主樞機之奇者。或地隣秦晉。或業與經綸。與。音預。並立事立功。皆一時之遴處之銜軸。處上聲。爲任重矣。任之雖重。信之未篤。則人或自疑。人或自疑。則心懷苟且。心懷苟且。則節義不立。節義不立。則名教不興。名教不興。而可與固太平之基。保七百之祚。未之有也。又聞國家重惜功臣。不念舊惡。方之前聖。一無所間。去聲然但寬於大事。急於小罪。臨時責怒。未免愛憎之心不可以爲政。君嚴其禁。臣或犯之。況上啟其源。下必有甚。川壅而潰。其傷必多。欲使凡百黎元何所措其手足。此則君開一源。下生百端之變。無不亂者也。禮記曰。愛而知其惡。憎而知其善。禮曲禮篇之辭。若憎而不知其善則爲善者必懼。愛而不知其惡則爲惡者寖繁。詩曰。君子如怒。亂庶遄沮。詩小雅巧言篇之辭。然則古人之震怒。將以懲惡。當今之威罰。所以長姦。長，音掌。後同。此非唐虞之心也。非禹湯之事也。書曰。撫我則后。虐我則讐。周書武王誓師之辭。荀卿子名況。趙人。卿者，時人相尊之號。著書曰荀子曰。君舟也。人。水也。水所以載舟。亦所以覆舟。此本家語之辭而荀子述之也故孔子曰。魚失水則死。水失魚猶爲水也。故唐虞戰戰慄慄。日愼一日。安可不深思之乎。安可不熟慮之乎。夫委大臣以大體。責小臣以小事。爲國之常也。爲理之道也。今委之以職。則重大臣而輕小臣。至於有事則信小臣而疑大臣。信其所輕。疑其所重。將求至理豈可得乎。又政貴有恒。不求屢易。今或責小臣以大體。或責大臣以小事。小臣乘非所據。乘，平聲。大臣失其所守。大臣或以小過獲罪。小臣或以大體受罰。職非其位。罰非其辜。欲其無私。求其盡力。不亦難乎。難，如字。小臣不可委以大事。大臣不可責以小罪。任以大官求其細過。刀筆之吏。順旨承風。舞文弄法。曲成其罪自陳也。則以爲心不伏辜。不言也。則以爲所犯皆實。進退惟咎。莫能自明。則苟求免禍。大臣苟免。則譎詐萌生。譎詐萌生。則矯僞成俗。矯僞成俗。則不可以臻至理矣。又委任大臣。欲其盡力。每官有所避忌不言。則爲不盡。若舉得其人。何嫌於故舊。若舉非其任。何貴於疎遠。待之不盡誠信。何以責其忠恕哉。臣雖或有失之。君亦未爲得也。夫上之不信於下。必以爲下無可信矣。若必下無可信。則上亦有可疑矣。禮曰。上人疑。則百姓惑。下難知。則君長勞。禮緇衣篇之辭。上下相疑。則不可以言至理矣。當今羣臣之內。遠在一方。流言三至而不投杼者。秦甘茂告秦王曰。魯人有與曾參同姓名者殺人。人告其母。母織自若。三人告之。其母投杼下機。踰牆而走。臣之賢不及曾參。王之信臣不如其母。疑臣者非特三人。臣恐大王之投杼也。臣竊思度待洛切。未見其人。夫以四海之廣。士庶之衆。豈無一二可信之人哉。蓋信之則無不可。疑之則無可信者。豈獨臣之過乎。夫以一介庸夫。結爲交友。以身相許。死且不渝。況君臣契合。寄同魚水。若君爲堯舜。臣爲稷契。音泄。稷。農官。舜命棄曰。汝后稷播時百穀。命契曰。汝作司徒敬敷五教。豈有遇小事則變志。見小利則易心哉。此雖下之立忠。未有明著。亦由上懷不信。待之過薄之所致也。豈君使臣以禮。臣事君以忠乎。以陛下之聖明。以當今之功業。誠能博求時俊。上下同心。則三皇可追而四。三皇。史記謂庖犧氏女媧氏神農氏也。孔安國書序以伏羲神農黃帝爲三皇。一說謂天皇地皇人皇。未詳孰是。五帝可俯而六矣。夏殷周漢。夫何足數。上聲。

太宗深嘉納之

范氏祖禹曰。昔衛獻公捨大臣而與小臣謀。故失國出奔。且大臣之所任者大。小臣之所任者小。而以小謀大。以遠謀近。此人君偏聽之蔽。鮮有不敗事者也

唐氏仲友曰。此魏徵論聽納任用之要。人君必先知此。然後能任君子去小人。納忠諫。察奸言。以太宗之聰明。惟其道之之淺。至於聽言任用之間。數領鄭公之諫。而非諫之左掣右提。則移於小人惑於奸言多矣。此徵最有功於貞觀者。於格非近之矣

愚按太宗於是臨御久矣。魏徵竭誠進諫。惓惓於愼終如始之言。至此疏復以君臣同心一體詳譬而曲陳之。甚若致戒於庸君常主之前。其愛君亦云至矣。且終之曰。三皇可追而四。五帝可俯而六。夏殷周漢夫何足數。皇道尚矣。五帝之德蔑以加矣。嘗觀典謨所陳。都俞吁咈於一堂之上。始而克艱之戒。終之明良之歌。而其要領則在欽哉之一言。君臣同心。其在是也。魏徵

四三皇六五帝之說。亦所謂責難於君者歟。

貞觀十六年。太宗問特進魏徵曰。朕克己爲政。仰企前烈。至於積德累仁。豐功厚利。四者常以爲稱首。朕皆庶幾自勉。幾平聲人苦不能自見。不知朕之所行。何等優劣。徵對曰。德仁功利。陛下兼而行之。然則內平禍亂。外除戎狄。是陛下之功。安諸黎元。各有生業。是陛下之利。由此言之。功利居多。惟德與仁。願陛下自彊不息。必可致也。

愚按。太宗以德仁功利。岐而言之。而魏徵之對亦未得爲知言也。蓋德仁。本也。功利。用也。有德與仁。則功利在其中。所謂不求利而未嘗不利也。外德與仁而言功利。則非聖賢所謂功利矣昔孟子告梁惠王曰。王何必曰利。亦有仁義而已矣。正以仁義乃所以利之。言仁義而利在其中也。積德累仁。則豐功厚利莫大焉。政恐未之能爾。

貞觀十七年。太宗謂侍臣曰。自古草創之主至于子孫多亂何也。司空房玄齡曰。此爲幼主（爲。去聲）生長深宮。（長。音掌。）少居富貴（少。去聲。）未嘗識人間情僞。理國安危所以爲政多亂。太宗曰。公意推過於主。朕則歸咎於臣。夫功臣子弟。（夫。音扶。）多無才行（行。去聲）藉祖父資蔭遂處大官。（處。上聲。）德義不修奢縱是好（好。去聲）主既幼弱。臣又不才。顛而不扶。豈能無亂。隋煬帝錄宇文述在藩之功。擢化及於高位。不思報效。翻行弒逆。（化及。隋相宇文述之子。爲右屯衛將軍。武德初。弑煬帝於江都。立秦王浩。復殺浩。自立。稱許帝。二年。竇建德破化及於聊城。殺之。此非臣下之過歟。朕發此言。欲公等戒勗子弟使無愆過。即家國之慶也。太宗又曰。化及與玄感。即隋大臣受恩深者。子孫皆反。其故何也。玄感隋相楊素之子。爲大將。大業九年。起兵黎陽。圍東都。隋王命宇文述等討之。遂敗死。岑文本對曰。君子乃能懷德荷恩。荷。去聲。玄感化及之徒。並小人也。古人所以貴君子而賤小人。太宗曰。然。

愚按。古者諸侯有世封。公卿大夫無世官。何也。蓋諸侯有大臣輔佐。自非甚無道者。皆足繼其先世。公卿大夫一非其人。民有受其害者矣。有周盛世。自諸侯入爲公卿。必若呂伋召虎而後可也。自兩漢以來。未聞宰相大臣有世官者。煬帝無道。事不師古。玄感化及之禍。自取之耳。太宗問守成之君。何以多亂。玄齡以爲幼主生長深宮。不識人間情僞。所以多亂。其說是矣。太宗遐歸咎於功臣之子弟。則愚不知其何說也。今觀太宗之後。近而高宗中宗之昏庸遠而穆敬懿僖之謬戾。馴致亂亡。咸其自取。豈功臣子弟之罪乎。

擇官第七。凡十一章

貞觀元年。太宗謂房玄齡等曰。致理之本惟在於審量才授職。量。平聲。後同。務省官員。故書稱任官惟賢才。又云官不必備惟其人。商周書之辭。若得其善者雖少亦足矣。其不善者縱多亦奚爲。古人亦以官不得其才。比於畫地作餅。不可食也。詩曰。謀夫孔多。是用不就。詩小雅小旻篇之辭。又孔子曰。官事不攝。焉得儉。焉。於虔切。論語孔子言管仲之辭。且千羊之皮。不如一狐之腋。史記。商君問趙良曰子觀我治秦也。孰與五羖大夫賢。良曰。千羊之皮。不如一狐之腋。千人之諾諾。不如一士之諤諤此皆載在經典。不能具道。當須更併省官員。使得各當所任。各當之當去聲則無爲而理矣。卿宜詳思此理。量定庶官員位。玄齡等由是所置文武總六百四十員。太宗從之。因謂玄齡曰。自此儻有樂工雜類假使術逾儕輩者。只可特賜錢帛以賞其能。必不可超授官爵。與夫朝賢君子。夫音扶。比肩而立。比音鼻。同坐而食。遣諸衣冠以爲恥累。良僞切。按通鑑。唐初士大夫以亂離之後。不樂仕進。官員不充。省符下諸州差人赴選。勒赴省選。集者七千餘人。吏部劉林甫隨材銓敘。各得其所。時人稱之。上謂玄齡曰。官在得人。不在員多。命併省。留文武總六百四十三員。百官志曰。太宗省內外官。定制七百三十員。曰。吾以此待天下賢才。足矣。

朱氏黼曰。有事則有職。有職則有官。理也。古人以事任人。事省則職省。故有有職而無官。後世以人任官。人增則官增。故有有官而無職。而無官非廢事也。或一官而兼數職。有官而無職。非增事也。或一職而任數人。周官雖多。非皆具員也。考之周禮。各存而實不備。職具而官不除者尚多。貞觀之制。非不甚美矣。然員外置已見於當時。將何以一流品。杜將來哉。其後宰相或至數人。員外官至二千餘員。其末流之獘。未必非太宗啟之。

愚按唐虞稽古建官惟百。夏商官倍亦克用乂。古之建官簡矣。然九官四岳十二牧。實二十五人。而書稱二十二人。蓋亦有以一人而兼二職者也。周官稱三百六十。總計六萬三千六百有奇。周之建官雖多。然周禮者。周公未行之書也。書稱召公以太保兼冢宰。畢公以太師兼司馬。蓋亦有以一人而兼二職者也。後世建官既冗。復無攝事。太宗深懲斯獘。省內外官。文武總六百四十員。自後世觀之。可謂省之極矣。然房玄齡以僕射而兼領度支。魏徵以侍中而兼東宮官。蓋亦有以一人而兼二職者矣。愚嘗論貞觀之善政。當以省官爲首。何也。易於選擇。上不至於失人。俸祿易供。下不憂於厚歛。權任專一。無避事苟免之患。員數不多。無紛更生事之憂。官冗則四者反是。厥後兵部之職分於樞密。戶部之職分於三司。監軍侵監司之權。州將奪太守之任。員外之置多於正員。墨敕斜封數逾千百。而貞觀之善政隳矣。夫後世之天下。猶貞觀之天下。太宗何以致是哉。切謂其大要有二。一曰息奔競。二曰裁嬖幸。蓋奔競之風盛則員多而闕少。官不得以不增也。嬖倖之門多。則私恩無所施。官不得以不增也。斯二者。省官之本也。有志於貞觀之治者。盍亦反其本而已

貞觀二年。太宗謂房玄齡杜如晦曰。公爲僕射當助朕憂勞。廣開耳目。求訪賢哲。比聞公等（比。音鼻。）聽受辭

訟日有數百。此則讀符牒不暇。安能助朕求賢哉。因敕尚書省唐制。尚書謂之都省。置令一人。典領百官。左右僕射各一人。左右丞各一人。其屬有六部。庶務皆會決焉。凡符移關牒。必遣於都省乃下。天下大事不決者。皆上都省。細碎務皆付左右丞唐制。掌辨六官之儀紀。正省內。劾御史舉不當者。吏戶禮三部。左丞總焉。兵刑工三部。右丞總焉。惟寃滯大事合聞奏者關於僕射。

范氏祖禹曰。太宗責宰相以求賢。而不使親細務。可謂能任以其職矣。書曰。惟說式克欽承。旁招俊乂列于庶位。此相之職也。苟不務此。而治簿書。期會百吏之事。豈所謂相乎。

胡氏寅曰。宰相受詞。既非古制。然當之者未有以爲不可。雖賢如房杜亦且行之。何也。其說有五。無經濟之畧。姑以是爲勤於所職者。一也。人君明察。則不敢當權。而以吏事自爲者。二也。才用短淺。熟於有司之務。躡跡其任。益以勉勉者。三也。上不知治本。而責成於叢脞。因以奉承之者。四也。實侵大權。故治文案以助其君者。五也。若誠知宰相職分。必不肯然矣。房杜之才。非能賢於太宗。故太宗如是而止。固不能爲太甲高宗成王之事也。

唐氏仲友曰。王省惟歲。卿士惟月。師尹惟日。蓋其位愈尊。其事愈要。其任愈逸。其位愈卑。其事愈詳。其任愈勞。太宗以細務屬左右丞。大事關僕射。當矣。責宰相以廣耳目訪賢才。亦當矣。雖然。廣耳目訪賢才。坐論大事。在房杜任之。尚恐未能無愧古人。而叅之以封倫楊師道之屬。可乎。是知宰相之職。而未得擇宰相之道也。

愚按。人主之職。在論一相。一相之職。在任百官。此君相之要道也。受詞誠非爲相之體。然大臣慮四方。豈惟高處拱揖以自居哉。畢公。周之元老大臣也。克勤小物。弼亮四世。小物非細務乎。昔陳平不答錢穀決獄之問。而曰宰相上佐天子理陰陽。不遂萬物之宜。此言固大矣。然錢穀國計民命所關。冢宰之所制者也。獄者。生民之司命。二公之所當參聽者也。此皆裁成輔相以左右生民者。而曰宰相不當知。則所職者何事邪。太宗敕宰相勿親細務。特不可下行有司之事耳。克勤小物。以弼亮
天子。有古人之相業在

貞觀二年。太宗謂侍臣曰。朕每夜恆思百姓間事。或至夜半不寐。惟恐都督（唐制。武德七年。改總管曰都督。掌督諸州兵馬甲械城隍鎮戍糧廩總判府事）刺史（見前篇註。）堪養百姓以否。故於屏風上錄其姓名。坐臥恆看。在官如有善事。亦具列於名下。朕居深宮之中。視聽不能及遠。所委者惟都督刺史。此輩實理亂所繫。尤須得人。

愚按自秦罷侯置守之後。郡守古諸侯。其關繫民生。至不輕也。漢宣帝謂與我共理者惟良二

千石。太宗謂治民之本在刺史。斯言也。眞知本者矣。然宣帝以刑名繩下。故當時固多循吏。而未免有酷吏。太宗英明仁恕。故當時居多循吏。而無酷吏。此又二帝之優劣也。

貞觀二年。太宗謂右僕射封德彝曰。致安之本。惟在得人。比來（比。音鼻。）命卿舉賢。未嘗有所推薦。天下事重。卿宜分朕憂勞。卿既不言。朕將安寄。對曰。臣愚豈敢不盡情。但今未見有奇才異能。太宗曰。前代明王使人如器。皆取士於當時。不借才於異代。豈得待夢傅說。（音悅。傅說。商賢相也。武丁夢得聖人名曰說。以夢所見視羣臣百吏。皆非也。乃使營求之野。得傅說於巖中。立爲相。）逢呂尚。（呂。周太公也。本姓姜。從其封姓。周西伯將出獵。卜之曰。所獲非龍非彲非虎非羆。霸王之輔。果遇太公於渭之陽。與語。大悅。遂載與俱歸。立爲師。）然後爲政乎。且何代無賢。但患遺而不知耳。德彝慙赧而退。（赧。奴版切。愧態也。）按史傳係元年二月。帝謂封倫曰。大理之職。人命所懸。此官極須妙選。公直。倫未對。帝曰。戴冑忠直。每事用心。即其人也。

又謂倫曰。云云

孫氏甫曰。大臣之職。薦達人才。固非細事。天下之大。羣臣之衆。可容一日乏才乎。然人之才。有能有不能。器而使之。衆職舉矣。豈有人主責其舉賢。已未推薦。但言無奇才異能。上欲欺主之明。下欲蔽天下之善。此眞姦人也。蓋姦人不樂進賢。其情有三。保位固寵。常懼失之。以賢者既用必建立功業。掩已之名。見已之過。名滅過露。則位不能保。寵不能固。其情一也。姦人立私。必人附已。乃引之。賢者進退以道。不肯趨附。姦人以謂不附已而引之。則不知已之恩。不知恩。則不爲已之黨。其情二也。姦人心既不公。知人不明。雖遇賢才。不能深識。慮引而進之。或有大過。爲已之累。其情三也。封倫之情。正在於此。太宗以前代未嘗乏人折之。使慙懼無辭。可謂能照姦人之情者也。人主能照姦人之情

則賢者
進矣。

胡氏寅曰。舉賢才而效之君。大臣職也。爲大臣而久無所舉。人主詰之。是也。若出此令而委之房杜王魏。非惟不應後志。亦必各得其人矣。乃以望於封倫。且取人以身。不誣之理也。倫非賢者。安能知賢。若舉其類集于朝廷。豈非大憂乎。是則非特倫無知人之鑒。而太宗於倫亦初不知其姦邪也。信知人之
難哉

愚按。封倫。諂佞人也。其在隋。附麗虞世基。諂順其主。得羣臣表疏。則屏而不奏。鞫獄用法。則峻文深刻。論功行賞。則抑削就薄。故世基之寵日以隆而隋之政日以壞。皆倫所爲也。以若所爲。烏知所謂舉善薦賢之義哉。其曰未有奇才異能。蓋未有如己者耳。是猶以隋事唐也。太宗雖愧於知人之明。幸不惑其說。然之人也。屏斥有餘地矣。

貞觀三年。太宗謂吏部尚書杜如晦曰。比見比。音鼻。吏

部擇人。惟取其言詞刀筆。不悉其景行。去聲。後同。數年之後惡跡始彰。雖加刑戮。而百姓已受其弊。如何可獲善人。如晦對曰。兩漢取人。皆行著鄉閭。州郡貢之。然後入用。故當時號爲多士。今每年選集選去聲後同。向數千人。厚貌飾詞。不可知悉。選司但配其階品而已。銓簡之理。實所未精。所以不能得才。太宗乃將依漢時法令本州辟召。令平聲。會功臣等將行世封事。遂止。

愚按古者取士之法。鄉論秀士升之司徒。司徒升之學。大樂正升之司馬。司馬辨論官材。論定然後官之。任官然後爵之。位定然後祿之。蓋未仕之前凡經四級。已仕之後。又經三級。其詳且重如此。故嘗謂後世取人之道。不能復成周之大法。皆苟焉而已。今觀太宗問如何可獲善人大哉問乎。如聽政當告以成周取士之法。可也。乃以兩漢辟召之事爲對。何其陋哉。厥後竟以將行世封不及施行。後世惜焉。然使眞能行辟召之法。又豈足以致成周多士之隆乎。

貞觀六年。太宗謂魏徵曰。古人云。王者須爲官擇人爲。去聲不可造次即用。造。七到切朕今行一事。則爲天下所觀。出一言。則爲天下所聽。用得正人。爲善者皆勸。誤用惡人。不善者競進。賞當其勞。賞。去聲。後同無功者自退罰當其罪。爲惡者戒懼。故知賞罰不可輕行。用人彌須愼擇。徵對曰。知人之事。自古爲難。故考績黜陟。虞書曰。三載考績。三考黜陟幽明。察其善惡。今欲求人。必須審訪其行。去聲。後同若知其善。然後用之。設令此人。令。平聲。後同。不能濟事。只是才力不及。不為大害。誤用惡人。假令強幹。為害極多。但亂代惟求其才。不顧其行。太平之時。必須才行俱兼。始可任用。

范氏祖禹曰。太宗以治亂在庶官。欲進君子退小人。王者之言也。而魏徵之所謂才行者。不亦異乎。夫才有君子之才。有小人之才。古之所謂才者。君子之才也。後世之所謂才者。小人之才也。周公制禮作樂。孔子以為才。此古人所謂才者兼德行而言也。後世之所謂才者。辯給以禦人。詭詐以用兵。僻邪險詖。趨利就事。是以天下多亂。職斯人之用於世也。王者創業垂統。敷求哲人以遺後嗣。故能長世也。豈宜以天下未定而可專用小人之才歟。夫有才無行之小人。無時而可用。退之猶恐其或進也。豈可先用而後廢。乃取才行兼全之人乎。徵之學駁而不純。故所以輔導其君者。卒不至於三王之治也。

愚按春秋傳曰。高陽氏。有才子八人。齊。聖廣淵明允篤誠。是以才兼德而言之也。司馬氏曰。德勝才爲君子。才勝德爲小人。是以才對德而言之也。學者安所折衷哉。愚聞之孟子曰。若夫爲不善。非才之罪也。程子曰。才禀於氣。氣有清濁朱子曰。孟子專指其發於性者言之。故以爲才無不善。程子兼指其禀於氣者言之。則人才固有昏明強弱之不同矣。以事理考之。程子之言爲密。由此觀之。春秋傳之言。即孟子之意也。司馬氏之言。即程子之意也。然司馬氏之言密矣范氏譏魏徵不當言亂代求才不顧其行其說是也。然謂才行無所分別。則將如程子之言何

貞觀十一年。侍御史馬周上疏曰。理天下者以人爲本。欲令百姓安樂。令。平聲。樂。音洛。惟在刺史縣令。縣令既衆。不可皆賢。若每州得良刺史。則合境蘇息。天下刺史悉稱聖意。稱。去聲。則陛下可端拱巖廊之上。百姓不慮

不安。自古郡守縣令皆妙選賢德。欲有遷擢爲將相

並去聲後同必先試以臨人。或從二千石漢世郡守入爲曰二千石

丞相及司徒太尉者。朝廷必不可獨重内臣。外刺史

縣令遂輕其選。所以百姓未安。殆由於此。太宗因謂

侍臣曰。刺史朕當自簡擇。縣令詔京官五品已上各

舉一人。按史傳此與諫營造奢侈及論太子諸王定分同一疏。

孫氏洙曰。民者國之本也。守令民之本也。古者天子列爵頒祿。非爲臣下皆以爲民也。故擇其人以牧養之。重其任以付責之。假其權以安固之。厚其祿以寵利之。上之責吏一本於民。下之報上一本於民。則民重矣。民重則守令重。守令重則天下國家重矣。輕守令是輕民也。民輕則天下國家輕矣。可不慎歟。昔漢制。郡守入爲三公。郎官出宰百里。又出諫大夫補郡吏。有治效者。璽書勉勵。增秩賜

金而不輒遷。公卿缺。則選其尤異者用之。故良吏於是爲盛。知所重也。魏晉以下。謂居朝者爲要職治外者爲左遷。故吏多貪殘而風俗日壞。失所重也。唐之失亦然。故內職常遷。外選常滯。然守宰之稱風迹者。猶

班班可言也。

胡氏寅曰。刺史至多。人君安能徧識人才。委大臣謹擧。可也。縣令卑而尤衆。近民尤甚。尤不可不擇必欲得人。使爲縣縣有政績。擧其人。可也。若展轉求之。則千百賢令。亦可致矣。人各有才。其用不同。則識趣各異。京官五品以上。

安能皆得縣令之才乎。

唐氏仲友曰。周之意。蓋謂察之於已任則民被害。不如悉以才德選。則所得多矣。

愚按。聖人以天下爲一家。朝廷其堂奧。州縣其戶庭也。唐虞之時。百揆統九官。四岳統十二牧故曰內有百揆四岳。外有州牧侯伯。庶政惟和萬邦咸寧。何內外之重輕哉。唐有天下。於重內輕外之時。下至縣令。士多不屑爲之。夫令。親民之光者也。以輕心處之。謂之何哉。馬周之言。其

知體要者歟。爲天下者莫先於謹擇守令。太宗之言固善矣。然刺史錄名屛上。著政績善惡。可以自擇矣。九重之尊豈能周知。惟當使內外輕重之平均。朝堂擇刺史都督。刺史都督。舉縣令可也。

貞觀十一年治書侍御史劉洎以爲左右丞宜特加精簡。上疏曰。臣聞尚書萬機寔爲政本。伏尋此選授任誠難。是以八座比於文昌。（左右僕射及六部。是爲八座。漢志曰。斯乃文昌天府。衆務淵藪。）二丞方於管轄。（二丞。左右丞也。六典曰。掌管轄省事。）爰至曹郎上應列宿。（音秀。漢明帝曰。郎官上應列宿）苟非稱職。（稱。去聲）竊位興譏。伏見比來。（比。音鼻。後同）尚書省。詔敕稽停。（稽。音朞。）文案壅滯。臣誠庸劣。請述其源。貞觀之初。未有令僕。（尚書令及僕射也）

于時省務繁雜。倍多於今。而左丞戴胄。右丞魏徵。並曉達吏方。質性平直。事應彈舉。應。彈。並平聲。無所廻避。陛下又假以恩慈。自然肅物。百司匪懈。抑此之由。及杜正倫續任右丞。頗亦厲下。此者綱維不舉。並爲勳親在位。爲。去聲。器非其任。功勢相傾。凡在官寮。未循公道。雖欲自強。先懼囂謗。囂。音枵。浮薄也。所以郎中予奪。予。上聲。惟事諮稟。尚書依違。不能斷決。或糾彈聞奏。故事稽延。案雖理窮。仍更盤下。去無程限。來不責遲。一經出手。便涉年載。或希旨失情。或避嫌抑理。勾司以案成爲了。不究是非。尚書用便。僻爲奉公。莫論當否。便。論。並平聲。當去聲。互相姑息。惟事彌縫。且遷衆授能。非才莫舉。天工人代（虞書曰。天工人其代之。言人君代天理物。官所治皆天事）焉可妄加。（焉。於虔切）至於懿戚元勳。但宜優其禮秩。或年高及耄。（音冒。八十九十日耄）或積病智昏。既無益於時宜。當置之以間逸。久妨賢路。殊爲不可。將救茲弊。且宜精簡尚書左右丞及左右郎中。（唐制副二丞所轄諸司事署錄目勘稽失知省內宿直之事）如並得人。自然綱維備舉。亦當矯正趨競。豈惟息其稽滯哉。疏奏。尋以洎爲尚書左丞。

張氏九成曰。觀洎以章疏白尚書非人之弊。務欲擇賢任職。整綱維。振稽滯。此皆詳練治體。深達政本。惜乎忠誠憂國。不容其身。宜來者之戒也。

愚按唐制。三省尚書省居其首。樞機之要也。尚書令。掌典領百官。其屬有六。左右僕射統理六官爲令之貳。皆宰相也。左丞則總吏部戶部禮部。右丞則總兵部刑部工部。其所關繫豈小哉。劉洎以剛直果敢之才。當糾彈舉劾之任。於是而極言委任之弊。其陳精簡之方。可謂知政本稱厥職矣。太宗卽以洎爲左丞。可謂知人也已以太宗之器使人才。後之人主所宜爲法也。

貞觀十三年。太宗謂侍臣曰。朕聞太平後必有大亂。大亂後必有太平。大亂之後。卽是太平之運也。能安天下者。惟在用得賢才。公等旣不知賢。朕又不可徧識。日復一日。無得人之理。今欲令人自舉。令。平聲。後同。於事何如。魏徵對曰。知人者智。自知者明。知人旣以爲難。自知誠亦不易。易。以豉切。且愚暗之人。皆矜能伐善。恐長澆競之風。長。音掌。不可令其自舉。

愚按太宗悉於得天下之賢。於是有令人自舉之議。魏徵以爲知人既難。自知不易。若令自舉恐長澆競之風。誠爲知言也。夫三代盛時。比閭族黨州鄉。鄉遂遂而考其德行道藝。賓興于王。此所謂鄉舉里選也。世道已降。此制不復。乃曰令人自舉。吾見其自鬻而已矣。非善論也。

貞觀十四年。特進魏徵上疏曰。臣聞知臣莫若君。知子莫若父。父不能知其子。則無以睦一家。君不能知其臣。則無以齊萬國。萬國咸寧。一人有慶。必藉忠良作弼。俊乂在官。則庶績其凝。無爲而化矣。故堯舜文武。見稱前載。咸以知人則哲。多士盈朝。元凱翼巍巍之功。舜舉八凱使主后土。百揆時序。舉八元使布五教。內平外成。周召光煥乎之美。周公。名旦。武王之弟。召公。名奭。爲周太保。二公夾輔成王。然則四岳。唐虞官名。掌四岳諸侯之事。或一人而總兼之。九官舜命禹作司空。稷播百穀。契爲司徒。皐陶作士。垂爲共工。益掌山澤。伯夷爲秩宗。夔典樂。龍作納言。是爲九官。五臣論語曰。舜有臣五人而天下治。謂禹。稷。契。皐陶。伯益。也。十亂。周書。武王曰。予有亂臣十人。亂。治也。十人。謂周公旦。召公奭。太公望。畢公。榮公。太顛。閎夭。散宜生。南宮适。其一文母。論語曰。有婦人焉。九人而已。先儒以爲子無臣母之義。蓋邑姜也。九人治外。邑姜治內。豈惟生之於曩代。而獨無於當今者哉。在乎求與不求。好與不好耳。好並去聲。後同何以言之。夫美玉。明珠夫。音扶。孔翠。犀象。大宛之馬。宛。平聲。大宛。西域國。漢武時。李廣利破其國。獲汗血馬。以獻。西旅之獒。西旅。西夷國。武王時貢獒犬。高八尺曰獒。或無足也。或無情也。生於八荒之表。塗遙萬里之外。重譯入貢重。平聲。言

（語不通必重譯而求也）道路不絕者何哉蓋由乎中國之所好也況從仕者懷君之榮食君之祿率之以義將何往而不至哉臣以爲與之爲孝則可使同乎曾參子騫矣（曾參字子輿子騫姓閔名損皆孔子弟子孟子曰事親若曾子可也論語曰孝哉閔子騫人不間於其父母昆弟之言）與之爲忠則可使同乎龍逢比干矣（龍逢桀臣比干紂臣皆以忠諫見殺）與之爲信則可使同乎尾生展禽矣（莊子曰尾生與女子期於梁下女子不來水至不去抱梁柱而死展禽魯大夫展獲名禽食邑柳下謚曰惠）與之爲廉則可使同乎伯夷叔齊矣（伯夷叔齊孤竹國名之二子讓國而逃諫伐而餓）然而今之羣臣罕能貞白卓異者蓋求之不切勵之未精故也若勗之以公忠期之以遠大各

有職分。(去聲)得行其道。貴則觀其所舉。富則觀其所養。居則觀其所好。習則觀其所言。窮則觀其所不受。賤則觀其所不爲。因其材以取之。審其能以任之。用其所長。揜其所短。進之以六正。戒之以六邪。則不嚴而自勵。不勸而自勉矣。故說苑曰。(前漢光祿大夫劉向。字子政。楚元王交之後。采傳記行事著說苑三十篇。)人臣之行。(去聲)有六正六邪。行六正。則榮。犯六邪。則辱。何謂六正。一曰。萌芽未動。形兆未見。(音現。)昭然獨見存亡之機。得失之要。預禁乎未然之前。使主超然立乎顯榮之處。如此者。聖臣也。二曰。虛心盡意。日進善道。勉主以禮義。諭主以長策。將順其美。

匡救其惡。如此者良臣也。三曰夙興夜寐。進賢不倦。數稱往古之行事。數音朔。以厲主意。如此者忠臣也。四曰明察成敗。早防而救之。塞其間。去聲隙也。絕其源。轉禍以爲福。使君終以無憂。如此者智臣也。五曰守文奉法。任官職事。不受贈遺。去聲辭祿讓賜。飲食節儉。如此者貞臣也。六曰家國昏亂。所爲不諛。敢犯主之嚴顏。面言主之過失。如此者直臣也。是謂六正。何謂六邪。一曰安官貪祿。不務公事。與代浮沉。左右觀望。如此者具臣也。二曰主所言皆曰善。主所爲皆曰可。隱而求主之所好。而進之以快主之耳目。偷合苟容。與主爲樂。（音洛後同）不顧其後害。如此者。諛臣也。三曰。內實險詖。（音蔽）外貌小謹。巧言令色。妬善嫉賢。所欲進則明其美隱其惡。所欲退則明其過匿其美。使主賞罰不當（去聲）號令不行。如此者。姦臣也。四曰。智足以飾非。辯足以行說（音稅）內離骨肉之親。外構朝廷之亂。如此者。讒臣也。五曰。專權擅勢。以輕爲重。私門成黨。以富其家。擅矯主命。以自貴顯。如此者。賊臣也。六曰。諂主以佞邪。陷主於不義。朋黨比周。（比音鼻）以蔽主明。使白黑無別。（彼列切）是非無間。（去聲）使主惡布於境內。聞於四鄰。如此者。亡國之臣也。是謂六邪。賢臣處六正之道（處上聲。後同。不行六邪之術。故上安而下理。生則見樂。死則見思。此人臣之術也。禮記曰。權衡誠懸。不可欺以輕重。繩墨誠陳。不可欺以曲直。規矩誠設。不可欺以方圓。君子審禮。不可誣以姦詐。禮經解篇之辭。然則臣之情僞。知之不難矣。又設禮以待之。執法以御之。爲善者蒙賞。爲惡者受罰。安敢不企及乎。安敢不盡力乎。國家思欲進忠良。退不肖。十有餘載矣。徒聞其語。不見其人。何哉。蓋言之是也。行之非也。言之是。則出乎公道。行之非。則涉乎邪徑。是非相亂。好惡相攻。好惡並去聲。後所惡惡之同。所愛雖有罪。不及於刑。所惡雖無辜。不免於罰。此所謂愛之欲其生。惡之欲其死者也。或以小惡棄大善。或以小過忘大功。此所謂君之賞不可以無功求。君之罰。不可以有罪免者也。賞不以勸善。罰不以懲惡。而望邪正不惑。其可得乎。若賞不遺疏遠。罰不阿親貴。以公平爲規矩。以仁義爲準繩。考事以正其名。循名以求其實。則邪正莫隱。善惡自分。然後取其實不尚其華。處其厚。不居其薄。則不言而化。朞月而可知矣。若徒愛美錦。而不爲人擇官。爲。去聲。有至公之言。無至公之實。愛而不知其惡。憎而遂忘其善。徇私情以近邪佞。背公道而遠忠良。背。音倍。遠。去聲。則雖夙夜不怠勞神苦思。將求至理。不可得也。書奏。甚嘉納之。

愚按。大禹曰。知人則哲。能官人。皋陶爲陳九德曰。載采采。言知人在於以德而驗於行事也。然德雖有九。豈能全哉。魏徵進求賢審官之說。而舉劉向六正六邪之論。是則然矣。然知人者惟在於辨君子小人邪正之分。固難一一以其臣律之也。果君子邪。則正人也。聖良忠智貞直六正之德。雖未必備。未必不兼也。果小人邪。則邪人也。其諂奸讒賊亡國六邪之惡。雖未必備。未必不兼也。其曰知人則哲。則明之極矣。君子小人邪正之異。何所逃於哲之中乎。

貞觀二十一年。太宗在翠微宮。在長安縣。武德八年置。貞觀十年廢。是年復修方成。授司農卿唐制。掌倉儲委積之事。李緯戶部尚書。房玄齡閣是時留守京城。會有自京師來者。太宗問曰。玄齡聞李緯拜尚書。如何。對曰。但云李緯大好髭鬚。更無他語由是改授洛州刺史。洛州。今河南府路。

愚按。太宗至是已倦于勤矣。玄齡以耆壽俊在厥服矣。翠微宴息。聞老臣有大好髭鬚之語。旋即改授。亦可謂留心治道者也。愚觀自古人君蓋有聞諫而不能改者。聞諫而能改者。斯爲善矣。太宗之用李緯。玄齡未嘗諫也。特私有所議耳。太宗聞而遽改。迨近於不諫亦人者。眉山蘇氏謂太宗之從諫近於聖。詎不信哉

封建第八。凡二章

貞觀元年。封中書令房玄齡爲邢國公。兵部尚書杜如晦爲蔡國公。吏部尚書長孫無忌爲齊國公。並爲第一等。食邑實封一千三百戶。皇從父淮安王神通從去聲。後同。神通與高祖爲從兄弟。從高祖平京師。典兵宿衛。封淮安王。上言。義旗初起

臣率兵先至。隋大業十三年。五月。高祖起兵太原。六月。傳檄稱義師。故曰義旗。神通自長安入鄠南山舉兵應太原發平京師有功。今玄齡等刀筆之人。功居第一。臣竊不服。太宗曰。國家大事。惟賞與罰。賞當其勞。當去聲。後同。無功者自退。罰當其罪。爲惡者咸懼。則知賞罰不可輕行也。今計勳行賞。玄齡等有籌謀帷幄畫定社稷之功。所以漢之蕭何。雖無汗馬。指蹤推轂。故得功居第一。推。他日切。漢高祖論功。行封。羣臣爭功不決。帝以蕭何功盛。先封酇侯。功臣皆曰。何無汗馬之勞。徒持文墨議論。顧居臣等上。何也。帝曰。夫獵。追殺獸者。狗也。發縱指示者。人也。諸君徒能得獸耳。功狗也。何之功人也。羣臣皆莫敢言。叔父於國至親。誠無愛惜。但以不可緣私濫與勳臣同賞矣。由是諸功臣自相謂曰陛下以至公賞不私其親。吾屬何可安許。初高祖舉宗正籍。弟姪。再從三從孩童已上封王者數十人。至是太宗謂羣臣曰。自兩漢已降惟封子及兄弟。其疎遠者。非有大功。如漢之賈澤（漢高祖封從兄弟賈爲荆王。從祖昆弟澤爲燕王。並爲將軍有功。）並不得受封。若一切封王多給力役乃至勞苦萬姓。以養已之親屬。於是宗室先封郡王其間無功者皆降爲縣公。（按本紀。降封事。係武德九年十一月。又按膠東郡王道彥傳云。）

唐典務廣藩鎮。故從昆弟子自勝衣已上皆爵郡王。太宗即位舉屬籍問大臣曰。盡王宗子於天下可乎。封德彝曰。漢所封惟帝子。若親昆弟其屬遠。非大功不王。如周郇滕。漢賈澤。尚不得茅土。所以别親疎也。先朝一切封之。爵命崇而力役多。以天下爲私奉。非所以示至公。帝曰。朕君天下以安百姓。不容勞百姓以養已之親。於是疏屬王者皆降爲公。惟有功者不降。故道彥等並降封公。由是言之。其初所封郡王者後所降皆郡公也。縣字疑衍。

愚按。三代有國。大封同姓異姓。親親賢賢。褒表功德。示天下以至公也。豈爲一家之私哉。周公至親。太公異姓。皆祚大國以功德也。豈避至親之嫌哉。唐封功臣。雖非祚土。而爵號食邑。禮典隆重。雖以皇從父之言。而亦示以賞不可私之說。猶有褒表功德之遺意。至如降封宗族弟姪以明有功。尤足以見至公也。

貞觀十一年。太宗以周封子弟。八百餘年。秦罷諸侯二世而滅。呂后欲危劉氏。終賴宗室獲安。呂后。名雉。漢高祖后。惠帝母也。惠帝崩。呂后臨朝。欲王諸呂。諸呂擅權。朱虛侯劉章因侍宴以軍法斬諸呂一人。自是諸呂憚之劉氏益彊。封建親賢。當是子孫長久之道。乃定制。以子弟荆州都督荆王元景高祖第六子。安州都督吴王恪太宗次子也。等二十一人。又以功臣司空趙州刺史長孫無忌。尚書左僕射宋州刺史房玄齡等一十四人。並爲世襲刺史。禮部侍郎尚書之貳。李百藥字重規。定州人。幼多病。祖母趙以百藥名之。貞觀初。拜中書舍人。後遷是職。復授右庶子。卒謚曰康。奏論駁世封事曰。臣聞經國庇民。王者之常制。尊主安上。人情之大方。思聞理定之規。以弘長代之業。萬古不易。百慮同歸。然命曆有賒促之殊。邦家有理亂之異。遐觀載籍。論之詳矣。咸云周過其數。昔成王定鼎。卜世三十。卜年七百。後歷三十七王。八百六十七年。過其數也。秦不及期。初秦皇謂二世三世至于萬世。後二世被弑。子嬰降漢。不及期也。存亡之理在於郡國。周氏以鑒夏殷之長久遵皇王之並建維城磐石深根固本。雖王綱弛廢。而枝幹相持。故使逆節不生。宗祀不絕。秦氏背師古之訓。背音倍。商書傅說告高宗曰。事不師古匪說攸聞棄先王之道剪華恃險罷侯置守。子弟無尺土之邑。兆庶罕共理之憂。故一夫號呼而七廟隳祀。號。平聲。禮天子七廟。賈誼曰。斬華爲城因河爲津。自以關中之固。金城千里。子孫萬世之業也。秦皇歿。山東豪傑並起而亡秦。一夫作難。而七廟隳身死人手爲天下笑。臣以爲自古皇王君臨宇內。莫不受命上玄。冊名帝錄。締構遇興王之運。殷憂屬啟聖之期。雖魏武攜養之資。曹操。沛人。父嵩爲漢中常侍曹騰養子。不能審其生出本末。操子丕受漢禪。國號魏。追號操爲武皇帝漢高徒役之賤。漢高祖。姓劉。名邦。字季沛人。初爲泗上亭長。爲縣送徒驪山。徒多道亡。自度比至必皆亡。乃縱所送徒。徒中願從者十餘人。由是起兵。非止意有覬覦。推之亦不能去也。推。他回切若其獄訟不歸。孟子曰。獄訟者不之堯之子而之舜。菁華已竭。雖帝堯之光被四表虞書贊堯之辭。謂德之光顯被及于四外也。大舜之上齊七政。虞書曰。在璿璣玉衡以齊七政。謂日月五星也。非止情存揖讓守之亦不可焉。以放勛重華之德。放。上聲。勛。與勳同。重。平聲。放勛者。總言堯之德。重華者。總言舜之德。史記因以爲堯舜之名。尚不能克昌厥後。是知祚之長短。必在於天時。政或興衰。有關於人事。隆周卜世三十。卜年七百。雖淪胥之道斯極。而文武之器尚存。斯龜鼎之祚已懸定於杳冥也。至使南征不返周昭王德衰。南巡濟于漢。人惡之。以膠船進。王御船。至中流。膠液船解。王沒水中東遷避逼周平王東遷雒邑以避戎寇禋祀闕如。郊畿不守。此乃陵夷之漸。有累於封建焉。累。去聲。暴秦運距閏餘數終百六。秦世爲閏餘。百六爲周之阨數也。漢王莽傳云餘分閏位。陽九之阨。百六之會。謂莽爲閏位。百六爲漢之阨數也。律曆志曰。易九厄曰。初入元首六。涯。易爻有九六七八。百六與三百七十四。六乘八之數也。六八四十八。合爲四百八十歲也。受命之主德異禹湯。繼世之君。才非啟誦。啟。夏禹之子。誦。周武王之子成王也。借使李斯王綰之輩。咸開四履李斯。王綰皆秦丞相。四履。爲諸侯而有四方所履踐之界也。將閭子嬰之徒。俱啟千乘將閭。秦公子。爲二世所殺。子嬰。始皇之孫。趙高立爲秦王。後殺高降漢。千乘。諸侯之國其地可出兵車千乘者也。豈能逆帝子之勃興。抗龍顏之基命者也。

漢高祖應赤帝子之識。隆準而龍顏。然則得失成敗。各有由焉。而著述之家。多守常轍。莫不情忘今古。理蔽澆漓。欲以百王之季。行三代之法。天下五服之內盡封諸侯。五服者甸侯綏要荒也。虞夏制。王城之外四面各五百里曰甸服。甸服外。又各五百里曰侯服。侯服外。又各五百里曰綏服。綏服外。又各五百里曰要服。要服外。又各五百里。曰荒服。周制乃分其五服為九。見周禮。王畿千里之間俱為采地。周制。天子畿內之地方千里。詩曰邦畿千里是也。采地者。天子之卿大夫邑地也。是則以結繩之化行虞夏之朝。易大傳曰。上古結繩而治。後世聖人易之以書契。此言虞夏之時。已不可行上古之法也。雖用象刑之典治劉曹之末。虞書曰。象以典刑。象。知天之垂象以示人而典者。常也。劉漢之姓。曹魏之姓。言漢魏之時。又豈可以帝世之法而為治也。紀綱弛紊。斷可知焉。鍥船求劍。未

◎

見其可。鍥。音刻。呂氏春秋曰。楚人有涉江。其劒自舟中墜於水。遂刻其舟。曰是吾劒所從水也。舟已行而劒不行。若此求劒而不其惑乎。膠柱成文。彌多所惑。楊子曰。以往聖之法治將來。譬猶膠柱而調瑟。徒知問鼎請隧。有懼霸王之師。左傳宣公三年。楚子觀兵于周疆。定王使王孫滿勞之。楚子問鼎之大小輕重。對曰。在德不在鼎。僖公二十五年。晉侯朝王。王享之。請隧。弗許。曰王章也。未有代德而有二王。亦叔父之所惡也。白馬素車。無復藩維之援。漢高祖初至霸上。使人約降秦。王子嬰繫頸以組。白馬素車。奉天子璽符。降軹道旁而降。不悟望夷之釁。秦相趙高弑二世望夷宮。未堪羿浞之災。羿。音刈。浞夏帝相。既立。后羿有窮氏篡位。帝相徙商丘。羿。躭于畋獵。信用寒浞。浞後殺羿自立為帝。因羿之室生子奡。奡弑帝相。夏之貴臣殺浞。後滅奡。立帝相子。是為少康。既罹高貴之殃。罹。音離。魏高貴鄉公。名髦。文帝之孫。嗣明帝位六年。司馬昭擅政。遂勒兵誅昭而敗。為昭黨所弑。甯異申繒之酷。周幽王嬖褒姒。而廢申后。立褒姒之子伯服。而黜太子。申侯怒。與繒及犬戎殺王驪山下。此乃欽明昏亂自革安危。固非守宰公侯以成興廢。且數世之後。王室浸微。始自藩屏。音餅。詩曰。价人維藩。大邦爲屏。化爲仇敵。家殊俗。國異政。強陵弱。衆暴寡。疆埸彼此。干戈侵伐。狐駘之役。女子盡髽。莊華切。髽。麻髮合結也。左傳。襄公四年。邾人莒人伐鄫。臧紇救鄫。侵邾。敗于狐駘。國人逆喪者皆髽。魯於是乎髽。禮記曰。魯婦人髽而弔。崤陵之師隻輪不反。公羊傳。僖公二十二年。晉人及姜戎敗秦師于殽。匹馬隻輪無反者。斯葢略舉一隅。其餘不可勝數。上平聲。下上聲。陸士衡名機。晉吳郡人。以聖王經國義在封建。著五等諸侯論。方規規然云。嗣王委其九鼎。凶族據其天邑。嗣王。謂周惠王襄王悼王也。委九鼎。謂三王棄國出奔也。凶族。謂王子頹王子帶王子朝也。據天邑。謂三子據國僭位也。天下晏然以治待亂。何斯言之謬也。

而設官分職。任賢使能。以循良之才。膺共治之寄。刺舉分竹。何世無人。漢文帝初與郡守爲銅虎符。當發兵遣使者至郡合符。乃聽受之。以代古之圭璋。分竹亦其義也。至使地或呈祥。天不愛寶。前漢黃霸爲潁川太守。政化大行。嘉禾生。鳳凰集。後漢秦彭爲潁川太守。有甘露。嘉禾鳳麟之瑞。民稱父母。讀曰甫。杜。前漢。邵信臣爲河南太守。視民如子。號曰邵父。後漢杜詩爲南陽太守。爲政清平。民爲之語曰。前有邵父。後有杜母。政比神明。後漢孟嘗爲合浦太守。郡產珠。先守多貪珠。徙交阯。人物無資。嘗至革前弊。去珠復還。百姓反業。謂爲神明。曹元首。魏人上六代論感悟曹爽。方區區然稱與人共其樂者。樂。音洛。後同。人必憂其憂。與人同其安者。人必拯其危。豈容以爲侯伯則同其安危。任之牧宰。則姝其憂樂。何斯言之妄也。封君列國。藉其門資。忘其先業之艱難。輕其自然之榮貴。莫不世增淫虐。代益驕侈。離宮別館。切漢淩雲。或刑人力而將盡。或召諸侯而共落。陳靈則君臣悖禮。共侮徵舒。徵。平聲。左傳。宣公九年。陳靈公與孔寧儀行父通于夏姬。十年公與二人飲酒于夏氏。公謂行父曰。徵舒似汝。對曰。亦似君。徵舒病之。公出自其廄。而殺之。二子奔楚。徵舒。夏姬之子也。衞宣則父子聚麀。終誅壽朔。麀。音幽。牝鹿也。聚麀。謂無禮也。衞宣公納子伋之妻。是爲宣姜。生壽及朔。朔與宣姜。愬伋於公。公令伋之齊。使賊先待於隘而殺之。壽知之。以告伋。伋曰。君命也。不可逃。壽竊其節先往。賊殺之。伋至曰。君命殺我。壽何罪。賊又殺之。國人哀之。作二子乘舟之詩。壽朔。當作伋壽。乃云爲巳思治。豈若[illegible]乎。爲。去聲。後同。內外羣官選自朝廷。擢士庶以

任之澄水鏡以鑒之年勞優其階品考績明其黜陟進取事切砥礪情深或俸祿不入私門後漢楊秉爲豫章太守清儉計日受祿餘俸不入私門

妻子不之官舍後漢爲鉅鹿太守何並爲潁川太守每之官妻子不入官舍班條之貴食不舉火後漢左雄爲冀州刺史在任不舉煙火常食乾飯剖符之重居惟飲水晉鄧攸爲吳郡太守載米居官惟飲吳水而已南陽太守弊布纍身後漢羊續爲南陽太守常敝衣薄食妻子資藏布衾敝祇裯而已萊蕪縣長凝塵生甑長音掌後漢范丹爲萊蕪縣令家貧里歌曰甑中生塵范史雲釜中生魚范萊蕪專云爲利圖物何其爽歟總而言之爵非世及用賢之路斯廣民無定主附下之情不固此乃愚智所辨安可忽哉至如滅國弑君亂常干紀春

歎二百年間。略無寧歲。春秋始魯隱公元年。終哀公十四年。凡二百四十二年。言二百者。舉大數也。次睢咸秩。遂用玉帛之君。雎。音綏。左傳。僖公十九年。宋公使邾文公用鄫子於次雎之社。雎。水名。此水受汴入泗。有妖神東夷祀之。鄫子。小國之君。乃殺而祭之。非禮也。魯道有蕩。每等衣裳之會。魯道有蕩。詩載驅篇之辭。按春秋魯莊公夫人姜氏。會齊侯者凡六。故齊人作是詩以刺文姜來會齊襄公也。縱使西漢哀平之際。前漢都長安。故曰西漢。哀帝名欣。定陶恭王之子。平帝名衎。山中孝王之子。皆元帝之庶孫。東洛桓靈之時。後漢都洛陽。故曰東洛。桓帝。名志。章帝曾孫。靈帝名宏。章帝玄孫。下吏淫暴。必不至此。爲政之理。爲。如字。後同。可以一言蔽焉。伏惟陛下握紀御天。膺期啟聖。救億兆之焚溺。掃氛祲於寰區。創業垂統。配二儀以立德。發號施令。施。平聲。妙萬物而爲言。獨照神衷。永懷前古。將復五等而修舊制。建萬國以親諸侯。竊以漢魏以還。餘風之弊未盡。勛華既往。至公之道斯乖。況晉氏失馭。寓縣崩離。（晉司馬氏初受魏禪。後遜于宋。）後魏乘時。華夷雜處。（乘平聲。後魏拓拔氏。本北夷種。改姓元氏。）重以關河分阻。吳楚懸隔。（重平聲。）習文者學長短從橫之術。（從音蹤。）習武者盡干戈戰爭之心。畢爲狙詐之階。彌長澆浮之俗。（長音掌。）開皇在運。（開皇隋文帝年號。）因藉外家。驅御羣英。任雄猜之數。坐移明運。非克定之功。年踰二紀。人不見德。（文帝在位二十四年。）及大業嗣立。（大業煬帝年號。）世道交喪。一人一物。掃地將盡。雖天縱神武。削平寇虐。兵威不息。勞並去康自陛下仰順聖慈。嗣膺寶曆。情深致理。綜覈音劾主。雖至道無名言象所紀。略陳梗槩。實所庶幾。平聲愛敬烝烝。勞而不倦。大舜之孝也。虞書稱舜曰克諧以孝。烝烝乂。不格姦。訪安內豎。親嘗御膳。文王之德也。禮記曰。文王之爲世子。朝於王季日三。雞初鳴而衣服至寢門外。問內豎之御者曰。今日安否何如。內豎曰安。文王乃喜。日中又至亦如之。及莫又至亦如之。食上必在視寒煖之節。食下問所膳。每憲司讞罪。尚書奏獄。大小必察。枉直咸舉。以斷趾之法。易大辟之刑。仁心隱惻。貫徹幽顯。大禹之泣辜也。讞音碾。議也。說苑曰。禹出見罪人。下車。問而泣之。左右曰。罪人不順道。何爲痛之。禹曰。堯舜之民。皆以堯舜之心爲心。寡人之民。各自以其心爲心。是以痛之。正色直言。虛心受納。不簡鄙訥。無棄芻蕘。

帝堯之求諫也。詠。當作陋。虞書曰。稽于衆。舍己從人。弘獎名教。勸勵學徒。既擢明經於青紫。將升碩儒於卿相。聖人之善誘也。相。去聲。論語曰。夫子循循然善誘人。羣臣以宮中暑濕。寢膳或乖。請移御高明。營一小閣。遂惜十家之產。竟抑子來之願。不忝陰陽之感。以安卑陋之居。頃歲霜儉。普天饑饉。喪亂甫爾。倉廩空虛。聖情矜愍。勤加賑恤。竟無一人流離道路。猶且食惟藜藿。樂徹簨簴。上音筍。下音巨。縣鐘鼓之推也。皆以木爲之。橫曰簨。縱曰簴。言必悽動。貌成癯瘦。公旦喜於重譯。重。平聲。旦。周公名。史記曰。交阯之南有越裳國。周公居攝六年。制禮作樂。天下和平。越裳以三象重譯而獻白雉。曰。道路悠遠。山川阻深。音使不通。故重譯而朝。文命矜其即敘。文命。史記以爲禹名。夏書曰。織皮崑崙析支渠搜。西戎即叙。即就也。言雍州水土既平而餘功及於西戎也。陛下每見四夷款附萬里歸仁。必退思進省悉井切凝神動慮。恐妄勞中國以求遠方。不藉萬古之英聲以存一時之茂實。心切憂勞。志絕遊幸。每旦視朝音潮聽受無倦。智周於萬物。道濟於天下。罷朝之後。引進名臣。討論是非。論平聲備盡肝膈。惟及政事。更無異辭。纔日昃。必命才學之士。賜以清閒。高談典籍。雜以文詠。間以玄言。間去聲乙夜忘疲。太宗嘗曰。若不甲夜視事。乙夜讀書。何以為人君。中宵不寐。此之四道。獨邁往初。斯實生民以來一人而已。弘茲風化。昭示四方。信可以朞月之間彌綸天壤。而淳樸尚阻。浮詭未移。此由習之久。難以卒變。卒音猝。請待斲雕成器。以質代文。刑措之教一行。登封之禮云畢。然後定疆理之制。議山河之賞。未爲晚焉。易稱天地盈虛。與時消息。況於人乎。易豐卦彖傳之辭。美哉斯言也。

中書舍人馬周又上疏曰。伏見詔書令宗室勳賢。令平聲。作鎮藩部。貽厥子孫。嗣守其政。非有大故。無或黜免。臣竊惟陛下封植之者。誠愛之重之。欲其緒裔承守。與國無疆。可使世官也。何則以堯舜之父。猶有朱均之子。堯之子曰丹朱。舜之子曰商均。皆不肖。況下此以還。而欲以父取兒。恐失之遠矣。儻有孩童嗣職。萬一驕逸。則兆庶被其殃。而國家受其敗。政欲絕之也，則子文之理猶在。子文。楚令尹。姓鬬。名穀於菟。其孫克黃使齊復命。自拘於司寇。王思子文之治。曰子文無後何以勸善。使復其官。政欲留之也。而欒黶之惡已彰。黶音黶。欒。姓。黶名。晉大夫武子之子也。晉士鞅曰欒黶汰虐已甚猶可以免。其在盈乎。黶死。武子所施沒矣。而黶之怨實章。後盈見逐。盈。黶之子也。與其毒害於見存之百姓。見。音現。則寧使割恩於已亡之一臣明矣。然則嚮之所謂愛之者乃適所以傷之也。臣謂宜賦以茅土。古者天子以五色土爲壇封諸侯取其方面苴以白茅。授之。使立社於其國。疇其戶邑。必有材行去聲。隨器方授。則翰翮非強。亦可以獲免尤累。累。良偽切。昔漢光武不任功臣以吏事。所以終全其世者。良由得其術也。願陛下

深思其宜。使夫音扶得奉大恩而子孫終其福祿也。太

宗並嘉納其言。於是竟罷子弟及功臣世襲刺史。按通鑑。貞觀五年。上令羣臣議封建魏徵以爲若封建則卿大夫咸資俸祿。必致厚斂。又京畿賦稅不多。所資畿外。若盡封國邑。經費頓闕。又燕秦趙代俱帶外夷。若有警急。追兵內地。難以奔赴。李百藥云云。顏師古以爲不若分王宗子。勿令過大。間以州縣。雜錯而居互相維持。各守其境。協力同心。足扶京室。爲置官寮皆省司選用。法令之外。不得擅作威福。朝貢禮儀。具爲條式。一定此制。萬代無虞。十一月。詔宗室勳賢作鎮藩部云云。十三年。二月。于志寧以爲古今事殊。恐非久安之道。上疏爭之。馬周亦上疏云云。會長孫無忌等皆不願。上表固讓。稱承恩以來。形影相弔。若履春冰。宗室憂虞。如蹈湯火。緬惟三代封建。蓋由力不能制。因而利之。禮樂節文。多非已出。兩漢罷侯。置除曩弊。深協事宜。今因臣等復有變更。恐紊聖朝綱紀。且後世愚幼不肖之。嗣。或抵冒邦憲。自取誅夷。更因延世之賞。致成勦絕之禍。良可哀愍。願停渙汗之吉

賜其姓命之恩。又因子婿長樂公王圖請於上。且言
臣等披荆棘事陛下。今海內寧一。柰何棄之外州。與
遷徙何異。上曰。割地以封功臣。古今通義。意欲公之
後嗣輔朕子孫。其傳永久。而公等乃復發言怨望。朕
豈強公等以茅土耶。詔停世封刺史。與此章所紀年
歲不同。今備錄于此。亦以見唐世議封建之始末云
范氏祖禹曰。柳宗元有言曰。封建非聖人意也。勢
也。蓋自古以來有之。聖人不得而廢也。周室既衰。
併爲十二。列爲六七。而封建之禮已亡。秦滅六國。
以爲郡縣。三代之制不可復矣。必欲法上古而封
之。弱則不足以藩屏。彊則必至於僭亂。此後世封
國之弊也。况諸侯之後嗣。或賢或不肖。而必使之
繼世。是以一人而害一國也。然則如之何。記曰。禮
時爲大。順次之。三代封國。後世郡縣。時也。因時制
宜。以便其民。順也。古之法不可用於今。猶今之法
不可用於古也。後世如有王者。親親而尊賢。務德
而愛民。慎擇守令以治郡縣。亦足以致太
平。而興禮樂矣。何必如古封建。乃爲盛哉。
胡氏寅曰。太宗嘗讀周官書。辨方正位。體國經野
設官分職。以爲民極之言。慨然歎曰。不井田。不封

建。不足以法三代之治。詔羣臣議封建。其本於此乎。夫封建與天下共其利天道之公也。郡縣以天下奉一人。人欲之私也。魏徵。蓋未嘗詳考古制。鹵莽甚矣。而近世蘇范二氏。亦謂封建不可行。始皇李斯柳宗元之論。聖人不能易也。嗚呼。豈其然哉宗元之言曰。封建非聖人意也勢也。誠使上古諸侯以爲民害。聖人不得已而存之。則唐虞之際。洪水懷襄。民無所定。武王周公誅紂伐奄滅國五十皆天下之大變也。此數聖人不能因時之變。更立制度以爲郡縣乃畫壤列土修明侯甸之法。何哉宗元又曰。德在人者。死必奉其嗣。故封建非聖人意也。勢也。夫爲其德之不可忘。是以憫其絕。此仁之至義之盡。而出於人心之固然者。固非聖人之私意。而歸之勢。可乎。宗元又曰。諸侯國亂。天子不得變其君。夫孟子所言貶國削地六師移之之法皆先王之制也。烏在其不改變乎。漢不能制侯王未萌之惡。及大逆不道。然後勒兵夷之。此非三代故事。自漢之失。爰盎固言之矣。豈可舉此以例禹湯文武所爲哉。方三代盛時。諸侯或自其國入爲三公。王室有難。諸侯或釋位以間王政。至其衰也。

五伯雖强大。猶且攘夷狄以尊戴天下之共主。凡若此類。宗元皆略而不稱。乃摘取衰微禍亂之一二欲舉封建而廢之。是猶見刖者而欲廢天下之屨也。宗元又曰。湯資三千諸侯以黜夏。武資八百諸侯以翦商。故不敢變易也。是聖人於未舉兵之前。要結衆力。及成功之後。姑息苟安。此六國五代庸王之所行。而謂湯武爲之乎。宗元又曰。封建非公之大者。公天下自秦始。夫謂三代聖王無公心。以封建自私。是伯夷而爲盜跖之事也。謂秦一無私意。以郡縣公天下。是飛廉而有比干之忠也。一何不類之甚歟。宗元又曰。諸侯繼世而立。又有世大夫食祿采地以盡其封域。雖聖賢生于其時。無以立于天下。天子聖明。公卿必得其人。諸侯不敢越亂法度。世固多賢也。而又有鄉舉里選之法。有明明側陋之揚。何患乎材之不用也。若上無明君。下無賢臣。如周之衰。秦之季。漢魏隋唐之時。在位者無非小人。而興邦之良佐。悉沈于民伍。不見庸也。雖守宰徧宇內。將何救於此。故凡宗元封建論。皆無稽而不可信也。夫爲君如堯舜禹湯亦足矣。帝王之治。至於唐虞三代。亦無以加矣。井天下之田。

使民各有以養其生。經天下之國。使賢才皆得以施其用。人主自治。不過千里。大小相維。輕重相制。外無疆暴侵陵微弱不立之患。內無廣土衆民奢泰恣肆之失。是以義處利。均天下之施。故曰封建之法。天下之公也。若秦則妬民之兼并而自爲兼并。兼天下之私以自奉。故曰郡縣之制。人欲之私也。或曰然則封建今可行乎。曰何獨封建也。二帝三王之法。孰不可行者。在人而已矣。然欲行封建先自井田始。范子亦惑於宗元。謂今日之法。不可用於古。猶古之法不可用於今。夫後世之私意妄爲。固不可行於古。而爲天下者。不以二帝三王善政良法爲則。則又何貴於稽古哉。

愚按。封建。古先哲王公天下之良法美意也。後世言治者。何敢妄議哉。自秦罷侯置守之後。田制學制皆非古矣。由漢以下。封建郡縣參錯。若漢七國晉八王挺禍尤甚。其間悖逆自恣負強梗化者不可勝數。而維垣維翰者亦復不少。然終不若郡縣臂指運掉之爲得。於是封建是非之論與焉。河南程子曰。有關雎麟趾之意。然後可行周官之法度。後世無古先哲王治天下之本。而用古先哲王治天下之具。宜致然也。豈封建之失哉。愚不揆。竊謂柳宗元之論固難盡非。而謂封建非聖人意。謂公天下自秦始。此誠爲過。至以盛時封建之美處爲言。而以季世之弊處爲說。此誠爲偏。若胡氏以井田封建可行於後世。則亦未敢以爲知言也。封建井田兆於黃帝。畫壄分州。綿歷幾代。大備於周。豈一朝夕之故哉。居今之世。出宗室而分王之。取名曰而井疆之。紛紜轇轕。何能有定。故以封建爲非者。猶於古之實也。以封建爲是者。泥於古之名也。蓋曰。彼三代而上之事勢。此三代而下之事勢。去古浸遠。權時施宜。郡縣不可易也。惟當精擇守令。授其有治平之績者。加秩而久任之。登進而激勸之。體古先哲王之美意。而行後世之良法可也。毋庸曰不井田不封建。不足以爲治。

貞觀政要卷第三

貞觀政要卷第四　戈直集論　朱載震校閲

太子諸王定分第九 凡四章。

貞觀七年。授吳王恪齊州都督。太宗謂侍臣曰。父子之情豈不欲常相見耶。但家國事殊。須出作藩屏。且令其早有定分。令。平聲。分。去聲。凡言定分並同。絕覬覦之心。我百年後使其兄弟無危亡之患也。按史傳。恪。初王鬱林。貞觀十年。始改王吳。授安州都督。帝賜書曰。汝惟茂親。勉思所以藩王室。以義制事。以禮制心。外爲之君臣。內爲之父子。今當去膝下。不遺汝珍而遺汝以言。其念之哉。帝後以晉王爲太子。又欲立恪。長孫無忌固爭。帝曰。公豈以非己甥邪。且恪英果類我。無忌曰。晉王仁厚。守文之良主。且舉棊不定則敗。況儲位乎。帝乃止。

愚按是時承乾方處東宮。內德未著。太宗出吳王使居藩屏。欲其早有定分。可謂處之盡其道矣。其後既立晉王。又欲立恪。卒陷恪於死地。何始終之矛盾邪。竊嘗論之。漢高祖之欲易惠帝。唐太宗之欲易高宗。皆爲宗廟社稷之遠圖。初不可以尋常嫡庶之禮槩論之也。合二君之事而觀之。則太宗之事近正。何也。漢高祖之欲易太子。是也。其欲立趙王。則出於溺愛之私矣。子房之不立如意是也。然遂引致四皓擁護太子。以成呂氏之禍。杜牧所謂四老安劉反爲滅劉者。其可不寒心哉。故朱子謂高祖若能以天下大計爲心。則蚤與張陳陵勃謀之以恒易盈。可也。若吳王恪之在當時內不聞其毋有戚姬孌愛之私。外不聞恪有魏王奪嫡之計。太宗深知高宗之儒弱不足以承宗廟之重。故以社稷大計。問之無忌。無忌外雖爲正大之論。內實懷外家之私。其後卒以無辜陷恪死地。無忌之罪上通於天矣。夫以恪之英才。幸而嗣聖之際向存

庶幾匡正唐室。不致牝晨之禍。如此其烈也。豈
不悲哉。然則太宗之事。賢於高祖無忌之心。則
真子房之
罪人矣。

貞觀十一年。侍御史馬周上疏曰。漢晉以來。諸王皆爲樹置失宜。爲。去聲。不預立定分。以至於滅亡。人主熟知其然。但溺於私愛。故前車既覆。而後車不改轍也。今諸王承寵遇之恩有過厚者。臣之愚慮。不惟慮其恃恩驕矜也。昔魏武帝寵樹陳思。及文帝即位。防守禁閉。有同獄囚。以先帝加恩太多。故嗣王從而畏之也。魏武帝。曹操也。操生四子。丕。彰。植。熊。丕。文帝也。植。陳思王也。植多藝能。操愛之。文帝既立。植寵日衰。後以悖慢貶安鄉侯。後進王東阿。此則武帝之寵陳思。適所以苦之

也。且帝子何患不富貴。身食大國。封戶不少。好衣美食之外。更何所須。而每年別加優賜。曾無紀極。曾音層。俚語曰。俚音里。俚語猶云俗諺也。貧不學儉。富不學奢。言自然也。今陛下以大聖創業。豈惟處置見在子弟而已。處上聲。見音現。當須制長久之法。使萬代遵行。疏奏。太宗甚嘉之。賜物百段。

唐氏仲友曰。太宗制古之所不制。臣古之所不臣。而獨牽於私欲。不能自克。於嫡庶之際。不爲遠慮。竟使賢才宗支連頸就戮。周官有先見之明。惜哉言之不力。

愚按。周官有王世子不會之文。王之衆子不與焉。夫先王愛子之心。豈不欲其周徧哉。蓋所以別嫌疑。明嫡庶。絕覬覦。息禍亂也。隋文帝既立勇爲太子。又使晉漢秦蜀四王各據方面。恩寵

相埒。且誇示於人曰。前代兄弟相爭者。由嫡庶之分也。今吾五子同母。何憂禍亂哉。其後五十

互相攘奪。無一人得令終者。至今爲天下笑。太宗目覩隋室之禍。宜知所鑒矣。旣立承乾爲太子。復寵待諸王無所高下。馬周窺見禍亂之端。亟以爲言。太宗雖能嘉賞。迄不能改。愚觀太宗每事以隋爲鑒。獨於諸王定分而忘之。豈所謂溺愛者不明邪

貞觀十三年。諫議大夫褚遂良以每日（一作月）特給魏王泰府料物有逾於皇太子。上疏諫曰。昔聖人制禮尊嫡卑庶。謂之儲君。（儲。音除。副也。太子君之副。故謂之儲君。）道亞霄極。甚爲崇重。用物不計泉貨。財帛與王者共之。庶子體卑。不得爲例。所以塞嫌疑之漸。除禍亂之源。而先王必本於人情。然後制法。知有國家。必有嫡庶。然庶子

雖愛。不得超越嫡子。正禮特須尊崇。如不能明立定分。遂使當親者疎。當尊者卑。則佞巧之徒。承機而動私恩害公。或至亂國。伏惟陛下功超萬古。道冠百王冠。去聲。發施號令。施。平聲。爲世作法。爲。去聲。一日萬機。或未盡美。臣職諫諍無容靜默。伏見儲君料物。翻少魏王朝野見聞。不以爲是。臣聞傳曰。傳。去聲。愛子教以義方。忠孝恭儉義方之謂。昔漢竇太后及景帝並不識義方之理。遂驕恣梁孝王。封四十餘城。苑方三百里。大營宮室複道彌望積財鉅巨萬計。出警入蹕。小不得意發病而死。鉅。舉兩切。貫。錢索也。蹕。音畢。天子出稱警入稱蹕。竇太后。漢文帝之后。生景帝及梁王。王名武。謚曰孝。事見本傳。宣帝亦驕恣淮陽王。幾至於敗。賴其輔以退讓之臣。僅乃獲免。幾。平聲。淮陽王。名欽。漢宣帝庶子也。謚曰憲。事見本傳。且魏王既新出閤。伏願恆存禮訓妙擇師傅示其成敗。既敦之以節儉。又勸之以文學。惟忠惟孝。因而獎之道德齊禮。論語曰。道之以德。齊之以禮。有耻且格。乃爲良器。此所謂聖人之教不肅而成者也。太宗深納其言。

陳氏惇修曰。甚哉。太宗之不善爲父也。所以啟泰之邪心者太宗也。非泰之罪也。太宗既立承乾爲太子。而所以眷眷於泰而寵錫之者。其禮乃過於承乾。其理何邪。是時雖未嘗許泰爲太子。而禮數優異。則立泰之意固已見於不言之間矣。然則寧免泰之無覬覦而不以計傾承乾者乎。及其邪心既啟。然後從而裁抑之。既幽之。復降之。是何異誘其入而復閉其門。不亦惑乎。

愚按古者不以私恩害公義。故嫡長之重。衆子雖愛。不得而並焉。所以明尊卑之等。杜僭忒之源也。太宗以聰明之君。而於太子魏王之事。獨不能定其分。畀其禮秩。雖深納遂良之言。而私愛之心終不能自克。卒至於兩廢焉。其亦可監也夫。

貞觀十六年。太宗謂侍臣曰。當今國家何事最急。各爲我言之。爲。去聲。後爲朕同 尚書右僕射高士廉。名儉。以字行。初秦王薦爲治中。王爲皇太子。授右庶子。既即位。爲吏部尚書。封許國公。後遷僕射。攝太傅。掌機務二十一年卒。曰。養百姓最急。黃門侍郎劉洎曰。撫四夷急。中書侍郎岑文本曰。傳稱道之以德。齊之以禮。義爲急。傳。去聲。諫議大夫褚遂良曰。即日四方仰德。不敢爲非。但太子諸王。須有定分。陛下宜爲萬代法以遺子孫。遺。去聲。

此最當今日之急。太宗曰。此言是也。朕年將五十。已覺衰怠。既以長子守器東宮。長音掌。諸弟及庶子。數將四十心常憂慮在此耳。但自古嫡庶無良。何嘗不傾敗家國公等爲朕搜訪賢德以輔儲宮爰及諸王咸求正士。且官人事王。不宜歲久。歲久則分義情深非意闚闟。分。去聲。闚。音窺。闟。音俞。窺伺貌。多由此作。其王府官寮勿令過四考。令。平聲。

唐氏仲友曰。太宗不知溺愛之在已。獨欲責之保傅王者。又令王府官不得過四考。何也。彼誠賢者。雖終身而未足。誠不賢。一日猶不可況四考乎。

愚按。國家急務。養百姓也。撫四夷也。道德齊禮也。若高士廉。劉洎。岑文本。之言。皆急務也。而褚遂良則以太子諸王須有定分爲當今之急考其時承乾之惡已著魏王泰窺伺之情頗露漢王元昌同惡之迹益彰遂良之言宜其爲急務也非以養百姓撫四夷道德齊禮爲不急也太宗不思所以正定分而責備於人抑末矣且踰年而有東宮之變矣方且曰公等爲朕搜訪賢德以輔儲宮又何益之有哉

尊敬師傅第十 凡六章

貞觀三年太子少師少去聲李綱字文紀觀州人始名瑗慕張綱爲人改焉仕隋爲太子洗馬擢尚書右丞隋末賊帥何潘仁刼爲長史高祖平京師綱上謁既受禪拜禮部尚書太子詹事諫建成不聽遂乞骸骨貞觀初拜是職五年卒謚曰貞有脚疾不堪踐履太宗賜步輿令三衛舉入東宮令平聲唐制東宮六率府分爲上中下三等掌宿衛之事是爲三衛詔皇太子引上殿親拜之大見崇重綱爲

太子爲去聲。陳君臣父子之道。問寢侍膳之方。見封建篇註。理順辭直。聽者忘倦。太子嘗商略古來君臣名教。竭忠盡節之事。綱懍然曰。懍音凜。嚴毅貌。託六尺之孤。寄百里之命。論語曾子之言。謂輔幼君攝國政也。古之以爲難。綱以爲易。易以豉切。每吐論發言。皆辭色慷慨。有不可奪之志。太子未嘗不聳然禮敬。

愚按世子爲王之貳。天下之本也。太宗即位之後。蚤建太子以固天下之本。而嚴太子尊敬師傅之禮。稽之古典。允合其宜。李綱少慷慨有風節。故其發言。吐論辭色毅然。宜皇儲之所禮敬也。古人謂一心可以事百君者。綱之謂歟。

貞觀六年詔曰。朕比尋討經史。比音鼻。明王聖帝曷嘗無師傅哉。前所進令遂不覩三師之位。意將未可。何以然黃帝學大顛。顓頊學錄圖。堯學尹壽。（一作君疇）舜學務成昭。禹學西王國。湯學威子伯。文王學子期。武王學虢叔。（已上出劉向新序。）前代聖王。未遭此師。則功業不著乎天下。名譽不傳乎載籍。況朕接百王之末。智不同聖人。其無師傅。安可以臨兆民者哉。詩不云乎。不愆不忘率由舊章。（詩。大雅嘉樂篇之辭。）夫不學則不明古道。（夫音扶。）而能政致太平者未之有也。可即著令。置三師之位

（按史志隋廢三師。貞觀十一年復置與三公皆不設官屬）

（愚按周書曰。立太師。太傅。太保。曰三公。論道經邦。燮理陰陽。官不必備。惟其人。少師。少傅。少保

曰三孤。貳公弘化。寅亮天地。豈易其人哉。若論其極。必皐。夔。稷。契。伊。傅。周。召。而後可。世變無窮。隨世升降。可也。唐以太師。太傅。太保。爲三師。天子所師法。無所總職。太尉。司徒。司空。爲三公。佐天子。理陰陽。平邦國。無所不統。此則非古制也。以太宗之時固皆元勳碩德居之。制雖殊古而名意則同。降此。則爲加官。視品秩崇高耳。豈皆其人哉。人君欲稽古以正名。苟捨周官。愚未見其可也。

貞觀八年。太宗謂侍臣曰。上智之人。自無所染。但中智之人無恆。從教而變。況太子師保。古難其選。成王幼小。周召爲保傅。賈誼曰。成王幼。在襁抱之中。召公爲太傅。周公爲太保。保。保其身體。傅。傅之德義。左右皆賢。日聞雅訓。足以長仁益德。長。音掌。使爲聖君。秦之胡亥。用趙高作傅。教以刑法。及其嗣位誅功臣。殺親族。酷暴不已。旋踵而亡。胡亥。秦二世名。初始皇使趙高敎胡亥決獄。胡亥幸之。及嗣位。高說曰。陛下嚴法而刻刑。令有罪者相坐。誅滅大臣宗室。盡除先帝之故臣。更置陛下之所親信。二世乃更爲法律。大臣公子有罪輒誅。二世卒爲高所弒。故知人之善惡。誠由近習。朕今爲太子諸王爲。去聲。精選師傅。令其式瞻禮度。令。平聲。有所裨益。公等可訪正直忠信者。各舉三兩人。

愚按太子。國家之根本也。諸王。公族之枝葉也。根本安固。枝葉茂盛。永孚于休。則開導而訓告之。豈不在師傅乎。然三代尚矣。自漢以來。未嘗不切切於嚴師傅也。而諸王之賢。求如河間。東平。何不多見矣。世祿之家。鮮克由禮。以蕩陵德實悖天道。況崇高之上者乎。爲君父者。尚愼茲。

貞觀十一年。以禮部尚書王珪兼爲魏王師。唐因隋制。皇叔昆弟皇子爲親王者。置師掌傳相。訓導。匡其過失。太宗謂尚書左僕射房玄齡曰。古來帝子生於深宮。及其成人。無不驕逸。是以傾覆相踵。少能自濟。我今嚴教子弟。欲皆得安全。王珪我久驅使。甚知剛直。志存忠孝。選爲子師。卿宜語泰。每對王珪。如見我面。宜加尊敬。不得懈怠。珪亦以師道自處。上聲時議善之也。

胡氏寅曰。爲人師者。豈徒禮貌云乎哉。必有道以授人。而道以人倫爲至。魏王泰。是時承寵偏厚。於兄弟間漸生異慮。防其微而革其心。不於師而誰望。而王珪告戒之方。啟訓之道。未之聞也。魏王卒以窺伺儲位。廢斥而死。夫豈獨泰之罪哉。珪亦與有責矣。

愚按太宗以王珪爲魏王師。且論玄齡以嚴教之意。可謂得人矣。然嘗觀太宗愛泰之心甚至。固失子之情也。乃詔卽府置文館。得自引博士藉勗勸泰延賓客著書。如古賢王。泰撰括地志於是士有文學者多與。而貴游因藉其門如市泰之月稟。又過太子遠甚。褚遂良亦以爲言。其後卒有奪嫡之罪竟罹幽貶。夫傚古賢王著書必如河間東平而後可也。且漢武帝爲戾太子立博望苑。使通賓客識者非之。今泰諸王也。使之置館引賓客。私權勢其毋乃與所謂嚴教之意異歟。

貞觀十七年。太宗謂司徒長孫無忌。司空房玄齡曰。三師以德道人者也。若師體卑。太子無所取則於是詔令平聲。撰太子接三師儀注。太子出殿門迎先拜三師。三師答拜。每門讓三師。三師坐。太子乃坐。與三師書前。名惶恐後名惶恐再拜。

愚按太宗制太子接三師儀注。委曲尊隆。意亦至矣。師嚴然後道尊。况元良而屈體盡敬於師傅。其關繫豈不尤重也。然嘗觀賈誼引大戴記之言於政事書曰。師。道之教訓。保。保其身體。傅。傅之德義。於是爲置三少。皆上大夫也。三公。三少。固明孝仁禮義以道習之。入學則承師問道。退習而考於太傅。太傅罰其不則而匡其不及。此古昔太子親師傅之實也。又不止於儀注之文而已。爲君父者。不可不考於賈誼之書。

貞觀十八年。高宗初立爲皇太子。貞觀十七年。四月立晉王治爲皇太子。是爲高宗。尚未尊賢重道。太宗又嘗令太子令。平聲。後同。居寢殿之側。絕不往東宮。散騎常侍劉洎上書曰。臣聞郊迎四方。孟侯所以成德。月令。天子立春迎春於東郊。立夏迎夏於南郊。立秋迎秋於西郊。立冬迎冬於北郊。按此。非王世子之事或曰。周制東西南北之學。在於四郊。孟。長也。孟侯。謂世子也。此說於成德爲切。迎字疑誤齒學三讓。元良由是作貞。文王世子。行一物而三善皆得者。其齒於學之謂也。故世子齒於學國人觀之曰。將君我而與我齒讓。曰。有父在則禮然然而衆知父子之道矣。二曰。君在則禮然。而衆著於君臣之義矣。三曰。長長也。然而衆知長幼之節矣。故父子君臣長幼之道得。而國治。禮曰。一有元良。萬邦作貞。斯皆屈主祀之尊。主祀一作嗣王。申下交之義。故得芻言咸薦。虞問旁通。不由軒庭坐知天壤。率由茲道。永固鴻基者焉。至若生乎深宮之中。長乎婦人之手。長。音掌。未嘗識憂懼。嘗。音甞。無由曉風雅。雖復神機不測。天縱生知。而開物成務。終由外獎。匡夫崇彼干籥。夫。音扶。後同。籥。音約。干。舞者所執之揗也。籥。樂管。以竹爲之。三孔。長二尺。以和林聲者也。聽茲謠頌。何以辨章庶類。甄㪄彝倫。甄音珍。

匹考聖賢。咸資琢玉。學記。玉不琢不成器。人不學不知道。是故。周儲上哲。師望奭而加裕。周儲。謂成王也。望。太公號。奭。召公名。成王以二公爲師保。漢嗣深仁。引園綺而昭德。漢嗣。謂惠帝盈也。高祖欲廢太子盈。張良教太子迎四皓。高祖置酒太子侍。四皓從。皆年八十餘。上曰。煩公幸卒調護太子。既去。上目送之。曰彼四人爲之輔。羽翼已成。難動矣。卒不廢。四皓。東園公。綺里季。夏黄公。甪里先生也。原夫太子。宗祧是繫。善惡之際。興亡斯在。不勤于始。將悔于終。是以鼂錯上書。令通政術。鼂音潮。錯音措。漢文帝時。鼂錯爲太子舍人。遷博士。上書曰。人主所以尊顯功名。揚於萬世者。以知術數也。故人主知所以臨制臣下而治其衆。則羣臣畏服矣。知所以聽言受事。則不欺蔽矣。知所以安利萬民。則海內必從矣。知所以忠孝事上。則臣子之行備矣。此四者。臣竊爲皇太子急之言。賈誼獻策務知禮教。賈誼，雒陽人。漢文帝時為梁懷王傅。上書曰：古之王者，太子適生，固舉以禮，使士負之，有司齊肅端冕，見之南郊，見于天也。過闕則下，過廟則趨，孝子之道也。故自為赤子而教已行矣。竊惟皇太子，玉裕挺生，金聲夙振，明允篤誠之美，孝友仁義之方，皆挺自天姿，非勞審諭，固以華夷仰德，翔泳希風矣。然則寢門視膳，已表於三朝。音潮。事見封建篇註。藝宮論道，宜弘於四術。王制：樂正崇四術，立四教，順先王詩書禮樂以造士。雖富於春秋，餝躬有漸，實恐歲月易往，易，以豉切。墮業與譏，取適晏安，言從此始。臣以愚短，幸參侍從。上，去聲。思廣儲明，暫願聞徹，不敢曲陳故事，切請以聖德言之。伏惟陛下，誕敷膺圖，登庸歷試，多才多藝，道著於匡時，允文允武，功成於纂祀，萬方卽敘，九圍清晏，尚且雖休勿休，日愼一日，求異聞於振古，勞叡思於當年。思，去聲。後同。乙夜觀書，事高漢帝；漢紀：光武講論經理，夜分乃寐。馬上披卷，勤過魏王。魏紀：文帝雖在軍旅，手不釋卷。陛下自勵如此，而令太子優游棄日，不習圖書，臣所未諭一也。加以暫屏機務，屏，音餅，棄也。卽寓雕蟲，揚子曰：或問吾子少而好賦，曰：童子雕蟲篆刻，壯大不爲也。紆寶思於天文，則長河韜映；摛玉華於仙札，摛，音癡。則流霞成彩。固以錙銖萬代，錙，音淄。銖，音殊。十黍爲絫，十絫爲銖，十銖爲錙。寇冕百王，屈宋不足以升堂，屈原，名平，楚懷王時爲大夫，作離騷經，爲詞賦之祖。宋玉，屈原弟子，楚大夫，以詞賦名。鍾張何階於入室。鍾繇，字元常，魏太尉善草書。張芝。字伯英。後漢太尉。臨池學書。池水盡黑。時稱草聖。陛下自好如此。好，去聲。而太子悠然靜處。上聲。不尋篇翰。臣所未諭二也。陛下備該衆妙。獨秀寰中。猶晦天聽。俯詢凡識。聽朝之隟。與隙同。引見羣官。降以溫顏。訪以今古。故得朝廷是非。閭里好惡。凡有巨細。必關聞聽。陛下自行如此。而令太子久趨入侍。不接正人。臣所未諭三也。陛下若謂無益。則何事勞神。若謂有成。則宜申貽厥。詩曰。貽厥孫謀。蔑而不急。未見其可。伏願俯推叡範。訓及儲君。授以良書娛之嘉客。朝披經史。觀成敗於前蹤。晚接賓遊。訪得失於當代。間以書札。間，去聲。繼以篇章。則日聞所未聞日見所未見，副德愈光，羣生之福也。竊以良娣之選，徧於中國，仰惟聖旨，本求典內，冀防微慎遠，慮臣下所知，暨乎徵僃人物（徵，平聲），則與聘納相違。監撫二周（監，平聲。監撫，謂監國撫軍也），未近一士。愚謂內既如彼，外亦宜然者，恐招物議，謂陛下重內而輕外也。古之太子，問安而退，所以廣敬於君父；異宮而處（上聲），所以分別於嫌疑（別，彼列切）。今太子一侍天闈，動移旬朔，師傅已下，無由接見。假令供奉有隙（供，平聲），暫還東朝，拜謁既踈，且事俯仰，規諫之道，固所未暇。陛下不可以親教，宮寀無因以進言（寀，音采。寀，僚屬也），雖有具寮，竟將何補？伏願俯循前躅。音燭。跡也。稍抑下流。弘遠大之規。展師友之義。則離徽克茂。帝圖斯廣。凡在黎元。孰不慶賴。太子溫良恭儉。聰明叡哲。含靈所悉。臣豈不知。而淺識勤勤思効愚忠者。願滄溟益潤。日月增華也。太宗乃令洎與岑文本。馬周。遞日往東宮與皇太子談論。按通鑑。此疏係十七年。又按高宗諫誅穆裕。太宗歸功洎等。事在十八年。則洎上此疏當在十七年。

唐氏仲友曰。劉洎此疏。足見其爲剛直果敢之士。太宗以太子諫誅穆裕歸功諫臣。則洎援正人。閑正論之說。驗矣。惜太子不足有爲也。

又曰。古之制命。士以上。父子異宮。意防深矣。易子而教。責善則離。還東宮近師傅之諫當矣。

愚按。太子承乾既廢。晉王治初立之後。劉洎此疏。條陳詳悉。誠教世子之至善也。太宗以洎言令洎。與岑文本。馬周。遞日往東宮談論。可謂得人矣。夫修身正家之道。敬大臣。體羣臣。親君子。遠小人之要。未必不見於談論也。出震繼明。不旋踵而背之。卒基唐家之禍。於不忍言。其氣化人事之相符乎。抑所以輔翼之具未至耶

教戒太子諸王第十一 凡七章。

貞觀七年。太宗謂太子左庶子于志寧。字仲謐。京兆人。貞觀三年爲中書侍郎。遷左庶子。上諫苑。俄兼詹事。晉王爲皇太子。復拜左庶子。杜正倫曰。卿等輔導太子。常須爲說。爲。去聲。後爲說同。百姓間利害事。朕年十八。猶在人間。百姓艱難。無不諳練。及居帝位。每商量處置。量。平聲。處。上聲。或時有乖疎。得人諫諍。方始覺悟。若無忠諫者爲說。何由行得好事。況太子生長深宮。長。音

掌。百姓艱難都不聞見乎。且人主安危所繫。不可輒爲驕縱。但出敕云。有諫者卽斬。必知天下士庶無敢更發直言。故克己勵精。容納諫諍。卿等常須以此意共其談說。每見有不是事。宜極言切諫。令有所裨益也。令。平聲

唐氏仲友曰。太宗誠有知子之明。其教之。亦云篤矣。此數語者。卽周公無逸之書也。至謂若詔天下敢諫者死。將無復發言此。則煬帝有前鑒矣。柰何承乾方欲以殺止諫。雖百正倫何益哉。

愚按太宗君臨天下。方勵精之初。容受直言。導人使諫。蚤建太子。命東宮輔臣。極言規正。令有所裨益。蓋望太子亦如巳之從諫。其意不亦深切哉。惜乎承乾不足以副君父之意。

貞觀十八年。太宗謂侍臣曰。古有胎教世子。文王之母大任

爲人端一誠莊。惟德之行。及其娠文王。目不視惡色。耳不聽淫聲。口不出傲言。生文王而明聖。大任教之。以一識百。卒爲周宗。而君子謂大任爲能胎教。

朕則不暇。但近自建立太子。遇物必有誨諭。見其臨食將飯。謂曰。汝知飯乎。對曰。不知。曰。凡稼穡艱難。皆出人力。不奪其時。常有此飯。見其乘馬。乘。平聲。後同。又謂曰。汝知馬乎。對曰。不知。曰。能代人勞苦者也。以時消息。不盡其力。則可以常有馬。見其乘舟。又謂曰。汝知舟乎。對曰。不知。曰。舟所以比人君。水所以比黎庶。水能載舟。亦能覆舟。爾方爲人主。可不畏懼。見其休於曲木之下。又謂曰。汝知此樹乎。對曰。不知。曰。此木雖曲。得繩則正。爲人君雖無道受諫則聖。此傅說所言。說，音悦。商書傅說告高宗曰。惟木從繩則正。后從諫則聖。可以自鑒。

愚按。太宗懲承乾之失德。望儲君之近德。於是遇事必誨其愛儲君者。所以愛百姓也。將飭而戒。則知民生之艱難矣。乘馬而戒。則知民力之困乏矣。乘舟而戒。則知民心之無恆矣。休曲木而戒。則知立身之必從正矣。觀前代教誡太子之辭。未有切於此者。稽之古禮經教世子之道。亦不過如是也。迨夫高宗臨御。其於子庶民。猶知所以保養之意。惟疎遠老臣。失德宮闈。竟忘王業之艱難。毋乃雖誨諄諄而聽藐藐乎。

貞觀七年。太宗謂侍中魏徵曰。自古侯王能自保全者甚少。皆由生長富貴。長，音掌。後同。好尚驕逸。好，去聲。多不解。音懈。親君子遠小人故爾。遠，去聲。後同。朕所有子弟欲使見前言往行。去聲。冀其以爲規範。因命徵錄古來帝王子弟成敗事。名爲自古諸侯王善惡錄。以賜諸王。其序曰。觀夫。音扶。後同。膺期受命。握圖御寓。咸建懿親。藩屏王室。布在方策。可得而言。自軒分二十五子。國語。黃帝之子二十五子。其同姓者二人。青陽與夷鼓是也。其同生而異姓者十四人。別爲十二姓。姬。酉。祁。已。滕。箴。任。荀。僖。吉。儇。依。是也。舜舉一十六族。即八元八凱。見擇官篇註。爰歷周漢。以逮陳隋。分裂山河。大啟磐石者衆矣。或保乂王家。與時升降。或失其土宇。不祀忽諸。然考其隆替。察其興滅。功成名立。咸資始封之君。國喪身亡。多因繼體之后。其故何哉。始封之君。時逢草昧。見王業之艱阻。知父兄之憂勤。是以在上不驕。夙夜匪懈。或設醴以求賢。漢楚元王敬禮申公等。穆生不嗜酒。元王每置酒。嘗爲穆生設醴。或吐飧而接士。周公戒伯禽曰。我於天下亦不賤矣。然我一沐三握髮。一飯三吐哺。猶恐失天下之賢人。子之魯。愼無以國驕人。故甘忠言之逆耳。家語曰。忠言逆耳利於行。得百姓之懽心。孝經曰。治國者不敢侮於鰥寡。故得百姓之懽心。樹至德於生前。流遺愛於身後。暨夫子孫繼體。多屬隆平。生自深宮之中。長居婦人之手。不以高危爲憂懼。豈知稼穡之艱難。周書曰。相小人厥父母勤勞于稼穡。厥子乃不知稼穡之艱難。昵近小人。昵與暱同。疎遠君子。狎侮哲婦。傲狠明德。犯義悖禮。淫荒無度。不遵典憲。僭差越等。恃一顧之權寵。便懷匹嫡之心。矜一事之徵勞。遂有無厭之望。厭，平聲。棄忠貞之正路，蹈姦宄之迷塗。宄，音鬼。書曰：寇賊姦宄。注：在外曰姦，在內曰宄。愎諫違卜。愎，音僻。往而不返。雖梁孝齊冏之勳庸。梁孝，名武。漢文帝子也。封梁王。七國反。先擊梁，殺虜有功。謚曰孝。齊冏，姓司馬，名冏。晉齊王攸子也。爲大司馬，封齊王。以功遷游擊將軍。淮南東阿之才俊。淮南，名安。漢武帝諸父也。封淮南王。好書鼓琴。招俊。賓客，喜文辭。後坐反謀自殺。謚曰厲。東阿，見定分篇注。擁摩霄之逸翮，成窮轍之涸鱗。棄桓文之大功。齊桓公。晉文公。皆春秋諸侯之伯。有尊王室匡天下之功。就梁董之顯戮。梁冀。漢桓帝時爲大將軍。後爲反謀。冀與妻皆自殺。董卓。漢獻帝時自爲太尉相國。作亂被誅。夷三族。垂爲烱戒。可不惜乎。皇帝以聖哲之資，拯傾危之運。耀七德以清六合。左傳。楚子曰：夫武禁暴。戢兵。保大。定功。定民。和衆。豐財者也。使子孫無忘其章。注云：此武王七德之義。總萬國而朝百靈。懷柔四荒。親睦九族。九族。高祖玄曾之親也。念華萼於棠棣。棠棣。詩小雅篇名。燕兄弟之樂歌也。寄維城於宗子。心乎愛矣。靡日不思。爰命下臣。考覽載籍。博求鑑鏡。貽厥孫謀。臣輒竭愚誠。稽諸則訓。凡爲藩爲翰有國有家者。其興也。必由於積善。其亡也。皆在於積惡。故知善不積不足以成名。惡不積不足以滅身。然則禍福無門。吉凶由己。惟人所召。豈徒言哉。今錄自古諸王行事得失。分其善惡各爲一篇。名曰諸王善惡錄。欲使見善思齊。足以揚名不朽。聞惡能改。能。一作知。庶得免乎大過。從善則有譽。改過則無咎。興亡是繫可不勉歟。太宗覽而稱善。謂諸王曰。此宜置于座右。用爲立身之本。

愚按。人性皆善也。而惡則豈人之性哉。習於善則善。習於惡則惡耳。況太子諸王乎。嘗觀漢諸侯王。恪謹以守國者何少。放逸以失國者何多。今太宗命集往古之事。爲諸侯王善惡錄。使知善之足以成名。惡之足以滅身。昭然可鑒矣。然唐室興王之初。其諸王如道宗、道玄、孝恭、道彥皆相與艱難。共成大勳。賢德著聞。此善之可稱者也。豈有天下之後。諸王皆身享富貴。福澤順境。而喪德者何多耶。蓋太宗家廷之內。恩常掩義。訓教之言雖切。佩服之心益寡。毋乃居移氣。養移體。有以汩其本然之善乎。豈人性之惡哉。

貞觀十年。太宗謂荆王元景、漢王元昌、吳王恪、魏王泰等曰。自漢已來。帝弟帝子。受茅土。居榮貴者甚衆惟東平及河間王。東平王。名蒼。漢光武子也。好經書。事最樂。王曰。為善最樂。謚曰憲。河間王。名德。漢景帝子也。博學有德。武帝時奏對。推道術而言。得事之中。謚曰獻。最有令名。得保其祿位。如楚王瑋之徒。瑋。音韋。楚王瑋。晉武帝第五子也。元康中掌兵權。剛狠好殺。因矯詔殺太宰汝南王亮。太保衛瓘。賈后遂執瑋下廷尉斬之。謚曰隱。覆亡非一。並為生長富貴。為。去聲。後同。好自驕逸所致。好。去聲。汝等鑒誡。宜熟思之。揀擇賢才。為汝師友。須受其諫諍。勿得自專。我聞以德服物。信非虛說。比嘗比。音鼻。夢中見一人云。虞舜。我不覺竦然敬異。豈不為仰其德也。向若夢見桀紂。必應斫之。應。平聲。桀紂雖是天子。今若相喚作桀紂。人必大怒。顏回。閔子騫。顏回字子淵。閔損，字子騫，皆孔子弟子，以德行稱。郭林宗、黃叔度。二人，皆後漢時高尚之士。郭林宗名太。太原人也。范滂稱之曰。隱不違親。身不絕俗。天子不得臣。諸侯不得友。黃叔度名憲。汝南人也。郭林宗稱之曰。汪汪若千頃陂。澄之不清，淆之不濁，不可量也。雖是布衣。今若相稱贊道類此四賢。必當大喜。故知人之立身。所貴者惟在德行。去聲。後德行同。何必要論榮貴。汝等位列藩王。家食實封。更能克修德行。豈不具美也。且君子小人本無常。行善事則為君子。行惡事則為小人。當須自剋勵。使善事日聞。勿縱欲肆情。自陷刑戮。

貞觀十年。太宗謂房玄齡曰。朕歷觀前代撥亂創業之主。生長人間。長，音掌。皆識達情偽。罕至於敗亡。逮乎繼世守文之君。生而富貴。不知疾苦。動至夷滅。朕少小以來。少去聲。經營多難。備知天下之事。猶恐有所不逮。至於荆王諸弟。生自深宮。識不及遠。安能念此哉。朕每一食。便念稼穡之艱難。每一衣。則思紡績之辛苦。諸弟何能學朕乎。選良佐以爲藩弼。庶其習近善人。得免於愆過爾。

貞觀十一年。太宗謂吳王恪曰。父之愛子。人之常情。非待教訓而知也。子能忠孝則善矣。若不遵誨誘。忘棄禮法。必自致刑戮。父雖愛之。將如之何。昔漢武帝旣崩。昭帝嗣立。燕王旦素驕縱。譸張不服。譸音舟。譸張。狂貌。

霍光遺一折簡誅之則。身死國除。漢武帝。名徹。既崩。少子弗陵立。是爲昭帝。燕王旦。武帝第三子也。霍光爲大將軍。輔昭帝。燕王與上官桀等潛謀不軌。事敗。桀等伏誅。乃賜燕璽書責之。日以綬自絞。賜謚曰剌。夫爲臣子。夫音扶。不得不慎。

愚按太宗之教戒諸王也。其辭旨諄諄矣。既以漢河間東平之善。楚王瑋之惡。以曉之。復以虞舜之聖。桀紂之惡。與夫漢霍光。蓋燕王旦之事以曉之。又謂玄齡選良佐以爲藩弼。使其能佩服斯訓。何以尚茲。然愚觀太宗教戒之辭誠諄諄。毋乃以言教乎。所與言者。荊王元景。漢王元昌。吳王恪。魏王泰也。其後荊王與房遺愛同反。漢王與承乾同反。魏王以謀奪嫡而廢。吳王亦以嫌疑爲高宗所殺。四人無得令終者。豈富貴驕奢。有以移其本性邪。抑太宗教敕之言雖切。而表率之道未至邪。

貞觀中。皇子年小者多授以都督刺史。諫議大夫褚遂良上疏諫曰。昔兩漢以郡國理人。除郡以外。分立諸子。割土封疆。雜用周制。皇唐郡縣。粗依秦法。粗。去聲。皇子幼年或授刺史。陛下豈不以王之骨肉。王。去聲。鎮扞四方。聖人造制。道高前古。臣愚見有小未盡。何者。刺史師帥。人仰以安。得一善人。部內蘇息。遇一不善人。闔州勞弊。是以人君愛恤百姓。常爲擇賢。爲。去聲。後爲爲立同。或稱河潤九里。京師蒙福。漢光武時潁川盜起。徵拜漁陽太守郭伋爲潁川太守。召見。帝勞曰。賢能太守。去帝城不遠。河潤九里。冀京師并蒙福也。伋到郡。招懷羣盜。皆降。或與人輿詠。生爲立祠。漢明帝時。王堂拜巴州太守。時西羌爲寇。堂討平之。巴庸清靜。生爲立祠。漢宣帝。名詢。武帝曾孫。衛太子之孫也。云。與我共理者。惟良二千石乎。如臣愚見。陛下子內年齒尚幼未堪臨人者。請且留京師。教以經學。一則畏天之威。不敢犯禁。二則觀見朝儀。自然成立。因此積習。自知爲人。審堪臨州。然後遣出。臣謹按。漢明章。和三帝。後漢明帝名莊。章帝名炟。和帝名肇。能友愛子弟。自茲以降。以爲準的封立諸王。雖各有土。年尚幼小者。各留京師。訓以禮法。垂以恩惠。訖三帝世。諸王數十百人。惟二王稍惡。二王。謂楚王英。廣陵思王荆也。皆以謀逆自殺。自餘皆沖和深粹。惟陛下詳察。太宗嘉納其言。

唐氏仲友曰。遂良之諫。切中太宗之病。太宗十八舉義兵。以巳撥人。不間幼小。曾不知人才不同。朱知稼穡之艱難。乃使之臨民。何止未能操刀而使割也。况膏粱之性難正。古人病之。而况於帝子乎。遂良欲養成德器。審堪臨州。然後除遣。眞良策也。然帝子之重。土地不足藩維磐石之宗。使臨一州亦何益哉。賢乎適足以勞之。不賢。適足以累之而已。惜哉。唐之君臣。其見之未及此也。

愚按。昔封建之世。固有年幼而嗣土者。何則一國而有卿大夫士。上焉者命於天子。下焉者命於其國。國君之齒少。則正卿當國。法制秩然。成王封小弱弟於唐。其後卒開大國之迹。此封建之世之事也。唐都督刺史。古方伯諸侯之職。而事體不同。非如建國之有卿大夫士以相參佐也。而使皇子之年小者居之。非儒弱不自樹立則驕泰以取敗耳。非司牧之道也。遂良之疏。誠爲龜鑑。

規諫太子第十二。凡四章。

貞觀五年。李百藥爲太子右庶子。時太子承乾。字高明太宗長子也。生承乾殿。即以命之。貞觀初立爲皇太子。十甫八歲。特敏惠。及長。過惡寖聞。十七年。廢爲庶人。十八年卒。封常山王。謚曰愍。頗留意典墳。孔安國曰。伏羲神農黃帝之書。謂之三墳。言大道也。少昊顓頊高辛唐虞之書。謂之五典。言常道也。然閑讌之後。嬉戲過度。百藥作贊道賦以諷焉。其詞曰。下臣側聞先聖之格言。嘗覽載籍之遺則。伊天地之玄造。洎皇王之建國。曰人紀與人綱。資立言與立德。履之則率性成道。違之則罔念作忒。望興廢如從鈞。視吉凶如糾纆。音墨。至乃受圖膺籙。握鏡君臨。因萬物之思化。以百姓而爲心。體大儀之潛運。閱在古於來今。盡爲善於乙夜。惜勤勞於寸陰。淮南子曰。聖人不貴尺璧。而重寸之陰。時難得而易失也。故能釋層冰於澥海。變寒谷於躐林。躐。都賴都例二切。唐之思結地罝躐林州。漢書注云躐林。匈奴繞林而祭也。總人靈以胥悅。極穹壤而懷音。赫矣聖唐。大哉靈命。時維大始。大。讀曰泰。運鍾上聖。天縱皇儲。固本居正。機悟宏遠。神姿凝映。顧三善而必弘。見教誡篇注。祗四德而爲行。去聲。易文言傳曰。君子行此四德者。故曰元亨利貞。每趨庭而聞禮。論語。伯魚曰。鯉趨而過庭。曰。學禮乎。曰。未也。鯉退而學禮。常問寢而資敬。奉聖訓以周旋。誕天文之明命。邁觀喬而望梓。商子曰。喬仰。父道也。梓俯。子道也。即元龜與明鏡。自大道云革。禮教斯起。以正君臣。以篤父子。君臣之禮。父子之親。盡情義以兼極。諒弘道之在人。論語曰。人能弘道。豈夏啟與周誦。亦丹朱與商均。既雕且琢。温故知新。惟忠與敬。曰孝與仁。則可以下光四海。上燭三辰。日月星也。昔三王之教子。兼四時以齒學。將交發於中外。乃先之以禮樂。樂以移風易俗。禮以安上化人。非有悅於鍾鼓。將宣志以和神。寧有懷於玉帛。將克己而庇身。生於深宮之中。處於羣后之上。處。上聲。羣后。諸侯也。未深思於王業。不自珍於七鬯。上音比。下音唱。七所以載鼎實。鬯。香酒灌地以求神者也。謂富貴之自然。恃崇高以矜尚。必恣驕狠。動悖禮讓。輕師傅而慢禮儀。狎姦諂而縱淫放。前星之耀遽隱。心三星。中爲君。前爲太子。後爲少子。少陽之道斯諒。震爲少陽。長子之道也。雖天下之爲家。蹈夷儉之非一。或以才而見升。或見譏而受黜。足可以自省厥休咎。省悉井切。覲其得失。請粗略而陳之。粗去聲。覩披文而相質。相去聲。在宗周之積德。乃執契而膺期。賴昌發而作貳。昌文王名。發武王名。啟七百之鴻基。逮扶蘇之副秦。非有虧於聞望。聞去聲。以長嫡之隆重。長。音掌。監偏師於亭障。監。平聲。扶蘇。秦始皇長子也。始皇欲坑諸生。扶蘇切諫。始皇怒。使北監蒙恬上郡。始皇崩。公子胡亥詐受遺詔自立。賜扶蘇死。始禍則金以寒離。左傳。閔公二年。晉侯使太子申生伐東山皐落氏。衣之偏衣。佩之金玦。狐突歎曰。衣之龍服。遠其躬也。佩以金玦。弃其衷也。龍涼。冬殺。金寒。玦離。胡可恃也。金玦。金環也。厥妖則火不炎上。五行傳曰。棄法律。逐功臣。殺太子。以妾爲妻。則火不炎上。言火失其性而爲災也。旣樹置之違道。見宗祀之遄喪。伊潢氏之長世。固明兩之遞作。易曰。明兩作離。大人以繼明照于四方。高或戚而寵趙以天下而爲譴。惠結皓而因良。致羽翼於寥廓。並見教戒篇註景有慙於鄧子。成從理之淫虐。終生患於強吳由發怒於爭博。漢景帝。名啟。文帝太子也。鄧子。名通。文帝佞幸臣也。濞。吳高祖兄仲之子吳王濞也。文帝嘗病癰。鄧通常爲帝吮之。帝曰。天下誰最愛我。通曰。宜莫如太子。太子入問病。帝使吮癰。吮而色難之。已而聞通嘗爲帝吮。心慙。由此怨通。及即位。鄧通免。太子又嘗與吳太子飲博。吳太子素驕博爭不恭。太子引博局提吳太子殺之。吳王由是怨望。稍失藩臣禮。徹居儲兩。時猶幼沖。防哀年之絕議。識亞夫之矜功。故能恢弘祖業。紹三代之遺風。徹。漢武帝名。儲兩。爲太子時也。亞夫。周勃之子。仕至丞相。景帝甚重之。帝欲廢栗太子。亞夫不可。帝由是疏之。帝嘗目之曰。此鞅鞅。非少主臣也。據開博望。其名未融。哀時命之奇舛。遇讒賊於江充。雖備兵以誅亂。竟背義而凶終。背。音倍。據。戾太子名。漢武帝子也。帝爲太子立博望苑。使通賓客。趙人江充與太子有隙。見帝年老。恐它日爲所誅。因言帝疾祟在巫蠱。帝乃使充入宮治之。充云太子宮木人尤多。又有帛書。所言不道。太子遂捕充斬之。長安軍亂。因言太子反。上怒。太子自經。宣嗣。好儒。大猷行闇。嗟被尤於德教。美發言於忠謇。始聞道於匡韋。終獲戾於恭顯。好。去聲。宣嗣。漢元帝也。名奭。好儒術文辭。用韋玄成。匡衡。相繼爲丞相。多所嚮納。復以弘恭。石顯。相繼擅權用事。蕭望之京房賈捐之等。皆以言顯短而死。太孫雖藝。雖異定陶。馳道不絕。抑惟小善。猶見重於通人。當傳芳於前典。漢成帝。名驁。字太孫。元帝太子也。定陶共王。元帝庶子也。成帝博好經書。爲太子時。帝嘗召之。太子出龍樓門。不敢絕馳道。西至直城門得絕。乃度。還入作室門。上遲之。問其故。以狀對帝悅。乃詔太子得絶馳道。其後帝以定陶王有材藝。欲立爲嗣。賴侍中史丹輔助太子得無廢。中興上嗣。明章濟濟。俱達時政。咸通經禮。極至情於敬愛。惇友于於兄弟。是以固東海之遺堂。因西周之繼體。光武爲漢中興之君。太子莊。是爲明帝。號顯宗。明帝太子炟。是爲章帝。號肅宗。東海王。明帝之兄。極相友愛。史贊。顯宗丕承。業業兢兢。危心恭德。政察姦勝。肅宗濟濟。天性豈弟。於穆后德。諒惟淵體。五官在魏。無聞德音。或受譏於妲己。且自悅於從禽。雖才高而學富。竟取累於荒淫。累。去聲。魏文帝。姓曹。名丕。初爲五官中郎將。見袁熙妻甄氏美而悅之。太祖爲之聘焉。及受漢禪。嘗出射雉。謂羣臣曰。射雉樂哉。辛毗對曰。於陛下甚樂。於羣臣甚苦。暨貽厥於明皇。構崇基於三世。得秦帝之奢侈。亞漢武之才藝。遂驅役於羣臣。亦無救於凋弊。明皇。名叡。

魏文帝太子也。嗣帝位。侍中劉曄稱之曰。秦始皇漢孝武之儔。才具微不及耳。景初元年。起土山於芳林園。使公卿羣僚皆負土栽木於其上。捕禽獸於其中。羣臣皆面目垢黑。由是百姓竭弊。四海分崩。

中撫寬愛。相表多奇。重桃符而致戢。納鉅鹿之明規。竟能掃江表之氛穢。舉要荒而見羈。

相。去聲。要。音腰。晉武帝。姓司馬名炎。晉王昭之子也。仕魏爲中撫軍。桃符。武帝弟齊王攸之小名也。初晉王欲以攸爲世子。何曾裴秀曰。中撫軍聰明神武。人望既茂天表如此。固非人臣之相也。晉王由是意定。立炎爲世子。嗣晉王位。受魏禪。國號晉。

惠處東朝。察其遺跡。在聖德其如初。實御床之可惜。

處。上聲。晉惠帝。名衷。武帝第三子。東朝。爲太子時也。是時朝野咸知太子昏愚。不堪爲嗣。尚書令衛瓘。欲陳啟而未敢發。會侍宴陵雲臺。瓘陽醉。跪帝前。欲言而止者三。因以手撫床曰。此座可惜。

悼愍懷之云廢。遇烈風之吹沙。盡性靈之狎藝。亦自敗於凶邪。安能奉其粢盛。承此邦家。粢。音咨。盛。音成。晉愍懷太子。名遹。惠帝長子也。有令譽。賈后忌之。使閹官輩媚之爲非。於是慢弛益彰。賈后遂設計讒譖於帝。廢爲庶人。惟聖上之慈愛。訓義方於至道。同論政於漢幄。修致戒於京鄗。音鎬地名鄙韓子之所賜。晉元帝好任刑法。以韓非子賜太子。重經術以爲寶。咨政理之美惡。亦文身之黼藻。庶有擇於愚夫。惷乞言於遺老。致庶績於咸寧。先得人而爲盛。帝堯以則哲爲謨。虞書曰。知人則哲。能官人。文王以多士典詠。詩曰。濟濟多士。文王以寧。取之於正人。鑑之於靈鏡。量其器能。量。平聲。審其檢行。去聲。必宜度機而分職。度。待洛切。不可違方以從政。若其惑於聽受。暗於知人。則有道者咸屈。無用者必伸。讒諛競進以求媚。玩好不召而自臻。好。去聲。直言正諫。以忠信而獲罪。賣官鬻獄。以貨賄而見親。鬻。音育。於是虧我王度。斁我彝倫。斁。音妒。亂也。九鼎遇姦回而遠逝九鼎。周之寶器。周沈泗水中。始皇求之。不能出。萬姓望撫我而歸仁。此一節述任用之戒。蓋造化之至育。惟人靈之爲貴。獄訟不理。有生死之異塗。冤結不伸。乖陰陽之和氣。士之通塞。屬之以深文。命之修短。懸之於酷吏。是故。帝堯畫像陳恤隱之言。虞書曰。象以典刑。又曰。惟刑之恤哉。漢書唐虞畫像而民不犯。注。畫像者。畫衣冠異章服。象五刑也。犯黥者。皂其中。犯劓者。丹其服。犯宮者。雜其屨。大辟之罪。誅殛之刑。布其衣裾無領緣夏禹泣辜。盡哀矜之志。見封建篇注。此一節述刑罰之戒。因取象於大壯易大傳曰。上古穴居而野處。後世聖人易之以宮室。上棟下宇以待風雨。蓋取諸大壯乃峻宇而雕墻。將瑤臺以瓊室。桀作瑤臺。紂作瓊臺。豈畫棟以虹梁。或凌雲以遐觀。世說。魏作凌雲臺。極精巧隨風搖動。終無崩隕。或通天而納涼。漢武帝作神明通天之臺。於林光明。高三十丈。極醉飽而刑人力。命瘦麗而受身殃。瘦。音透。麗。音鱺。是以言惜十家之產。漢帝以昭儉而垂裕。漢文帝欲作露臺。召匠計之直百金。帝曰。百金。中人十家之產也。吾奉先帝宮室。常恐羞之。何以臺爲。雖成百里之囿。周文以子來而克昌。孟子曰。文王之囿。方七十里。此言百里者。舉成數言也。囿者。蕃育鳥獸之所。詩曰。經始勿亟。庶民子來。經之營之。不日成之。此一節述營繕之戒彼嘉會而禮通。重旨酒之爲德。儀狄作酒。禹飲而甘之。曰。後世必有以酒亡國者。遂疏儀狄而絕旨酒。出戰國策。至忘歸而受祉。在齊聖而溫克。若其酗訾以致昏。酗。音昫。訾。音詠。酗怒也。酖湎而成戒。酖。音眈。湎。音沔。嗜飲也。痛殷受與灌夫亦亡身而喪國。殷紂。名受。以酒爲池。竟亡其國。漢灌夫醉酒罵坐。遂誅其身。是以伊尹以酣歌而作戒。商書。伊尹作訓曰。敢有恒舞于宮。酣歌于室。時謂巫風。周公以亂邦而貽則。周書。周公作誥曰。越小大邦用喪。亦罔非酒。○此一節述甘酒之戒。咨幽閑之令淑。覽好逑於君子。好。上聲。逑。匹也。詩曰。窈窕淑女。君子好逑。辭玉輦而割愛。固班姬之所恥。漢成帝。遊於後庭。嘗欲與班倢妤同輦。辭曰。觀古圖畫。聖賢之君。皆有名臣在側。三代末主。乃有嬖女。今欲同輦。得無近似之乎。帝善納其言而後止。脫簪珥而思愆。亦宣姜之爲美。宣姜。周宣王后也。王嘗晏起。后乃脫纓珥。待罪於永巷。使傅母通言於王曰。王樂色而忘德。失禮而晏起。亂之興。自婢子始。敢請罪。王曰。寡人不德。實自生過。非夫人之罪也。自是勤於政事。宰朝晏罷。卒成中興之主。乃有禍晉之驪姬。晉獻公伐驪戎。獲驪姬。愛之。生奚齊。公有子八人。惟太子申生。重耳。夷吾賢。驪姬伴譽太子。而陰令人譖之。欲立其子。太子自殺。又譖二公子。於是重耳走蒲。夷吾走屈。竟以亂晉。喪周之褒姒。周幽王嬖愛褒姒。生子伯服。王竟廢申后及太子宜臼。以褒姒爲后。伯服爲太子。後因取褒姒笑失信於諸侯。西夷犬戎殺王驪山下。虜褒姒。盡取周賂而去。盡妖姸於圖畫。極凶悖於人理。傾城傾國。思昭示於後王。麗質冶容。宜永鑒於前史。此一節述色荒之戒。復有蒐狩之禮。蒐。音搜。禮。春日蒐田。冬日狩田。馳射之場。不節之以正義。必自致於禽荒。匪外形之疲極。亦中心而發狂。老子曰。馳騁田獵。令人心發狂。夫高深不懼。夫。音扶。胥靡之徒。韝緤爲娛。小竪之事。韝。音鈎。鷹帽也。緤。音僊。所以繫犬者。以宗社之崇重。持先王之名器。與鷹犬而並驅。凌艱險而逸轡。馬有銜橛之理。橛。音厥。相如諫獵書。時有銜橛之變。獸駭不存之地。猶有靦於獲多。靦。音腆。慙也。獨無情而內愧。此一節述禽荒之戒。以小臣之愚鄙。忝不貲之恩榮。擢無庸於草澤。齒陋賤於簪纓。遇大道行而兩儀泰。喜元良會而萬國貞。以監府之多暇。每講論而肅成。仰惟神之敏速。歎將聖之聰明。自禮賢於秋實。足歸道於春卿。芳年淑景。時和氣清。華殿邃兮簾幃靜。灌木森兮風雲輕。花飄香兮動笑日。嬌鶯囀兮相哀鳴。以物華之繁靡。尚絶思於將逝。思。去聲。猶允蹈而不倦。極耽翫以研精。命庸才以載筆。謝摛藻於天庭與洞簫之娛侍。漢元帝爲太子時。好吹洞簫。自度聲被歌調。王褒上洞簫賦。乃令後宮貴人皆誦讀之。殊飛蓋之緣情。魏文帝爲世子時。曹植賦詩曰。清夜遊西園。飛蓋相追隨。闕雅言以贊德。思報恩以輕生。敢下拜而稽首。願永樹於風聲。奉皇靈之遐壽。冠振古之鴻名。冠。去聲。

太宗見而遣使去聲謂百藥曰。朕於皇太子處見卿所作賦。述古來儲貳事以誡太子。甚是典要。朕選卿以輔弼太子。正爲此事。爲。去聲。大稱所委。稱。去聲。但須善始令終耳。因賜廄馬一匹。綵物三百段。

愚按。此東宮箴德之初。羣工贊善之始。承乾頗留意典墳。然燕閒之後。嬉戲無度。昔賈誼言輔翼太子有日。少成若天性。習慣如自然。蓋愛子教之以義方。亦孰不欲教之於其初。其後乃爾相遠耶。夫子所謂下愚不移者乎。抑所以輔翼之具有未至乎。然肅觀李百藥贊道賦一篇。歷述秦漢魏晉以來。儲貳之善惡。與夫任賢去邪之道。明刑慎罰之方。峻宇雕墻。甘酒嗜音。內作色荒。外作禽荒之戒。莫不畢具。事實切當。文辭流麗。光輔前星者。足爲典訓也。

貞觀中。太子承乾數虧禮度。數音朔。侈縱日甚。太子左庶子于志寧撰諫苑二十卷諷之。是時太子右庶子孔穎達。字仲達。冀州人。八歲就學。日記千餘言。隋世舉明經高第。貞觀初。數進忠言。爲右庶子。嘗撰五經義疏。號爲詳博。每犯顏進諫。承乾乳母遂安夫人謂穎達曰。太子長成。長音掌。何宜屢得面折。對曰。蒙國厚恩死無所恨。諫諍愈切。承乾令撰令平聲。孝經義疏。穎達又因文見意。愈廣規諫之道。太宗並嘉納之。二人各賜帛五百匹。黃金二斤。以勵承乾之意。按史傳各賜帛百匹。黃金十斤。

愚按。于志寧撰諫苑以形匡救之益。孔穎達疏經義。以廣規諫之道。太宗又賜賚二臣以寓激勵之意。君父師友之責盡矣。是時承乾雖虧禮後縱而於文史規諷猶未咈拒。毋亦不難於知而難於行也。

貞觀十三年。太子右庶子張玄素以承乾頗以遊畋廢學。上書諫曰。臣聞皇天無親。惟德是輔。周書。蔡仲之命。之辭。苟違天道。人神同棄。然古三驅之禮。非欲教殺。將爲百姓除害。爲。去聲。故湯羅一面。天下歸仁。湯出。見野張網四面祝曰。自天下四方。皆入吾網。湯曰。嘻盡之矣。乃去其三面。祝曰。欲左。左。欲右。右。不用命乃入吾網。諸侯聞之。曰。

湯德至矣。今苑內娛獵。雖名異遊畋。若行之無恒。終虧雅度。且傅說曰。學不師古。匪說攸聞。說。音悅。商書。傅說告高宗之辭。然則弘道在於學古。學古必資師訓。既奉恩詔。令孔穎達侍講。令。平聲。後同。望數存顧問。數。音朔。後同。以補萬一。仍博選有名行學士。行。去聲。兼朝夕侍奉覽聖人之遺教。察既在之行事。日知其所不足。月無忘其所能。此則盡善盡美。夏啟周誦。焉足言哉。焉。於虔切。夫為人上者。夫。音扶。未有不求其善。但以性不勝情。勝。平聲。後同。耽惑咸亂。耽惑既甚。忠言盡塞。所以臣下苟順。君道漸虧。古人有言。勿以小惡而不去。上聲。小善而不為。故知禍福之來。皆起於漸。殿下地居儲貳。當須廣樹嘉猷。旣有好畋之淫。（好。去聲。後同。）何以主斯匕鬯。愼終如始。猶恐漸衰。始尚不愼。終將安保。承乾不納。玄素又上書諫曰。

臣聞。稱皇子入學而齒冑者。欲令太子知君臣父子尊卑長幼之道。（長音掌。後同。見教誡篇注。）然君臣之義。父子之親。尊卑之序。長幼之節。用之方寸之內。弘之四海之外者。皆因行以遠聞。假言以光被。伏惟殿下。睿質已隆。尚須學文以飾其表。竊見孔穎達。趙弘智等。非惟宿德鴻儒。亦兼達政要。望令數得侍講。開釋物理。覽古論今。增輝睿德。至如騎射畋遊。酣歌妓翫。苟悅耳目。

終藏心神。漸染既久。漸音尖。必移情性。古人有言。心爲
萬事主。動而無節卽亂。恐殿下敗德之源。在於此矣。
承乾覽書愈怒。謂玄素曰。庶子患風狂耶。十四年。太
宗知玄素在東宮。頻有進諫。擢授銀青榮祿大夫。行
太子左庶子。時承乾嘗於宮中擊鼓。聲聞于外。聞去聲。
玄素叩閤請見。音現。極言切諫。乃出宮內鼓對玄素毀
之。遣戸奴伺玄素早朝。音潮。陰以馬撾擊之。撾音查。殆至
於死。是時承乾好營造亭觀。去聲。窮極奢侈。費用日廣
玄素上書諫曰。臣以愚蔽。竊位兩宮。在臣有江海之
潤。於國無秋毫之益。是用必竭愚誠。思盡臣節者也。

伏惟儲君之寄。荷戴殊重。荷上聲。如其積德不弘。何以嗣守成業。聖上以殿下親則父子。事兼家國。所應用物不爲節限。恩旨未踰六旬。用物已過七萬。驕奢之極。孰云過此。龍樓之下惟聚工匠。望苑之內不覩賢良。今言孝敬。則闕侍膳問竪之禮。語恭順。則違君父慈訓之方。求風聲。則無學古好道之實。觀舉措。則有因緣誅戮之罪。宮臣正士。未嘗在側。羣邪淫巧。昵近深宮。愛好者皆遊伎雜色。施與者並圖畫雕鏤。在外瞻仰。已有此失。居中隱密。寧可勝計哉。勝平聲。宣猷禁門。不異闤闠。上音環。下音會。朝入暮出。惡聲漸遠。右庶子趙弘智。經明行修。行。去聲。當今善士。臣每請望數召進。與之談論。庶廣嶶猷。令旨反有猜嫌。謂臣妄相推引。從善如流。尚恐不逮。飾非拒諫。必是招損。古人云。苦藥利病。苦口利行。伏願居安思危。日愼一日。書入。承乾大怒。遣刺客將加屠害。俄屬宮廢。

按後一書。通鑑係十三年詔自今皇太子出用庫物。所司勿爲限制。於是太子發取無度。故玄素上疏。十七年承乾廢。

胡氏寅曰。周官有王及后世子不會之文。以愚度之。莫尊於王。次曰后。次曰世子。用物不會。是尊貴之故。得肆爲費侈。豈節以制度。自家刑國之道哉。正使周官膳夫酒正內府有此文。然冢宰之職。量入爲出。得以九式均節財用。則雖曰不會。而會在其中。特不使有司以法沮止。若自下而制上耳。太宗之詔太子。於是大失。諸賢在朝。不聞以爲不可。獨張玄素止於未流。幾於被害。豈非君臣之交失乎。

唐氏仲友曰。太宗於玄素可謂不察矣。玄素力諫太子。至于一再。至于三四。承乾諱其切至。遣戶奴檛擊。遣刺客伺之。其脫死者幸矣。乃於他宮僚同坐。至除名爲民。起爲刺史。訖不復親近。太宗於此刑濫害及善人矣。可不悲哉。事與于志寧同而賞罰異。太宗何所見而然耶。

愚按。隋太子勇。唐太子承乾。皆以罪廢。雖二人不肖有以自取。亦文帝太宗所以處之失其道也。何也。文帝既立勇爲太子。而復寵待煬帝。太宗既立承乾爲太子。而復寵待魏王。煬帝攘奪於其初。魏王効尤於其後。承乾目覩庶人勇之禍。故爲是不得已之邪謀。向使太宗於太子諸王之間。早有定分。則承乾雖不肖。不至如是之甚也。今既不能消其不平之念。乃賞擢張玄素于志寧之流。使救正於言語章疏之末。果何益之有哉。

貞觀十四年。太子詹事。唐制。東宮置詹事府。掌統三寺十率府之政。 于志寧。以太子承乾廣造宮室。奢侈過度。耽好聲樂。好去聲。上書諫曰。臣聞克儉節用。實弘道之源。崇侈恣情。乃敗德之本。是以夌雲槩日。戎人於是致譏。秦繆公夸示宮室之盛。爲西戎由余所笑。詳見納諫篇註。峻宇雕墻。夏書以之作誡。五子之歌曰。甘酒嗜音。峻宇雕墻。有一於此。未或不亡。昔趙盾匡晉。盾。晉靈公大夫。即趙宣子也。呂望師周。望。太公也。爲周太師。或勸之以節財。或諫之以厚歛。去聲。莫不盡忠以佐國。竭誠以奉君。欲使茂實播於無窮。英聲被乎物聽。咸著簡策。用爲美談。且今所居東宮。隋日營建。覩之者尚譏甚侈。見之者猶歎甚華。何容於此中更有修造。財帛日費。土木不停。窮斤斧之工極磨礱之妙。且丁匠官奴入內比者（比。音鼻。）曾無復監（曾。音層。）此等或兄犯國章。或弟罹王法。在來御苑。出入禁闈。鉗鑿緣其身。梴杵在其手。監門本防非慮。（監。平聲。）宿衛以備不虞。直長既自不知。（長。音掌。直長。官名。）千牛又復不見。（千牛官名。見納諫篇注。）爪牙在外。廝役在內。所司何以自安。臣下豈容無懼。又鄭衛之樂。古謂淫聲。（鄭。衛。二國名。樂記曰。鄭衛之音。亂世之音也。比於慢矣。桑間濮上之音。亡國之音也。其政散。其民流。誣上行私而不可止也。）昔朝歌之鄉。迴車者墨翟。（朝。音昭。翟。音狄。朝歌。殷之邑名。漢書鄒陽書曰。邑號朝歌。墨子回車。）夾谷之會。揮劍者孔丘。（夾谷。魯地名。家語曰。定公與齊侯會于夾谷。孔子攝相事。齊使萊人以兵劫定公。孔子歷階而進。以公退。曰。裔不謀夏。夷不亂華。俘不干盟。兵不偪好。齊侯心怍。麾而避之。齊奏樂。非優侏儒戲於前。孔子曰。匹夫熒惑侮諸侯者罪應誅。於是斬侏儒。齊侯懼。有慙色。先聖既以爲非。通賢將以爲失。頃聞宮內。屢有皷聲大樂伎兒。入便不出。聞之者。股栗言之者心戰。在年日敕。伏請重尋。重。去聲。聖旨殷勤。明誠懇切。在於殿下。不可不思。至於微臣。不得無懼。臣自驅馳宮闕。已積歲時。犬馬尚解識恩。解。音懈。木石猶能知感。臣所有管見。敢不盡言。如鑒以丹誠。則臣有生路。若責其忤旨。則臣是罪人。但悅意取容。臧孫方以疾疢。犯顏逆耳。春秋比之藥石。臧孫。魯大夫。名紇。即臧武仲也。左傳。襄公二十三年。臧孫曰。季孫之愛我。疾疢也。孟孫之惡我。藥石也。美疢不如惡石。夫石猶生我。疢之美。其毒滋多。伏願停工巧之作。罷久役之人。絕鄭衛之音。斥羣小之輩。則三善允備。萬國作貞矣。承乾覽書不悅。十五年。承乾以務農之時。召駕士等役。不許分番。人懷怨苦。又私引突厥羣竪入宮。志寧上書諫曰。臣聞上天蓋高。日月光其德。明君至聖。輔佐贊其功。是以周誦升儲。見匡毛畢。毛叔鄭畢公。周之輔臣。漢盈居震。取資黃綺。見定分篇注。姬旦抗法於伯禽。姬周之姓。旦。周公之名。伯禽。周公子也。禮曰。成王幼。不能涖祚。周公相。踐祚而治。抗世子法於伯禽。成王有過。則撻伯禽。所以示成王世子之道也。賈生陳事於文帝。賈生。卽賈誼也。見納諫篇注。咸殷勤於端士。皆懇切於正人。歷代賢君。莫不丁寧於太子者。良以地膺上嗣。位處儲

君處上聲後同善則率土霑其恩惡則海內罹其禍近聞
僕寺司馭駕士獸醫始自春初迄茲夏晚常居內役
不放分番或家有尊親闕於溫凊禮記曰子之事父母冬溫而夏凊
或室有幼弱絕於撫養春旣廢其耕墾夏又妨其播
殖事乖存育恐致怨嗟儻聞天聽後悔何及又突厥
達哥支等咸是人面獸心豈得以禮義期不可以仁
信待心則未識於忠孝言則莫辯其是非近之有損
於英聲晛之無益於盛德引之入閤人皆驚駭豈臣
庸識獨用不安殿下必須上副至尊聖情下允黎元
本望不可輕微惡而不避無容略小善而不爲理敦

杜漸之方。須有防萌之術。屏退不肖。狎近賢良。如此則善道日隆。德音自遠。承乾大怒。遣刺客張師政。紇干承基。紇音鶻。紇干。虜複姓。就舍殺之。是時丁母憂起復爲詹事。二人潛入其第。見志寧寢處苫廬。禮。居父母之喪者。寢苫枕塊。竟不忍而止及承乾敗。太宗知其事。深勉勞之。勞。去聲。按前一書。通鑑係十四年。舊史曰。承乾敗後。推鞫。具得其事。太宗謂志寧曰。知公數有規諫。事無所隱。深加勉勞。右庶子令狐德棻等。以無諫書。皆從貶責。

胡氏寅曰。詹事。東宮官之尊也。太子於之。學爲父子焉。學爲君臣焉。于志寧不當起復。太宗不當奪其喪也。人臣有奪喪者。惟金革之事耳。詹事輔導儲君。以忠以孝。乃以金革之例。冒哀居官。則何以訓太子。宜太子之不納諫也。雖然。自太子言之。從欲肆情。又將殺諫臣。是兩刺客之不如。其不能終。

宜哉。

愚按。自古臣子之事君親。能盡其道者。可以感發人之善心也。嘗觀春秋傳。晉靈公不君。趙宣子驟諫。公患之。使鉏麑賊之。晨往。寢門闢矣。盛服將朝。麑退曰。不忘恭敬。民之主也。賊民之主。不忠。是宣子以敬於君。而免於難也。今觀承乾無道。于志寧上書諫之。承乾怒。遣刺客張師政紇干承基。殺之。時志寧母憂起復。二人潛入其第。見寢處苫廬。不忍而止。是志寧以孝於親而脫於禍也。之二人者。庶幾無愧於鉏麑矣。承乾之爲。曾不如刺客之有人心也。然亦未聞有衰苫枕塊而任於人之國。當輔翼太子之任者。太宗志寧胥失之矣。

貞觀政要卷第四

貞觀政要

2

唐 吳兢 撰 明刊本

第二册

貞觀政要卷第五　戈直集論　朱載震校閱

仁義第十三 凡四章

貞觀元年。太宗曰。朕看古來帝王以仁義爲治者。國祚延長。任法御人者。雖救弊於一時。敗亡亦促。既見前王成事足是元龜。今欲專以仁義誠信爲治。望革近代之澆薄也。黃門侍郎王珪對曰。天下彫喪日久陛下承其餘弊。弘道移風。萬代之福。但非賢不理。惟在得人。太宗曰。朕思賢之情豈捨夢寐。給事中杜正倫進曰世必有才。隨時所用。豈待夢傅說。音悅逢呂尚然後爲治乎。太宗深納其言。

愚按太宗即位之初。知古帝王以仁義爲治。欲以誠信行之。此其所以致貞觀之盛也。然嘗聞之正其心修其身。而達之於家國天下。此二帝三王仁義之事也。心未必正。身未必修。而其愛人利物之功。禁暴止亂之效。亦有補於當世。此齊桓晉文假仁義之事也。太宗芟除禍亂。身致昇平。可謂偉矣。然由心而身。由身而家。皆有慚德。凡魏徵之所諫。太宗之所行。不過黽勉於仁義之功而已。故雖有志於三王。迄未能大異於五伯也。王珪謂非賢不理。惟在得人。斯言是已。然所謂得人者。必得周召孔孟其人而後可也。夫苟得周召孔孟而用之則能施其致君澤民之術。盡其格心養德之方。而仁義之全體備於君身仁義之大用周於天下後世矣。

貞觀二年。太宗謂侍臣曰。朕謂亂離之後。風俗難移。比觀（比音鼻。）百姓漸知廉恥。官人奉法。盜賊日稀。故知人無常俗。但政有治亂耳。是以爲國之道。必須撫之以仁義。示之以威信。因人之心。去其苛刻。不作異端。自然安靜。公等宜共行斯事也。

愚按風俗有古今。人心無古今。人心之不如古。以風俗之不如古也。然後美風俗者。則在於正人心。人心正。而風俗美矣。太宗觀比觀百姓漸知廉恥。故知人無常俗。但政有治亂耳。斯言也。其魏徵勸行仁義畧效之時乎。夫太宗之所行。不過仁義之似而已。其明效大驗如此。況於真知實踐。正己以正人心者乎。

貞觀四年。房玄齡奏言。今閱武庫甲仗勝隋日遠矣。

太宗曰。餝兵備寇雖是要事。然朕唯欲卿等存心理道。務盡忠貞。使百姓安樂。音洛便是朕之甲仗。隋煬帝豈爲甲仗不足。爲去聲以至滅亡。正由仁義不修。而羣下怨叛故也。宜識此心

愚按。周頌之美武王曰。載戢干戈。載櫜弓矢。我求懿德。肆于時夏。允王保之。下武右文。信矣武王能保天下也。太宗身履行陣。芟除羣雄。即位之四年。謂不以甲仗之備爲美。戒廷臣以德義相輔。亦信矣其能保天下之道歟。

貞觀十三年。太宗謂侍臣曰。林深則鳥棲。水廣則魚游。仁義積則物自歸之。人皆知畏避災害。不知行仁義則災害不生。夫仁義之道。夫音扶當思之在心。常令

相繼。令平聲後同。若斯須懈怠。去之已遠。去如字猶如飲食資身。恒令腹飽。乃可存其性命。王珪頓首曰。陛下能知此言天下幸甚。

唐氏仲友曰。仁義是帝王之道。然必如中庸九經。與大學自誠意達之明明德於天下。方爲醇粹太宗言仁義。本乎魏徵之勸。然所謂仁義。乃在制度紀綱而已。

愚按。太宗之言曰。林深則鳥棲。水廣則魚遊。仁義積則物自歸之。此言眞善喻也。謂仁義之道當思之在心。如飲食資身。恒令腹飽。此固欲不忘乎仁義者。然不知仁義乃吾心固有之理。孟子所謂根於心者也。又何待思之在心哉。

論忠義第十四 凡十五章

馮立。馮翊人武德中爲東宮率。音律。唐制。東宮置左右率府。掌兵仗宿衛之政令。總諸曹之事。甚被隱太子親遇。太子之死也，左右多逃散。立歎曰。豈有生受其恩。而死逃其難。去聲於是率兵犯玄武門。若戰。殺屯營將軍敬君弘。絳州人。謂其徒曰。微以報太子矣。遂解兵遁於野。俄而來請罪。太宗數之曰。數上聲汝昨者出兵來戰。大殺傷吾兵。將何以逃死。立。飲泣而對曰。飲去聲立出身事主。期之效命。當戰之日。無所顧憚。因歔欷上音虛。下音希。悲歎貌。悲不自勝。平聲太宗慰勉之。授左屯衛中郎將。去聲。後同。唐制。掌宿衛之屬。立謂所親曰。逢莫大之恩。幸而獲免。終當以此奉答。未幾。平聲突厥至便橋。率數百騎與虜戰於咸陽。殺獲甚衆。所向皆披靡。太宗聞而嘉歎之。時有齊王元吉府左車騎謝叔方。萬年人。率府兵與立合軍拒戰。及殺敬君弘。中郎將呂衡。將去聲。史作呂世衡。此避太宗諱。除世字。王師不振。秦府護軍尉。唐制掌宿衛之職。尉遲敬德。尉音蔚。尉遲複姓。名恭。以字行。朔州人。爲劉武周將。武德初舉地降。爲右府統軍。後從討隱巢有功。封鄂國公。卒。贈徐州都督。乃持元吉首以示之。叔方下馬號泣。號平聲。拜辭而遁。明日出首。首去聲。太宗曰。義士也。命釋之。授右翊衛郎將。唐制。掌供奉侍衛之職。○按通鑑。武德九年六月。馮立聞建成死。乃與副護軍薛萬徹屈咥直府左車騎謝叔方。帥東宮齊府精兵二千。馳趣玄武門。張公謹多力。獨閉關以拒之。不得入。敬君弘掌宿衛兵屯玄武門。挺身出戰。與呂世衡大呼而進。皆死之。守門兵與萬徹等力戰良久。萬徹欲攻秦府。尉遲敬德持建成元吉首示之。宮府兵遂潰。萬徹亡入終南山。馮立遂解兵逃於野。高祖既赦天下。馮立謝叔方皆自出。萬徹亡匿。屢使諭之乃出。秦王曰。皆忠於所事。義士也。釋之。馮立後授廣州都督。卒于官。敬君弘後贈左屯衛大將軍。呂衡贈右驍衛將軍。

唐氏仲友曰。若立者。所謂一心可事百君。忠義勇敢兼有之。觀其於隱太子之死。能不避難。然君弘世衡既死。則解兵而去。不爲已甚。則異乎徒勇者。蓋可知也。然立之與叔方。俱可謂見危致命者矣。較其人品。叔方其立之亞歟。

愚按。馮立之言曰。豈有生受其恩而死逃其難。此子路所謂食焉而不避其難者也。謝叔方亦有慷慨殺身。從容受死之意。二人雖皆受爵。然亦可謂忠義也已。太宗旌之。此正與王之所宜然也。若薛萬徹亦可謂忠於所事。始焉與馮謝無異也。然知進而不知退。終以邪謀就誅。寧不有愧乎。史臣是編。書馮謝於忠義之首。萬徹乃削而不書。厥有旨哉。

貞觀元年。太宗嘗從容。從卽容切言及隋亡之事。慨然歎曰。姚思廉不懼。兵刃。以明大節。求諸古人。亦何以加。也。思廉時在洛陽。因寄物三百段。并遺其書曰。遺去聲。想卿忠節之風。故有斯贈。初大業末。思廉爲隋代王侑侍讀。代王侑。隋元德太子之子。煬帝十三年南巡。以侑留守長安。高祖克長安。立侑爲帝。及義旗尅京城時。代王府僚多駭散。惟思廉侍王。不離其側。離去聲。兵士將昇殿。思廉厲聲謂曰。唐公高祖初封唐公。舉義兵。本匡王室。卿等不宜無禮於王。衆服其言。於是稍却布列階下。須臾高祖至。聞而義之。許其扶代王侑至順陽閤下。思廉泣拜而去。見者咸歎曰。忠烈之士。仁者有勇。此之謂乎。

◎

張氏九成曰。君子以仁存誠。以義爲勇。白刃在前不能懼。內暴之氣不能懾。蓋不在力之武。由忠義之壯也。觀隋之亡。亂兵入京。侍臣駭潰。思廉以微軀奮不顧。以全君親之生。卽甲兵之衆顧輕於一言哉。誠以仁在其中也。易曰。能止健。大壯也。惜乎大廈傾而一木不支矣。懔懔風義。激懦夫之云爾。

唐氏仲友曰。姚思廉節義學問之士。孟子論爲人寡欲。雖有不存焉者寡矣。思廉之謂歟。學問惟寡欲。能精節義惟寡欲。能立。

說見第四章

貞觀二年。將葬故息隱王建成海陵王元吉。尚書右丞魏徵。與黃門侍郎王珪。請預陪送。上表曰。臣等昔受命太上。委質東宮。出入龍樓。垂將一紀。前宮結釁宗社。得罪人神。臣等不能死亡。甘從夷戮。負其罪戾賓鍔厲行（音杭）徒竭生涯（音牙）將何上報陛下德光四海道冠前王（冠去聲）陟罔有感追懷棠棣明社稷之大義申骨肉之深恩卜葬二王遠期有日臣等永惟疇昔忝曰舊臣喪君有君雖展事君之禮宿草將列未申送往之哀瞻望九原義深凡百望於葬日送至墓所太宗義而許之於是宮府舊僚吏盡令送葬（令平聲）

愚按王珪魏徵請送息隱海陵之喪太宗義而許之二子可謂篤於義矣孟子曰生亦我所欲也義亦我所欲也二者不可得兼捨生而取義可也珪徵名臣也詎容貳義哉自有文公朱子之論斷在焉昔管仲不死於子糾而相桓公子貢子路以問夫子夫子稱其功論語集註引程子之言因論管仲而及於王珪魏徵之事朱子謂管仲有功而無罪故聖人獨稱其功王魏先

有罪而後有功。則不以相掩可也。斯言盡之矣。

貞觀五年。太宗謂侍臣曰。忠臣烈士。何代無之。公等知隋朝誰爲忠貞。王珪曰。臣聞太常丞。卿之佐也。元善達在京留守。見羣賊縱橫。縱平聲。遂轉騎遠詣江都諫煬帝。令還京師。令平聲。既不受其言。後更涕泣極諫。煬帝怒乃遠使追兵。身死瘴癘之地。有虎賁郎中。賁音奔。獨孤盛。獨孤複姓盛名也。在江都宿衛。宇文化及起逆。盛惟一身抗拒而死。太宗曰。屈突通爲隋將。屈區勿切將去聲後同。屈突虜複姓通名。仕隋爲虎賁郎將。初代王遣通守河東。高祖兵圍之。通守節不降。後被擒帝勞之。泣曰。臣不能盡人臣之節。故至此。爲本朝羞。帝曰。忠臣也。授兵部尚書。從討王世充。時通二子在洛。帝曰。以東畧屬公如何。通曰。二兒死自其分。終不以私害義。帝曰。烈士徇節。吾今見之。貞觀初卒。共國家戰於潼關。在今華州華陽縣。隸陝西省。聞京城陷。乃引兵東走。去聲義兵追及於桃林。今陝州桃林縣。隸河南。朕遣其家人往招慰。遽殺其奴。又遣其子往。乃云。我蒙隋家驅使。已事兩帝。今者吾死節之秋。汝舊於我家爲父子。今則於我家爲仇讎。因射之。其子避走。所領士卒多潰散。通惟一身向東南慟哭盡哀。曰。臣荷國恩。荷去聲任當將帥。智力俱盡。致此敗亡。非臣不竭誠於國。言盡。追兵擒之。太上皇授其官。每託疾固辭。此之忠節。足可嘉尚。因敕所司。採訪大業中直諫被誅者子孫聞奏。

唐氏仲友曰。屈突通不死於獨棄。更盡力於唐。尚得爲節義乎。曰。隋運已亡。河東之守。力戰不屈。入命有歸。通如之何。斬家奴。射其子。兵敗力屈而後擒。亦足以報隋矣。商之亡也。雖如箕子猶陳洪範封朝鮮。而欲責人以必死。不亦難乎。若通之竭力於所事。亦足以爲節義矣。

愚按。太宗稱奬隋世忠義之臣。於文臣則姚思廉。於武臣則屈突通也。或曰。二子隋臣而仕於唐。國亡皆不能死。可以爲忠臣乎。愚應之曰。否。不同也。思廉仕隋不過諸王講讀之官耳。於軍國之重事。社稷之大計。罔不與聞也。國亡。諸人皆去。思廉獨不去。呵叱亂兵。辭嚴義正。又能扶披舊君。泣拜而別。其後代王竟得善終。思廉講讀不調護之職可謂無負矣。曷爲而死哉。至於通則不然。通仕隋文。已躋貴顯。迨乎煬帝尊寵加隆。楊諒玄感之亂。嘗立大功。名聞天下。煬帝南行。付以關中之任。身受重寄。手握疆兵。國亡師敗。通安所辭其死哉。並二子之事觀之。庸夫能斷。其是非矣。然則太宗之奬忠義。其得於思廉而失於屈突乎。

貞觀六年。授左光祿大夫陳叔達。（字子聰。陳宣帝子也。武德初判納言始建成兄弟鬬鬩太宗。帝惑之。叔達極意救辨。及建成誅高祖謂裴寂等曰。不圖今日。乃見此事。當如之何。蕭瑀陳叔達曰。建成元吉。本不預義謀。又無功於天下。疾秦王功高望重。其爲姦謀。今秦王已討而誅之。秦王功蓋宇宙。率土歸心。陛下若處以元良。委之國務。無復事矣。上曰善。此吾之夙心也。）禮部尚書。因謂曰。武德中。公曾進直言於太上皇。（曾音層。）明朕有克定大功。不可黜退。云朕本性剛烈。若有抑挫。恐不勝憂憤。（勝平聲）以致疾斃之危。今賞公忠謇。有此遷授。叔達對曰。臣以隋氏父子自相誅戮。以至滅亡。豈容目覩覆車。不改前轍。臣所以竭誠進諫。太宗曰。朕知公非獨爲朕一人。（爲去聲後同）實爲社稷之計。

胡氏寅曰。人臣之義無私交。而況藩王與太子有隙之時乎。言所左右。疑所集也。而陳叔達無是心特以秦王有功不可黜。恐生後悔。是皆天下之公論。亦初無贊高祖廢立之意。於秦王非私交也。以叔達端良自宜在親近之地。苟欲斂遷。何患無名而太宗乃舉武德中直言。是以危疑向背誘臣下爲後日計。豈君道哉。

愚按。時平先長嫡。世亂先有功。陳叔達當時之直言意固有在矣。誠公論。非私計也。太宗於是臨御已六年矣。楊其志譽而遷秩之。雖用得其人。而心若私也。言者心之聲。可不慎哉。

貞觀八年。先是桂州今仍舊隸廣西都督李弘節以清慎聞及身歿後。其家賣珠。太宗聞之。乃宣於朝曰。此人生平宰相皆言其清。相去聲。今日既然。所舉者豈得無罪。必當深理之。不可捨也。侍中魏徵承閒言曰。閒去聲。陛下生平言此人濁。未見受財之所。今聞其賣珠。將罪舉者。臣不知所謂。自聖朝以來。爲國盡忠。爲去聲後同。清貞慎守。終始不渝。屈突通。張道源而已。張道源。并州人。初守并州。賊平。拜大理卿。時何稠得罪。籍家屬以賜羣臣。道源曰。禍福無常。安可利人之亡。取其子女自奉。仁者不爲也。更資以衣食遣之。家無貲產。比亡。餘粟二斛。通子三人來選。選去聲。有一匹羸馬。道源兒子不能存立。未見一言及之。今弘節爲國立功。前後大蒙賞賚。居官殁後。不言貪殘。妻子賣珠。未爲有罪。未爲如字審其清者。無所存問。疑其濁者。旁責舉人。雖云疾惡不疑。是亦好善不篤。好去聲臣竊思度。待洛切未見其可。恐有識聞之。必生枉議。太宗撫掌曰。造次不思。造七到切。遂聞此語。方知談不容易。以豉切並勿問之。其屈突通張道源兒子。宜各與一官。舊本此章附直諫類。今附入此。

愚按。皐陶之稱堯舜有曰。罰弗及嗣。賞延于世。蓋善善之意長。惡惡之心短也。太宗知屈突道源之善。而不能錄其子。弟聞弘節駿騁之過。則遽欲罪及舉官。此豈唐虞賞罰之道乎。向非魏徵之言。亦足為太宗君德之累矣。

貞觀七年。太宗將發諸道。唐分天下為十道。一曰關內。二曰河南。三曰河東。四曰河北。五曰山南。六曰隴右。七曰淮南。八曰江南。九曰劍南。十曰嶺南。皆因山川形便而併省之也。黜陟使。去聲。後同。將命而出。掌黜陟臧否。故曰黜陟使。畿內道唐建都之地。即關內道也。未有其人。太宗親定。問於房玄齡等曰。此道事最重。誰可充使。右僕射李靖曰。畿內事大。非魏徵莫可。太宗作色曰。朕今欲向九成宮。亦非小。寧可遣魏徵出使。朕每行不欲與其相離者。適爲其見朕是非得失。爲去聲。公等能正朕。不可因輒有所言。大非道理。乃即令李靖充使。令。平聲。按通鑑貞觀八年。太宗欲分遣大臣爲諸道黜陟使。未得其人。李靖薦魏徵上曰。徵箴規朕失。不可一日離左右。乃命靖與蕭瑀等凡十三人。分行天下。察長吏賢不肖。問民疾苦。禮高年。振窮乏。褒善。起淹滯。俾使者所至。如朕親睹與此小異。

愚按。太宗嘗問羣臣。魏徵與諸葛亮孰賢。岑文本對曰。亮才兼將相。非徵所及。斯言是已。然嘗論之。太宗有餘於才。而不足於德。勇於敢爲。而不能不爲。當時能攻其所短。救其所偏。惟徵一人而已。使徵生於三國之時。未必能勝武侯之任。然使武侯生於太宗之時。不過爲徵之所爲耳。故以唐之時勢觀之。則二子政未易優劣也。李靖之才。兼資文武。非徵所能及也。然貞觀之時。可以無靖。不可以無徵。何也。蓋靖之才能。不過增太宗之所有餘。徵之諫爭。乃能補太宗之所不足也。是以識內之使。太宗寧使靖。而不使徵。豈非自知之明哉。

貞觀九年。蕭瑀爲尚書左僕射。嘗因宴集。太宗謂房玄齡曰。武德六年已後。太上皇有廢立之心。我當此日。不爲兄弟所容。實有功高不賞之懼。蕭瑀不可以厚利誘之。不可以刑戮懼之。眞社稷臣也。乃賜詩曰。疾風知勁草。板蕩識誠臣。瑀拜謝曰。臣特蒙誡訓。許臣以忠諒。雖死之日。猶生之年。舊本。此章首曰。貞觀中。與第五章。合爲一章。今按通鑑標年。附入于此。又按史傳魏徵曰。臣有逆衆持法。主恕之以公。孤特守節。主恕之以介昔聞其言。乃今見之。使瑀不遇陛下。庸自保邪。

范氏祖禹曰。太宗以蕭瑀無二心於已而嘉之。可謂能知臣矣。且太子在而私於藩王者。明君之所甚惡也。或誘以利。或脅以死。而從之者。不亦多乎。惟瑀介然自立。有隕無二。太宗所以知其臨大節而不可奪也。人君以此取人。豈不得忠正之士乎。

唐氏仲友曰。若以隱巢之事。不可以利怵死懼。亦可以爲社稷臣矣。然太宗此言。蓋亦有爲。瑀初以切諫房杜廢。又以痛劾房杜罷。至此復參知政事。太宗賜詩。欲羣臣知委任之意也。魏徵之言。亦以發明太宗之意。若以瑀較楊子雲近世社稷臣之論。則猶有愧云。

愚按。武德季年。高祖立秦王爲皇太子。竟夬於瑀之一言。瑀以躁狹之量。剛勁之氣。罷黜者三。而卒預大政。太宗寔能容之者。豈非念夬此耶。瑀嘗劾奏魏徵之過矣。今觀徵所言。若未嘗有隙者。所謂以義相與。不以少嫌置胸中。徵之謂矣。然可不謂尤賢乎。

貞觀十一年。太宗行至漢太尉楊震墓。楊震字伯起。弘農人也。好學明經。諸儒稱爲關西夫子。漢安帝時爲刺史。號清白吏。後徵爲太常。遷太尉。爲內戚讒譖遣歸。震曰。死者人之常分。吾蒙恩居上司。姦臣狡猾而不能誅。嬖女傾亂而不能禁。何面目復見日月。飲酖而卒。傷其以忠非命。親爲文以祭之。房玄齡進曰。楊震雖常年夭枉。數百年後。方遇聖明。停輿駐蹕。親降神作。一作玉趾。可謂雖死猶生。沒而不朽。不覺助伯起幸賴欣躍於九泉之下矣。伏讀天文。且感且慰。凡百君子。焉敢不勗勵名節。焉於虔切。知爲善之有效。

愚按。太宗經異代名臣之墓。親爲文以祭之。是可以見其惓惓於忠貞之臣矣。異世相望。且企敬如此。況凡百君子列于庶位者乎。

貞觀十一年。太宗謂侍臣曰。狄人殺衛懿公（名赤。）盡食其肉。獨留其肝。懿公之臣弘演。呼天大哭。自出其肝而內。懿公之肝於其腹中。（內讀曰納。）今覓此人。恐不可得。特進魏徵對曰。昔豫讓爲智伯報讎。（爲去聲。後同。豫讓。智伯之臣。智伯名瑤。號襄子。晉智宣子之後。爲韓趙魏所滅。）欲刺趙襄子。（名無恤。晉趙簡子之後。）襄子執而獲之。謂之曰。子昔事范中行氏乎。（春秋之世。晉有范氏。中行氏。與智氏。韓氏。魏氏。趙氏。爲六卿。春秋之末。晉公室卑。六卿強。名據采地。更相攻伐。貞定王十一年。智氏。魏氏。趙氏。韓氏。共伐范氏。中行氏。滅之。而分其地。）智伯盡滅之。子乃委質智伯。不爲報讎。今即爲智伯報讎。何也。讓答曰。臣昔事范中行。范中行以衆人遇我。我以衆人報之。智伯以國士遇我。我以國士報之。事見史記趙世家在君禮之而已。亦何謂無人焉。

愚按。夫子曰。君使臣以禮。臣事君以忠。孟子曰。君之視臣如手足。則臣視君如腹心。夫子之言涵容。孟子之言激切。大槩忠臣義士。何代無之。在上之人有以感召之。則在下之人興起矣。太宗嘉古之忠臣。以爲今覓此人。恐不可得。斯言固所以激勸天下忠義之士。而謂世無其人則不可。宜魏徵引智伯豫讓之事以爲譬也。雖然爲人臣者之分。君之待我者或有未至。而我之所以事君者。其可不盡心乎。

貞觀十二年。太宗幸蒲州。今爲解州。隷河東。因詔曰。隋故鷹擊郎將。將去聲。隋制親侍置鷹揚府。有鷹揚郎將。後改副郎將爲鷹擊郎將堯君素。魏郡人。煬帝爲晉王時。君素以左右從。及嗣位。累遷鷹擊郎將。及天下大亂。君素所部獨全。後從屈突通守河東。通敗。通誘之降。君素責通不義。卒無降心。其妻誘之降乃引弓射殺之。嘗曰。大義不得不死。後爲左右所害。往在大業。受任河東。固守忠義。克終臣節。雖桀犬吠堯。漢書曰。桀犬吠堯。堯非不仁。特吠非其主耳。有乖倒戈之志。周書曰。前徒倒戈。言衆服周仁政。無有戰心。前徒倒戈自攻于後也。疾風勁草。實表歲寒之心。爰踐茲境。追懷往事。宜錫寵命。以申勸獎。可追贈蒲州刺史。仍訪其子孫以聞。

愚按。漢高祖赦季布。唐太宗褒堯君素。皆帝王盛德事也。然合二子而論之。則君素爲賢。何也。季布身爲楚將。數窘沛公。此人臣之常事。國亡不能死而逃。何足深取哉。唐室方興。兵精將勇。戰無不勝。攻無不破。君素以區區一城之衆。外無彊援。徒以忠義激勵士卒。自義寧元年至武德三年。始終四載。唐朝凡易數將。僅能克之。此不惟忠義可嘉。其知勇才能。亦古今所罕有也。

嗚呼難哉。太宗不惟褒贈。又訪錄其子孫。忠義之士。其有不興起者乎。

貞觀十二年。太宗謂中書侍郎岑文本曰。梁陳（梁。姓蕭氏。受齊禪。陳。姓陳氏。受梁禪。）名臣。有誰可稱。復有子弟堪招引否。文本奏言。隋師入陳。百司奔散。莫有留者。惟尚書僕射袁憲獨在其主之傍。王世充將受隋禪。羣僚表請勸進。憲子國子司業承家。託疾。獨不署名。此之父子。足稱忠烈。承家弟承序。今爲建昌令。（建昌。縣名。今陞州。屬南康路隸江西。）清貞雅操。實繼先風。由是召拜晉王友。兼令侍讀。（令平聲。唐制。諸王友。掌陪侍遊居。規諷道義。侍讀。掌講道。經學。）尋授弘文館學士。

唐氏仲友曰。古人云。一心可以事百君。其袁氏子弟之謂歟。忠謹風操。不忍負主。誰不欲之爲人臣乎。為之者勉之而已。

愚按。梁陳於唐。相距頗遠。猶有招引名臣子孫之言。太宗之意。深遠矣。岑文本謂隋師入陳。袁憲有獨侍其主之忠。王世充受禪。憲之子獨不署名。其弟又淸貞雅操。一門父子兄弟忠義傳家。而不著聞向非太宗。心存忠義之臣。而與言及此。非文本之公忠。不揜人善如此。則袁氏之忠節。何由著聞哉。

貞觀十五年。詔曰。朕聽朝之暇。觀前史。每覽前賢佐時。忠臣狥國何嘗不想見其人。廢書欽歎。至於近代以來。年歲非遠。然其胤緒。或當見存。見音現。縱未能顯加旌表無容棄之遐裔。其周隋二代名臣及忠節子孫有貞觀已來。犯罪配流者宜令平聲所司。具錄奏聞。

於是多從矜宥。舊本此章在刑法篇。今附入于此。

愚按。太宗好賢。可以爲至矣。不唯尊榮其朝臣。又能上及於前朝焉。不唯登崇其一身。又能下及於後裔焉。是故祭比干之靈。封楊震之墓。褒贈君素之官爵。錄用諸儒之子孫。今也又詔周隋名臣之後配流者。悉從矜宥。則凡列在庶位者。孰不知所勸乎。宜其忠良之士。彬彬輩出。有以開三百年之休運也。嗚呼盛哉。

貞觀十九年。太宗攻遼東安市城。今爲安市州。隸鎮東高麗人衆皆死戰。詔令耨薩延壽惠真等降。音杭。耨薩高延壽。北部耨薩高惠真。南部衆止其城下以招之。城中堅守不動。每見帝幡旗。必乘城鼓譟。乘平聲。帝怒甚。詔江夏王道宗高祖從兄弟。字承範。年十七。從秦王討賊有功。初封任城。後封江夏郡。道宗好學接士。不倨于貴。爲宗室拔賢。築土山。以攻其城。竟不能尅。太宗將旋師。嘉安市城主。堅守臣節。賜絹三百匹。以勸勵事君者。舊本此章與第十二章合爲一章。今按通鑑標年。附入于此。又按通鑑。太宗親征遼東。令李勣攻安市。安市人望見旗蓋。輒乘城鼓譟。上怒。勣請克城之日。男子皆阬之。安市人聞之。益堅守。久不下。江夏王道宗築土山於城東。浸逼其城。城中亦增高其城以拒之。又衝車礮石壞其城堞。城中隨立木柵以塞之。築山晝夜不息。凡六旬。用功五十萬。山頹壓城。城崩。城中數百人出戰。遂奪據土山而守之。諸將攻三日不克。上以天寒糧盡。先拔遼蓋二州戶口渡遼。乃耀兵城下而旋。城中皆屏跡不出。城主登城拜辭。上嘉其固守。賜縑百匹。

愚按。遼東之役。與前日養師有間矣。夫以太宗之英武。戡定禍亂於羣雄競起之日。天戈所指夷貊不能嬰其鋒。而晚年悉乃心力。不能制服一遠國。何哉。退而嘉安市城主。堅守之節。賞賜以旌之。以勵事君者。斯意固美矣。然不若不黷武之尤全美也。

孝友第十五 凡五章

司空房玄齡事繼母。能以色養。去聲恭謹過人。其母病請醫人至門。必迎拜垂泣。及居喪。平聲尤甚柴毀。言毀瘠如柴也。太宗命散騎常侍劉洎。就加寬譬。遺寢床粥食鹽菜。遺去聲。

愚按。孝經。傳曰。事親孝。故忠可移於君。蓋天理根於人心。其發見於事親者。此理也。發見於事君者。此理也。忠孝豈二道哉。故求忠臣於孝子之門。未有事親孝。而事君不忠者。思修身。不可以不事親。未有身不修。而可以治國平天下者。房玄齡。唐之名相。而孝之至。固宜忠之盡也。且昔之以孝聞者。如閔損王祥之類。皆繼母也。夫是之謂孝。玄齡其如此矣。

虞世南。初仕隋歷起居舍人。隋制。掌書王言動作之事。以爲國志。宇文化及殺逆之際。殺讀曰弑。其兄世基時爲內史侍郎。隋改中書爲內史。將被誅。世南抱持號泣。號平聲。請以身代死。化及竟不納。世南自此哀毁骨立者數載。時人稱重焉。

愚按。虞世基兄弟。出於吳中。嘗從顧野王學。一時文學才譽。人比之晉二陸。入隋而俱登班列。世基與宇文化及之難。世南不愛其身。求代其兄。其孝友可尚已。世南歸唐爲唐名卿。蓋其溫恭豈弟。出於天性云。

韓王元嘉。高祖第十一子也。少好學。藏書至萬卷。皆以古文參定同異。當世稱之。貞觀初。史作六年。爲潞州刺史。潞州今仍舊。隸河東。時年十五。在州。聞太妃有疾。太妃韓王之母。隋大將軍宇文述之女也。爲昭儀有寵高祖即位。欲立爲后。固辭不受。韓王以母有寵。而爲帝所愛。便涕泣不食。及至京師發喪。平聲。哀毁過禮。太宗嘉其至性。屢慰勉之。元嘉閨門修整。有類寒素士大夫。與其弟魯哀王靈夔。高祖第十九子。韓王同母弟也。好學善音律。後以謀欲起兵應接越王貞父子。事洩。自縊。謚曰哀。甚相友愛。兄弟集見如布衣之禮。其修身潔已。內外如一。當代諸王。莫能及者。

霍王元軌。高祖第十四子也。多才藝。出爲刺史。所至閑門讀書。與處士劉玄平爲布衣交。或問王所長。玄平曰。王無不備。吾何以稱之。武德中。初封爲吳王。武德六年封蜀王。八年徙封吳王。貞觀七年。爲壽州刺史。壽州。今爲安豊路。隸淮西。屬高祖崩。去職毀瘠過禮。自後常衣布服。衣去聲。示有終身之戚。太宗嘗問侍臣曰。朕子弟孰賢。侍中魏徵對曰。臣愚暗不益知其能。惟吳王數與臣言。數，音朔。臣未嘗不自失。太宗曰。卿以為前代誰比。徵曰。經學文雅。亦漢之間平。漢河間獻王德。東平獻王蒼也。至如孝行去聲乃古之曾閔也。曾參閔損也。

因是寵遇彌厚。因令妻徵女焉。令平聲。妻去聲。

愚按。孟子言性善。堯舜至於塗人。一也。至孫公子之貴。其性豈與人異哉。孟子所謂其居使之然也。觀太宗諸弟。若韓王元嘉。霍王元軌。天性之孝友。居處之儉約。操履之修潔。有一介之士所難能者。可謂賢也已矣。是尤見人性之初無爾殊也。彼昏不知者。乃自絕其天理耳。

貞觀中。有突厥史行昌突厥。阿史那氏。此因以史為姓。行昌。其名也。直玄武門。玄武。北方宿名。取以名門也。食而捨肉。人問其故。曰歸以奉母。太宗聞而歎曰。仁孝之性。豈隔華夷。賜尚乘馬一

疋。〔乘去聲。尚乘。主車乘之官。〕詔令給其母肉料。〔令平聲。〕

〔愚按。一直門之士。夷貊之人也。而有孝於其母之心。事聞於萬乘。獲仁孝之褒。優賜之厚。則有人心者。孰不感發於孝乎〕

公平第十六 凡八章

太宗初即位。中書令房玄齡奏言。秦府舊左右未得官者。並怨前宮及齊府左右處分之先己。〔處上聲。分先並去聲。〕太宗曰。古稱至公者。蓋謂平恕無私。丹朱商均。子也。而堯舜廢之。〔堯之子丹朱之不肖。不足授天下。卒授舜。舜之子商均亦不肖。乃以天下授禹。〕管叔蔡叔。兄弟也。而周公誅之。〔管叔。名鮮。蔡叔。名度。皆文王之子也。武王旣克殷。封鮮於管。封度於蔡。相紂子武庚祿父。治殷遺民。武王崩。成王少。周公旦事王室。叔疑之。乃挾武叛作亂。周公承王命。遂誅武庚殺管叔。流蔡叔。故知君人者。以天下爲公。無私於物。昔諸葛孔明小國之相相去聲。諸葛。複姓。字孔明。名亮。琅琊人。爲蜀丞相。猶曰吾心如稱。與秤同不能爲人作輕重。爲去聲後同況我今理大國乎。朕與公等衣食出於百姓。此則人力已奉於上。而上恩未被於下。今所以擇賢才者。蓋爲求安百姓也。用人但問堪否。豈以新故異情。凡一面尚且相親。況舊人而頓忘也。才若不堪。亦豈以舊人而先用。今不論其能不能。而直言其嗟怨。豈是至公之道耶

貞觀元年。有上封事者。請秦府舊兵並授以武職。追

入宿衛。太宗謂曰。朕以天下爲家。不能私於一物。惟有才行是任。行去聲。豈以新舊爲差。況古人云。兵猶火也。弗戢將自焚。汝之此意。非益政理。

愚按。書曰。天視自我民視。天聽自我民聽。天無視聽。以民爲視聽。一至公而已。太宗踐祚之初。首發至公無私之論。古帝王憲天聰明。用是道也。房玄齡言秦府未得官者。其怨前宮齊府左右之先已。則曰用人惟才。不論舊故。不如是。則私故府之士矣。有請秦府舊兵授以武職。追入宿衛。則曰惟以才行是任。豈以新舊爲差。不如是。則私故府之兵矣。君天下者。毋以至公存心何往而不當於人心乎。

貞觀元年。吏部尚書長孫無忌。嘗被召不解佩刀入東上閤門。出閤門後。監門校尉始覺。尚書右僕射封德彝議。以監門校尉不覺罪當死。無忌誤帶刀入。徒二年罰銅二十斤。太宗從之。大理少卿（少去聲卿之貳也。）戴冑駁曰。校尉不覺。無忌帶刀入內。同爲誤耳。夫臣子之於尊極。（夫音扶）不得稱誤。准律云。供御湯藥。飲食。舟船。誤不如法者。皆死。陛下若録其功。非憲司所決。若當據法罰銅。未爲得理。太宗曰。法者。非朕一人之法。乃天下之法。何得以無忌國之親戚。便欲撓法耶。更令定議。（令平聲後同）德彝執議如初。太宗將從其議。冑又駮奏曰。校尉緣無忌以致罪。於法當輕。若論其過誤。則爲情一也。（爲情如字）而生死頓殊。敢以固請。太宗乃免

◎

校尉之死是時朝廷大開選舉。或有詐偽階資者太
宗令其自首。首去聲後同不首。罪至于死。俄有詐偽者事
洩。胄據法斷流以奏之。太宗曰。朕初下敕。不首者死
今斷從法。是示天下以不信矣。胄曰。陛下當即殺之。
非臣所及。既付所司臣不敢虧法。太宗曰。卿自守法
而令朕失信耶。胄曰法者。國家所以布大信於天下。
言者當時喜怒之所發耳。陛下發一朝之忿。朝音昭而
許殺之。既知不可而寘之以法。此乃忍小忿而存大
信臣竊爲陛下惜之爲去聲太宗曰。朕法有所失卿能
正之。朕復何憂也

張氏九成曰。法者。天下公共。雖天子喜怒。不得輕重。胄爲大理之議。可謂用法平允矣。守所司之法。不顧天子之詔。救上之失。達君之聽。使四海取信。民不冤濫。爲吏若此。國家何所患哉。

唐氏仲友曰。書曰無虐煢獨而畏高明。蓋小人之情。必虐煢獨而畏高明。君子反是。向無胄之言。則太宗爲失刑。皆皇極之訓矣。其爲利害豈淺哉。

愚按。封德彝隋之佞人也。及唐之興。以秘策而見用。遂移其所以事隋者事唐。勸用法律之說。若行則仁義之効。民生不覩於貞觀之世矣。今觀德彝與戴胄論無忌校尉之罪。用捨之間。其得失覩仁義法律之說。未相輕重也。爲國在於用人。用人豈容輕哉。非戴胄執法之公。太宗從善之速。其不冤人者幾希矣。

貞觀二年。太宗謂房玄齡等曰。朕比見（比音鼻）隋代遺老。咸稱高熲善爲相者。（相去聲。後同。高熲字昭玄。隋之賢相。煬帝以其忠諫爲謗訕。誅之。遂觀其本傳。去聲可謂公平正直。尤識治體。隋室安危。繫其存沒。煬帝無道。枉見誅夷。何嘗不想見此人。廢書欽歎。又漢魏已來。諸葛亮為丞相。亦甚平直。嘗表廢廖立。字公淵武陵人。仕蜀為長水使者。李嚴。字正方。南陽人。仕蜀為中都護。於南中。立聞亮卒。泣曰。吾其左衽矣。嚴聞亮卒。發病而死。故陳壽晉人。撰三國志。稱亮之為政。開誠心。布公道。盡忠益時者。雖讎必賞。犯法怠慢者。雖親必罰。卿等豈可不企慕及之。朕今每慕前代帝王之善者。卿等亦可慕宰相之賢者。若如是。則榮名高位。可以長守。玄齡對曰。臣聞理國要道。在於公平正直。故尚書云尚如字無偏無黨。王道蕩蕩。無黨無偏。王道平平。周書洪範篇之辭。又孔子稱舉直錯諸枉。則民服。錯讀曰措。孔子對魯哀公之辭。今聖慮所尚。誠足以極政教之源。盡至公之要。囊括區宇。化成天下。太宗曰。此直朕之所懷。豈有與卿等言之而不行也。

愚按。昔傅說告高宗曰事不師古。以克永世。匪說攸聞。太宗謂朕每慕前代帝王之善者。卿等可慕宰相之賢者。其有合於師古者乎。前代帝王之善者。若堯舜禹湯文武成康。降是則漢七制之主是已。前代宰相之賢者若皐夔稷契伊傅周召。降是則蕭曹丙魏是已。高熲之公平正直。亦可謂賢相矣。惜昧於不可則止之義。諸葛亮王佐才也。誠有古良相之遺風。三代而下。所不常見。太宗令相臣企慕之。亦知人哉。嗚呼。二帝三王之相。不得而見之矣。得見如武侯者斯可矣。

長樂公主。樂音洛。公主。太宗第五女。封長樂郡下嫁長孫沖文德皇后所生也。貞觀六年將出降。謂下嫁也。敕所司資送。倍於長公主。長音掌。後同。通鑑作永嘉長公主乃高祖之女也。魏徵奏言。昔漢明帝欲封其子。帝曰。朕子豈得同於先帝子乎。可半楚淮陽王。楚王英。淮陽王昞。皆光武子。前史以爲美談。天子姊妹爲長公主。天子之女爲公主。既加長字。良以尊於公主也。情雖有殊。義無等別。彼列切若令公主之禮。令平聲有過長公主。理恐不可。實願陛下思之。太宗稱善。乃以其言告后。后歎曰。嘗聞陛下敬重魏徵。殊未知其故。而今聞其諫。乃能以義制人主之情。眞社稷臣矣。妾與陛下結髮爲夫妻。曲蒙禮敬。情義深重。每將有言。必俟顏色。尚不敢輕犯威嚴。況在臣下。情疎禮隔。故韓非謂之說難。（韓非。戰國時刑名之學者。）東方朔稱其不易。（以豉切。東方朔。字曼倩。平原人。漢武帝時爲大夫。）良有以也。忠言逆耳而利於行。有國有家者。深所要急。納之則世治。杜之則政亂。誠願陛下詳之。則天下幸甚。因請遣中使（去聲）賫帛五百匹。詣徵宅以賜之。

愚按。易之歸妹曰。帝乙歸妹。其君之袂不如其娣之袂良。蓋謂王姬下嫁。位雖至貴。不事容飾也。娣媵以容飾爲事。而衣袂。所以爲容飾者也。尚禮而不尚飾。故其袂不及其娣之袂良。以儉德也。太宗於公主之降。敕所司賚送倍長公主。
雖以后之所生。母乃牽於愛而不節以制度乎。
是道之以論禮越法矣。幸魏徵之忠諫太宗之
聽從。而文德皇后又從而褒賞之也。若后之德
雖漢之陰馬。亦不能及。可謂無愧周之任
姒邑姜者矣。正家而天下定后之謂歟。

刑部尚書張亮坐謀反下獄。亮爲相州刺史。假子公孫節。以讖有弓長之王當别都。亮自以相舊都。弓長其姓。陰有怪謀。陝人常德告發其謀。并言亮養假子五百。太宗曰。正欲反耳。遣房玄齡謂曰。法者天下平。與公共爲之。公不自修乃至此。將奈何。於是斬之。籍其家詔令百官議之。令平聲。後同。多言亮當誅。惟殿中少監。少去聲。唐制。殿中監掌天下服御之事。少監。其貳也。李道裕奏亮反形未具。明其無罪。太宗既盛怒。竟殺之。俄而刑部侍郎有闕。侍郎尚書之貳令宰相妙擇其人。相去聲累奏不可。太宗曰。吾已得其人矣

往者李道裕議張亮云。反形未具。可謂公平矣。當時雖不用其言。至今追悔。遂授道裕刑部侍郎。

唐氏仲友曰。道裕議張亮反形未具。太宗不暇省。歲餘乃以刑部命道裕。太宗可謂能改過。道裕可謂善議刑矣。

愚按。因李道裕議張亮之獄。遂有刑部侍郎之除。不惟見太宗悔過之心。亦足見太宗擇人之術。又所以示天下以月愼用刑之意。開人臣以有過必諫之路也。唐之刑部。周官司寇掌邦禁之職。妙擇其人而不輕授。帝舜之命皐陶曰。此其選也。太宗是舉。衆善集焉。

貞觀初太宗謂侍臣曰。朕今孜孜求士。欲專心政道。聞有好人。則抽擢驅使。而議者多稱彼者皆宰臣親故。但公等至公。行事勿避此言。便爲形迹。古人內舉不避親。外舉不避讐。而爲舉得其眞賢故也。但能舉用得才。雖是子弟及有讐嫌。不得不舉。

愚按。祁奚舉賢不避祁午。謝安舉將。不避謝玄大臣之用人。唯其公而已矣。苟得其人。雖子弟可也。況親戚乎。太宗謂侍臣。但雖舉用得才勿避形迹。斯言當矣。異其時或告魏徵阿黨親戚。太宗命案驗無狀。乃使謂徵曰。自今宜存形迹。則又與斯言相戾矣。使非鄭公直言不撓。果得以踐斯言否乎。

貞觀十一年。時屢有閹官充外使。閹音淹。使去聲。後同。妄有奏事發。太宗怒。魏徵進曰。閹豎雖微。狎近左右。時有言語。輕而易信。易以豉切。浸潤之譖。爲患特深。今日之明。必無此慮。爲子孫教。不可不杜絕其源。太宗曰。非卿。朕安得聞此語。自今已後。充使宜停。魏徵因上疏曰。臣聞爲人君者。在乎善善而惡惡。上烏去聲。下如字。後同。近君子而遠小人。遠去聲後同。善善明。則君子進矣。惡惡著。則小人退矣。近君子。則朝無粃政。遠小人。則聽不私邪。小人非無小善。君子非無小過。君子小過。蓋白玉之微瑕。小人小善。乃鉛刀之一割。鉛刀一割。良工之所不重。小善不足以掩衆惡也。白玉微瑕。善賈之所不棄。賈音古小疵不足以妨大美也。善小人之小善。謂之善善。惡君子之小過。惡爲去聲。謂之惡惡。此則蒿蘭同臭。玉石不分。屈原所以沉江。屈原名平。楚懷王大夫。王信讒而不見用。乃自沉汨羅江而死。卞和所以泣血者也。卞和。楚人。得玉璞獻厲王。王以爲僞。刖其足。和抱璞而泣。繼之以血。旣識玉石之分。又辨蕕蘭之臭。善善而不能進。惡惡而不能去。上聲此郭氏所以爲墟。事見納諫篇史魚所以遺恨也。家語曰。史魚病將卒命其子曰。吾不能進蘧伯玉。退彌子瑕。是吾爲臣不能正其君也。生不能正其君。則死無以成禮。我死。汝置屍牖下。其子從之。靈公弔。其子以告公。公曰。寡人之過也。命殯之客位。進蘧伯玉而用。退彌子瑕而遠之。孔子曰。古之諫者。死則已矣。未有如史魚死而屍諫。忠感其君者也。可不謂直乎。陛下聰明神武。天姿英敏。志存泛愛。引納多塗。好善而不甚擇人。好去聲後同。疾惡而未能遠佞。又出言無隱。疾惡太深。聞人之善。或未全信。聞人之惡以爲必然。雖有獨見之明。猶恐理或未盡。何則。君子揚人之善。小人許人之惡。聞惡必信。則小人之道長矣。長，音掌。後同。聞善或疑。則君子之道消矣。爲國家者急於進君子而退小人。乃使君子道消。小人道長。則君臣失序。上下否隔。否，音痞。亂亡不卹。將何以理乎。且世俗常人。心無遠慮。情在告訐。好言朋黨。夫以善相成夫，音扶。後同。謂之同德。以惡相濟謂之朋黨。今則清濁其流。善惡無別。別，彼列切。以告訐爲誠直。以同德爲朋黨。以之爲朋黨。則謂事無可信。以之爲誠直。則謂言皆可取。此君恩所以不結於下。臣忠所以不達於上。大臣不能辯正。小臣莫之敢論。遠近承風。混然成俗。非國家之禍。非爲理之道。適足以長姦邪亂視聽。使人君不知所信。臣下不得相安。若不遠慮深絕其源。則後患未之息也。今之幸而未敗者。由乎君有遠慮。雖失之於始。必得之於終故也。若時逢少懈。在而不返。雖欲悔之。必無所及。既不可以傳諸後嗣。復何以垂法將來。且夫進善黜惡。施於人者也。施平聲後同以古作鑑施於巳者也。鑒貌在乎止水。鑒巳在乎哲人。能以古之哲王鑒於巳之行事。則貌之妍醜宛然在目。事之善惡自得於心。無勞司過之史。不假芻蕘之議。巍巍之功日著。赫赫之名彌遠。爲人君者可不務乎。臣聞道德之厚。莫尚於軒唐。仁義之隆。莫彰於舜禹。欲繼軒唐之風。將追舜禹之跡。必鎮之以道德。弘之以仁義。舉善而任之。擇善而從之。不擇善任能。而委之俗吏。既無遠度。必失大體。惟奉三尺之律。以繩四海之人。欲求垂拱無爲。不可得也。故聖哲君臨。移風易俗。不資嚴刑峻法。在仁義而已。故非仁無以廣施。如字非義無以正身。惠下以仁。正身以義。則其政不嚴而理其教不肅而成矣。然則仁義。理之本也。刑罰。理之末也。爲理之有刑罰。猶執御之有鞭策也。人皆從化。而刑罰無所施。馬盡其力。則有鞭策無所用。由此言之。

刑罰不可致理。亦已明矣。故潛夫論夫如字。後漢王符字節信。著書號潛夫論。曰。人君之理。莫大於道德教化也。民有性。有情。有化。有俗。情性者。心也。本也。俗化者。行也。末也。行去聲。後同。是以上君撫世。先其本而後其末。順其心而履其行。心情苟正。則姦慝無所生。邪意無所載矣。是故上聖無不務理民心。故曰。聽訟。吾猶人也。必也使無訟乎。孔子之辭。道之以禮。務厚其性。而明其情。民相愛。則無相傷害之意。動思義。則無畜姦邪之心。若此。非律令之所理也。此乃教化之所致也。聖人甚尊德禮而卑刑罰。故舜先敕契以敬敷五教。契音泄。舜臣名。五教。謂父子有親。君臣有義夫婦有別。長幼有序。朋友有信。而後任咎繇以五刑也。咎繇與皋陶同。五刑謂墨劓剕宮大辟也。凡立法者，非以司民短而誅過誤也，乃以防姦惡而救禍患，檢淫邪而內正道。內讀曰納。民蒙善化，則人有士君子之心；被惡政，則人有懷姦亂之慮。故善化之養民，猶工之為麴豉也。六合之民，猶一蔭也。黔首之屬。秦稱民曰黔首。猶荳麥也，變化云為，在將者耳。遭良吏，則懷忠信而履仁厚；遇惡吏，則懷姦邪而行淺薄。忠厚積，則致太平；淺薄積，則致危亡。是以聖帝明王，皆敦德化而薄威刑也。德者所以循已也，威者所以理人也。民之生也，猶鑠金在爐，方圓薄厚，隨鎔制耳。是故世之善惡。俗之薄厚。皆在於君。世之主。誠能使六合之內。舉世之人。感忠厚之情。而無淺薄之惡各奉公正之心。而無姦險之慮。則醇釅之俗。醇音淳。釅音驗。言俗如酒味之和也。復見於茲矣。後王雖未能遵專尚仁義。當慎刑卹典。哀敬無私。故管子曰。聖君任法不任智。任公。不任私。故王天下。王去聲。理國家。貞觀之初。志存公道。人有所犯。一一於法。縱臨時處斷。上上聲。下去聲。或有輕重。但見臣下執論。無不忻然受納。民知罪之無私。故甘心而不怨。臣下見言無忤。故盡力以効忠。頃年以來。意漸深刻。雖開三面之綱。見規諫篇注而察見川中之魚。取捨在於愛憎。輕重由乎喜怒。愛之者罪雖重。而強爲之辭。強上聲。惡之者過雖小。而深探其意。惡烏去聲。後同。探平聲。法無定科。任情以輕重。人有執論疑之以阿僞。故受罰者無所控告。當官者莫敢正言。不服其心。但窮其口。欲加之罪。其無辭乎。又五品已上。有犯悉令平聲曹司聞奏。本欲察其情狀。有所哀矜。今乃曲求小節。或重其罪。使人攻擊。惟恨不深。事無重條。求之法外所加十有六七。故頃年犯者懼上聞。得付法司。以爲多幸。告訐無已。窮理不息。君私於上。吏姦於下。求細過。而忘大體。行一罰。而起衆姦。此乃背公平之道。

背音倍乖泣辜之意。見封建篇注欲其人和訟息。不可得也
故體論云。夫淫泆盜竊。百姓之所惡也。我從而刑罰
之雖過乎當去聲百姓不以我爲暴者。公也。怨曠饑寒
亦百姓之所惡也。遁而陷之法。我從而寬宥之。百姓
不以我爲偏者。公也。我之所重。百姓之所憎也。我之
所輕百姓之所憐也。是故賞輕而勸善。刑省而禁姦。
由此言之。公之於法。無不可也。過輕亦可。私之於法
無可也。過輕則縱姦。過重則傷善。聖人之於法也。公
矣然猶懼其未也。而救之以化。此上古所務也。後之
理獄者則不然。未訊罪人。則先爲之意。及其訊之。則

驅而致之意。謂之能。不探獄之所由（探平聲。）生爲之分

而上求人主之微旨以爲制。謂之忠。其當官也。能。其

事上也忠。則名利隨而與之。驅而陷之。欲望道化之

隆亦難矣。凡聽訟吏獄必原父子之親。立君臣之義。

權輕重之序。測淺深之量。悉其聰明致其忠愛疑則

與衆共之。疑則從輕者所以重之也。故舜命咎繇曰。

汝作士。惟刑之恤。（出虞書。）又復加之以三訊。（周禮以三刺斷庶民獄訟之中。一曰訊羣臣。二曰訊羣吏。三曰訊萬民。）衆所善然後斷之。是以爲法。

察之人情。故傳曰。（傳去聲。）小大之獄。雖不能察。必以情

而世俗拘愚苛刻之吏。以爲情也者取貨者也。立愛

憎者也。右親戚者也。陷怨讐者也。怨平聲何世俗小吏之情。與夫古人之懸遠乎。有司以此情。疑之羣吏。人主以此情。疑之有司。是君臣上下通相疑也。欲其盡忠立節難矣。凡理獄之情。必本所犯之事。以主不敢訊。不旁求。不貴多端。以見聰明。故律正。其舉劾之法。參伍其辭。所以求實也。非所以飾實也。但當參任明聽之耳。不使獄吏。鍛鍊飾理成辭於手。孔子曰。古之聽獄。求所以生之也。今之聽獄。求所以殺之也。故析言以破律。任案以成法。執左道以必加也。又淮南子漢淮南王安著書。曰淮南子。曰豐水之深十仞。金鐵在焉。則形見於外。見音現。非不深且清。而魚鱉莫之歸也。故爲者以苛爲察。以功爲明。以刻下爲忠。以訐多爲功。譬猶廣革。大則大矣裂之道也。夫賞宜從重。罰宜從輕。君居其厚。百王通制。刑之輕重。恩之厚薄。見思與見疾。其可同日言哉。且法國之權衡也。時之準繩也。權衡所以定輕重。準繩所以正曲直。今作法貴其寬平。罪人欲其嚴酷。喜怒肆志。高下在心。是則捨準繩以正曲直。棄權衡而定輕重者也。不亦惑哉。諸葛孔明。小國之相。去聲。猶曰。吾心如秤。不能爲人作輕重。爲去聲。況萬乘之主。天子畿內之地方千里。出車萬乘。故曰萬乘之主。當可封之日。唐虞之世此屋可封。而任心棄法。取怨於人乎。又時有小事。不欲人聞。則暴作威怒。以弭謗議。若所爲是也。聞於外其何傷。若所爲非也。雖掩之何益。故諺曰。欲人不知。莫若不爲。欲人不聞。莫若勿言。爲之而欲人不知。言之而欲人不聞。此猶捕雀而掩目。盜鐘而掩耳者。秖以取誚。將何益乎。臣又聞之。無常亂之國。無不可理之民者。夫君之善惡由乎化之薄厚。故禹湯以之理。桀紂以之亂。文武以之安。幽厲以之危。是以古之哲王。盡已而不以尤人。求身而不以責下。故曰禹湯罪已。其興也勃焉。桀紂罪人。其亡也忽焉左傳臧文仲。告魯君之辭。爲之無已。深垂惻隱之情實啟姦邪之路。溫舒恨於曩日。溫舒。前漢人嘗上書言獄吏之害臣亦欲惜不用。非所不聞也。臣聞堯有敢諫之鼓。通曆曰。堯定四岳。置諫鼓。舜有誹謗之木。淮南子曰。舜立誹謗之木。湯有司過之史。淮南子曰。湯有司直之人。武有戒慎之銘。太公述丹書之言曰。敬勝怠者吉。怠勝敬者滅。義勝欲者從。欲勝義者凶。武王聞之。退而爲戒。乃書於几鑑盂槃爲銘。出大戴禮。此則聽之於無形。求之於未有。虛心以待下。庶下情之達上。上下無私。君臣合德者也。魏武帝云。有德之君。樂聞逆耳之言。犯顏之諍。樂音洛親忠臣。厚諫士。斥讒慝遠佞人者。遠去聲後同誠欲全身保國。遠避滅亡者也。凡百君子。膺期統運。縱未能上下無私。

君臣合德。可不全身保國。遠避滅亡乎。然自古聖哲之君。功成事立。未有不資同心。予違汝弼者也。昔在貞觀之初。側身勵行。謙以受物。蓋聞善必改。時有小過。引納忠規。每聽直言。喜形顏色。故凡在忠烈。咸竭其辭。自頃年海內無虞。遠夷懾服。志意盈滿。事異厥初。高談疾邪。而喜聞順旨之說。空論忠讜。而不悅逆耳之言。私嬖之徑漸開。至公之道日塞。往來行路。咸知之矣。邦之興衰。實由斯道。爲人上者。可不勉乎。臣數年以來。每奉明旨。深懼羣臣莫肯盡言。臣切思之。自比來。比音鼻人或上書事有得失。惟見述其所短。未有稱其所長。又天居自高。龍鱗難犯。在於造次。（造七到切。）不敢盡言。時有所陳。不能盡意。更思重竭。（重平聲。）其道無因。且所言當理。（當去聲。）未必加於寵秩。意或乖忤。將有恥辱隨之。莫能盡節實由於此。雖左右近侍。朝夕堦墀。事或犯顏。咸懷顧望。況疎遠不接。將何以極其忠欵哉。又時或宣言云。臣下見事。秖可來道。何因所言。即望我用。此乃拒諫之辭。誠非納忠之意。何以言之。犯主嚴顏。獻可替否。所以成主之美。匡主之過。若主聽則惑。事有不行。使其盡忠讜之言。竭股肱之力。猶恐臨時恐懼。莫肯效其誠欵。若如明詔所道。便是許其面從。而又責其盡言。進退將何所據。欲必使乎致諫。在乎好之而已。好去聲後同故齊桓好服紫。而合境無異色。楚王好細腰而後宮多餓死。言上有好者。下必有甚之意。夫以耳目之玩。人猶死而不違。况聖明之君。求忠正之士。千里斯應。信不爲難。若徒有其言。而內無其實。欲其必至。不可得也。太宗手詔曰。省前後諷諭。省悉井切。皆切至之意。固所望於卿也。朕昔在衡門。尚惟童幼。未漸師保之訓。漸音尖罕聞先達之言。值隋主分崩。萬邦塗炭。惵惵黔黎。惵音蝶。庇身無所。朕自二九之年。有懷拯溺。發憤投袂。便提干戈。蒙犯霜露。東西征伐。日

不暇給。居無寧歲。降蒼昊之靈。稟廟堂之畧。義旗所
指。觸向平夷。弱水流沙。今屬甘肅並通輶軒之使。去聲。輶輕車也。
被髮左衽。四夷之人也。皆爲衣冠之域。正朔所班。無遠不
屆。及恭承寶曆。寅奉帝圖。垂拱無爲。氛埃靖息。於茲
十有餘年。斯蓋股肱罄帷幄之[redacted]爪牙竭熊羆之力。
協德同心。以致於此。自惟寡薄。厚享斯休。每以撫大
神器憂深責重。常懼萬機多曠。四聰不達。戰戰兢兢
坐以待旦。詢于公卿。以至隸皁。推以赤心。庶幾明賴
一動以鍾石。淳風至德。永傳於竹帛。克播鴻名。常爲
稱首。朕以虛薄。多慙往代。若不任舟楫。豈得濟彼巨

川。不藉鹽梅，安得調夫五味。商書高宗命傅説曰。若濟巨川。用汝作舟楫。又曰若作和羹。爾惟鹽梅。賜絹三百匹。

愚按。春秋之世。衛至弱也。季子知其後亡。齊至強也。周公知其後多篡弒。夫所貴乎聖賢者。以其見禮知政。而前知於未然之先也。善乎魏徵之言曰。閹宦雖微。爲患特深。今日之明必無此慮。爲子孫計。不可不杜絶其源。厥後唐之中葉竟以宦者而亂。及其末世。遂以宦者而亡。徵之明見。雖周公季子。何遠之有哉。太宗斯時。正當著之爲令。俾後之子孫世世無得使宦者與政。可也。乃不過停其充使。是持一時之計耳。豈貽厥孫謀者邪。徵既言閹宦之禍。復上疏數千言。極陳當時之失。史稱徵諫疏二百餘篇。其見於世者。則此其最詳者也。太宗答詔丁寧。寵賜優渥。君臣相與之際。何其盛哉。

誠信第十七 凡四章

貞觀初有上書請去佞臣者。（去上聲）太宗謂曰。朕之所任。皆以爲賢。卿知佞者誰耶。對曰。臣居草澤。不的知佞者。請陛下佯怒以試羣臣。若能不畏雷霆。直言進諫則是正人。順情阿旨。則是佞人。太宗謂封德彜曰。流水清濁在其源也。君者政源。人庶猶水。君自爲詐。欲臣下行直。是猶源濁而望水清。理不可得。朕常以魏武帝多詭詐。深鄙其爲人。如此豈可堪爲教令。謂上書人曰。朕欲使大信行於天下。不欲以詐道訓俗。卿言雖善。朕所不取也。

范氏祖禹曰。太宗可謂知君道矣。夫君以一人之身。而四海之廣。應萬務之衆。苟不以至誠與賢。而役其獨智以先天下。則耳目心智之所及者其能幾何。是故。人君必清以澄之。虛已以待之。如鑑之明。如水之止。則物至而不能罔矣。失權衡設。而不可欺以輕重者。唯其平也。繩墨設。而不可欺以曲直者。唯其正也。我以其正。彼以其顛。我以其真彼以其僞。何患乎邪之不察。佞之不辨。而必行詐以試之哉。一爲不誠。則心且蔽矣。邪正何能辨乎。是故。鑑垢。則物不能察也。水動。則形不能見也。已不明故也。且待物以誠。猶恐其不動也。況不誠而能動物乎。夫爲君而使左右前後之人皆莫測其所爲。雖欲不欺。不可得也。唯能御以至誠。則忠直者進。而憸邪者無自入矣。

愚按。昔夫子答顏淵爲邦之問。終之曰遠佞人。去人殆。甚矣佞人之足以喪家國也。禹之答皐陶曰。知人則哲。何畏乎巧言令色孔壬。蓋人主一心。攻之者衆。一有所偏。則讒邪面諛之人。乘隙而進。儻君心虛明。旁燭無疆。則正邪自不能逃吾水鑑矣。太宗謂君自爲詐。欲臣下直。是猶源濁而望水清。欲使大信行於天下。不欲以詐。真王言哉貞觀十年。魏徵上疏曰。臣聞爲國之基。必資於德禮。君之所保。惟在於誠信。誠信立。則下無二心。德禮形。則遠人斯格。然則德禮誠信。國之大綱。在於君臣父子不可斯須而廢也。故孔子曰。君使臣以禮。臣事君以忠。（孔子對魯定公之辭。）又曰。自古皆有死。民無信不立。（孔子答子貢之辭。）文子（姓辛。名鈃。一名計然。濮上人。師事老子。著書十二篇。名之曰通玄眞經。）曰。同言而信。信在言前。同令而行。誠在令外。然則言而不信。言無信也。令而不從。令無誠也。不信之言。無誠之令。爲上則敗德。爲下則危身。雖在顛沛之中。君子之所不爲也。自王道休明。十有餘載。威加海外。萬國來庭。倉廩日積。土地日廣。然而道德未益厚。仁義未益博者。何哉。由乎待下之情未盡於誠信。雖有善始之勤。未覩克終之美故也。昔貞觀之始。乃聞善驚歎。曁八九年間。猶悅以從諫。自茲厥後。漸惡直言。（惡烏去聲。後惡利同。）雖或勉强有所容。（强上聲。）非復曩時之豁如。謇諤之輩。稍避龍鱗。便佞之徒。肆其巧辯。（便平聲）謂同心者爲擅權。謂忠讜者爲誹謗。謂之爲朋黨。雖忠信而可疑。謂之爲至公。雖矯僞而無咎。彊直者畏擅權之議。忠讜者慮誹謗之尤。正臣不得盡其言。大臣莫能與之爭。（讀曰諍）熒惑視聽於大道。妨政損德。其在此乎。故孔子曰惡利口之覆邦家者蓋爲此也。爲去聲且君子小人貌同心異君子掩人之惡揚人之善臨難無苟免。難去聲殺身以成仁小人不恥不仁不畏不義唯利之所在危人自安夫苟在危人則何所不至。夫音扶今後同欲將求致理必委之於君子事有得失或訪之於小人其待君子也則敬而疏遇小人也必輕而狎狎則言無不盡疏則情不上通是則毀譽在於小人。譽平聲刑罰加於君子實興喪之所在可不慎哉此乃孫卿所謂使智者謀之與愚者論之使修潔之士行之與汙鄙之人疑之欲其成功可得乎哉夫中智之人豈無小惠。然才非經國。慮不及遠。雖竭力盡誠。猶未免於傾敗。況內懷姦利。承顏順旨。其爲禍患。不亦深乎。夫立直木而疑影之不直。雖竭精神。勞思慮。其不得亦已明矣。夫君能盡禮。臣得竭忠。必在於內外無私。上下相信。上不信。則無以使下。下不信。則無以事上。信之爲道大矣。昔齊桓公問於管仲曰。吾欲使酒腐於爵。肉腐於俎。得無害霸乎。管仲曰。此極非其善者。然亦無害於霸也。桓公曰。如何而害霸乎。管仲曰不能知人。害霸也。知而不能任。害霸也。任而不能信。害霸也。既信而又使小人參之。害霸也。晉中行穆伯仰行氏穆伯。晉卿也。攻鼓。城名。經年而弗能下。餽間倫間去聲後同。曰。鼓之嗇夫間倫知之。請無疲士大夫。而鼓可得。穆伯不應。左右曰。不折一戟。折音舌不傷一卒。而鼓可得。君奚爲不取。穆伯曰。間倫之爲人也。佞而不仁。若使間倫下之。吾可以不賞之乎。若賞之。是賞佞人也。佞人得志。是使晉國之士。捨仁而爲佞。雖得鼓。將何用之。夫穆伯列國之大夫。管仲覇者之良佐。猶能慎於信任。遠避佞人也如此。遠去聲況乎爲四海之大君。應千齡之上聖。而可使巍巍至德之盛。將有所間乎。若欲令平聲君子小人。是非不雜。必懷之以德。待之以信。厲之以義節之以禮。然後善善而惡惡上烏去聲。下如字。後同審罰而明賞。則小人絶其私佞。君子自強不息。無爲之治。何遠之有。善善而不能進。惡惡而不能去。上聲罰不及於有罪。賞不加於有功。則危亡之期。或未可保。永錫祚胤。將何望哉。太宗覽疏歎曰。若不遇公。何由得聞此語。按史傳係十一年。是歲大雨。穀洛溢。毁官寺十九。漂居人六百家。故徵上疏陳事。帝手詔嘉答。於是廢明德宮。玄圃院。賜遭水者。疏文比此章尤多

唐氏仲友曰。徵論基於德禮。保於誠信。然而道德未盈厚。仁義未盈博。由待下之情未盡誠信。最中太宗之病。道德仁義禮。儻皆以誠信行之。則終始惟一。時乃日新。豈至有善始之勤。無克終之美哉。

愚按。天下之理。一而已矣。德者。得此理者也。禮者。履此理者也。而誠信者。實此理者也。魏徵之

諫疏並舉德禮誠信而言之。其要主於誠信。其間如文子管仲。中行穆伯之言。皆出於誠信而言之也。夫誠信者。實心也。有德有禮。而以實心行之。則固善始而善終矣。何憂於危亡哉。徵之言於是乎知本矣。

太宗嘗謂長孫無忌等曰。朕即位之初。有上書者非一。或言人主必須威權獨任。不得委任羣下。或欲耀兵振武。懾服四夷。惟有魏徵勸朕偃革興文。布德施惠。施平聲 中國既安。遠人自服。朕從此語。天下大寧。絕域君長皆來朝貢。長音掌 九夷重譯。相望於道。重平聲 凡此等事皆魏徵之力也。朕任用豈不得人。徵拜謝曰。陛下聖德自天。留心政術。實以庸短。承受不暇。豈有益於聖明。

愚按。先儒論學問。以變化氣質爲先。論克己。以性偏難克爲始。夫豈徒學者之事爲然哉。大臣正君之道。亦如是而已矣。愚觀太宗。天資英武明敏。不患其不能爲。而患其過於爲。不患其不能斷。但患其過於斷。當貞觀卽位之初。或勸其獨運威權。或勸其懾服四夷。此皆太宗之所已能。所謂以水濟水。以火濟火者也。魏徵獨勸以偃武興文。布德施惠。損其有餘。益其不及。玆非變其氣質而克其偏者歟。甚矣徵之能正君也。不然。貞觀之治。太宗何以獨歸功於徵哉。

貞觀十七年。太宗謂侍臣曰。傳稱去食存信。傳去聲 去上聲孔子曰。人無信不立。並孔子答子貢之辭昔項羽旣入咸陽。已制天下。向能力行仁信。誰奪耶。項羽引兵屠咸陽。殺秦降王子嬰。燒秦宮室。收其貨寶婦女而東。秦民大失望。房玄齡對曰。仁義禮智信。謂之五常。廢一不可。能勤行之。甚有裨益。殷紂狎侮五常。武王奪之。周書武王誓師之言曰。今商王受。狎侮五常。項氏以無信爲漢高祖所奪。誠如聖旨。

愚按。董子曰。仁義禮智信。五常之道。王者所宜修飾也。先儒謂此因武帝何修何飾之問而言其意雖甚正。惜其剖析未明。使武帝知若何而爲仁。若何而爲義。其修飾之方。又孰先孰後也。可爲仲舒惜。今觀太宗。猶能以去食存信語羣臣。而玄齡之對。謂五常廢一不可。誠是已。儻能一一而明辨之。使太宗知人之性情。心之體用。本然全具。而各有條理。必當反求默識。而擴充之。不亦善乎。愚於是復爲玄齡惜。

貞觀政要卷第五

貞觀政要卷之六　戈直集論　朱載震校閲

儉約第十八 凡八章

貞觀元年。太宗謂侍臣曰。自古帝王。凡有興造。必須貴順物情。昔大禹鑿九山。禹貢曰。九山刊旅蔡氏注。九州之山也。如冀州則梁岐之類。通九江。禹貢曰。九江孔殷。蔡氏注。即今之洞庭也。今沅水。漸水。元水。辰水。敘水。酉水。澧水。資水。湘水。皆合於洞庭。故曰九江。漢志所謂九江。非是。用人力極廣。而無怨讟者。物情所欲。而衆所共有故也。秦始皇營建宮室。而人多謗議者。爲徇其私欲。爲去聲不與衆共故也。朕今欲造一殿。材木已具。遠想秦皇之事。遂不復作也。復音缶古人云。不作無益害有益。周書旅獒之辭不見可欲。使民心不亂。老子之辭。固知見可欲。其心必亂矣。至如雕鏤器物。鏤音陋珠玉服玩。若恣其驕奢。則危亡之期可立待也。自王公已下。第宅車服。婚嫁喪葬。喪平聲準品秩不合服用者。宜一切禁斷。由是二十年間。風俗簡樸。衣無錦繡。財帛富饒。無饑寒之弊貞觀二年。公卿奏曰。依禮季夏之月可以居臺榭。禮記仲夏之月。毋用火南方。可以居高明。可以遠眺望。可以升山陵。可以處臺榭。今夏暑未退秋霖方始。宮中卑濕。請營一閣以居之。太宗曰。朕有氣疾。豈宜下濕。若遂來請。糜費良多。昔漢文將起露臺。而惜十家之產。見敎戒篇注朕德不逮于漢帝。而所費過之。豈爲人父母之道也。固請至于再三。竟不許。

朱氏黼曰。財用之贏縮。關於侈儉。風俗好尚。本之人主。以儉約爲先。則公卿大夫不敢踰制。朝廷以儉約爲先。則士庶人不敢越分。尊卑上下。事事物物。皆尚質朴。自然家給人足。貨財不可勝用矣。苟或反是。則朝廷百官。夸多鬬靡。四方士民。歆羨倣傚。天地之生物有限。上下之財力有涯。烏能周贍而普足哉。漢文帝惜十家之產。基址既成。而一臺不築。於是成富庶之功。唐太宗監秦人之敝。材用既具。而一毀不爲。於是成貞觀之治。轉節於一身者甚微。而功利之及一世者甚大。窒遏一時之欲者甚微。而培養數百年之基本者甚著。人王其可不察哉。

愚按。太宗可謂知化民之本矣。一殿之建。材木已具。監秦皇之後。而亟已之。一閣之營。公卿所請慕漢帝之儉而竟不許。其所以致貞觀之富庶也宜哉。

貞觀四年。太宗謂侍臣曰。崇飾宮宇。遊賞池臺。帝王之所欲。百姓之所不欲。帝王所欲者放逸。百姓所不欲者勞弊。孔子云。有一言可以終身行之者。其恕乎己所不欲。勿施於人。（施。平聲。後同。論語之辭。）勞弊之事誠不可施於百姓。朕尊爲帝王。富有四海。每事由己。誠能自節。若百姓不欲。必能順其情也。魏徵曰。陛下本憐百姓。每節已以順人。臣聞以欲從人者昌。以人樂己者亡。樂音洛。隋煬帝志在無厭。平聲。惟好奢侈。好去聲，後同。所司每有供奉營造。供平聲。小不稱意。稱去聲。則有峻罰嚴刑。上之所好。下必有甚。競爲無限。遂至滅亡。此非書藉所傳。亦陛下目所親見。爲其無道。爲去聲。故天命陛下代之。陛下若以爲足。今日不啻足矣。啻音翅。若以爲不足。更萬倍過此亦不足。太宗曰。公所奏對甚善。非公朕安得聞此言。

貞觀十六年。太宗謂侍臣曰。朕近讀劉聰傳。傳去聲。劉聰。字玄明。元海第四子。本新興匈奴。以漢高祖嘗以宗女妻冒頓。故子孫冒劉姓。元海於晉永興中立國。是爲前趙聰殺兄自立。聰將爲劉后。爲去聲。后。太保劉殷之女。爲左貴嬪。後立爲后。起鵠儀殿。廷尉陳元達廷尉。獄官也。元達。字長宏。後部人。本姓高。以生月妨父。改姓陳。切諫。聰大怒。命斬之。劉后手疏啟請。辭情甚切。聰怒乃解。而甚愧之。晉載記。劉聰將起殿於後庭。陳元達切諫。聰大怒曰。吾爲萬機主。豈問汝鼠子乎。將出斬之。時在逍遙園。李中堂。劉后聞之。密敕停刑。上手疏曰。今宮室已備。宜愛民力。廷尉之言。四海之福也。陛下宜加封賞。而更誅之。四海謂陛下如何哉。陛下今興工費廣。爲妾營殿。而殺諫臣。使天下罪妾。妾何以當之。願賜死以塞陛下之過。聰覽之。命引元達謝之。曰。外輔如公。內輔如后。朕復何憂。更命園曰納賢園。堂曰愧賢堂。人之讀書。欲廣聞見以自益耳。朕見此事可以爲深誡。比者比音鼻欲造一殿。仍構重閣。重。平聲今於藍田。縣名今仍舊屬奉元路採木。並已備具。遠想聽事。斯作遂止。

愚按。隋煬帝窮土木之工。極宮室之麗。迨有甚於紂之傾宮鹿臺。卒致家國不保。然亦隋文帝有以啟之也。文帝興王之君也。天下既平。而仁壽之役。民不勝困。是以後嗣傚之。始有甚焉。太宗取孤隋殘弊之天下。所宜休息。幸而營造之事。或納人言而止。或監前古而止。其過隋文遠矣。觀其言曰。帝王所欲者放逸。百姓所不欲者勞弊。以聖人之所謂恕。而推己所不欲。勿施於人之心。君人者而味斯言也。豈惟崇飾宮宇池臺爲然哉。樂聲色也。求神仙也。闢土地也。事畋獵也。肆遊觀也。凡非百姓之所欲者。一以恕之一言行之。祈天永命之道也。魏徵之復其君曰。陛下若以爲足。今日不啻足矣。若以爲不足。更萬倍過此。亦不足。此言尤爲君人之格言也。或曰。太宗之言固善矣。飛山。翠微。玉華之作。何居。蓋飛山之作。既有魏徵之諫。而翠微玉華。以有疾避暑而即其舊以修之。未可以是而求其備也。

貞觀十一年。詔曰。朕聞死者終也。欲物之反真也。葬者藏也。欲令人之不得見也。令平聲上古垂風。未聞於封樹。後世貽則。乃備於棺槨。易大傳曰。古之葬者。厚衣之以薪。葬之中野。不封不樹。喪期無數。後世聖人易之以棺槨。譏僭侈者。非愛其厚費。美儉薄者。實貴其無危。是以唐堯。聖帝也。穀林有通樹之說呂氏春秋。堯葬穀林。通樹之。秦穆明君也。橐泉無丘隴之處。秦穆公。名任好。史記注。穆公葬雍州橐泉宮蘄年觀下。仲尼。孝子也。防墓不墳。孔子合葬親於防。曰。吾聞古也墓而不墳。延陵。慈父也。嬴博可隱。吳延陵季子名扎。適齊而返。其子死。葬於嬴博之間。不歸鄉里。斯皆懷無窮之慮。成獨決之明。乃便體於九泉。非徇名於百代也。洎乎闔閭違禮。珠玉爲鳧鴈。闔閭。吳王名。葬虎丘山下。發士十萬人治葬穿土爲川。積壤爲丘。銅棺三重。澒池六尺。以黃金珠玉爲鳧鴈。始皇無度。水銀爲江海。秦始皇葬於驪山。吏徒數十萬。曠日十年。合采金石。被以珠玉。水銀爲江海。人膏爲燈燭。季孫擅魯。歛以璵璠。歛。去聲。璵音與。璠。音煩。季孫。魯大夫。季平子也。左傳定公五年。季平子行東野。還未至。卒于房。陽虎將以璵璠歛。仲梁懷弗與。曰。改步改玉。陽虎欲逐之。告公山不狃。不狃曰。彼爲君也。子何怨焉。桓魋專宋。葬以石槨。魋。音頹。桓魋。宋向戌之孫。爲司馬。禮記子游曰。昔者夫子居於宋。見桓司馬。自造石槨。三年而不成。夫子曰。若是其靡也。死不如速朽之愈也。莫不因多藏以速禍。由有利而招辱。玄廬既發。致焚如於夜臺。玄廬。夜臺。墓之別名也。黃腸再開。同暴骸於中野。漢梁商薨。賜以東園朱壽之器。銀鏤黃腸。注云。器。棺也。以朱飾之。以銀鏤之。以栢木黃心爲槨。曰黃腸也。詳思曩事。豈不悲哉。由此觀之奢侈者。可以爲戒飾儉者。可以爲師矣。朕居四海之尊承百王之弊。未明思化。中宵戰惕。雖送往之典詳諸儀制。失禮之禁。著在刑書。而勳戚之家。多流通於習俗。閭閻之內。或侈靡而傷風。以厚葬爲奉終以高墳爲行孝。遂使衣衾棺槨。極雕刻之華。靈輀冥器窮金玉之飾。富者越法度以相尚。貧者破資產而不逮。徒傷教義。無益泉壤。爲害既深。宜爲懲革。宜爲之爲去聲其王公已下。爰及黎庶。自今已後。送葬之具。有不依令式者。仰州府縣官。明加檢察。隨狀科罪。在京五品已上。及勳戚家。仍錄奏聞。舊本此章在慎終篇今附入此愚按。漢文帝嘗曰。以北山爲槨。用紵絮斮陳漆其間。豈可動哉。張釋之對曰。使其中有可欲者。雖錮南山。猶有隙也。異時文帝之遺詔曰。厚葬以破業。吾甚不取。覇陵山川。因其故。毋有所改。斯言也。其有感於釋之之言乎。唐太宗初作獻陵。務存隆厚。猶文帝初年之意也。虞世南諫而不能止。十一年之詔。豈非世南之言啟之歟。愚嘗合二君之詔觀之。則文帝之詔。專爲已之一身而已。太宗之意。則欲使天下之人同爲儉約之歸。以免於暴骸之禍。此又文帝之所未及也。

岑文本爲中書令。宅卑濕。無帷帳之飾。有勸其營產業者。文本歎曰。吾本漢南一布衣耳。竟無汗馬之勞。徒以文墨。致位中書令。斯亦極矣。荷俸祿之重。荷。去聲。爲懼已多。更得言產業乎。言者歎息而退。舊本自此下四章並在貪鄙篇。今附入于此。

愚按儉約者。人之所難能也。何曾之先見。而日食萬錢。謝安之相業。而不忘聲色。儉約豈可易能哉。雖然。有其道矣。孟子曰。志士不忘在溝壑。勇士不忘喪其元。士之仕於人之國者。唯不忘其貧賤之時。則自無侈靡之失矣。岑文本身爲甲書令。而能不忘其爲漢南布衣時。兹所以能不營產業而爲唐名相歟。

戶部尚書戴冑卒。子書反太宗以其居宅弊陋。祭享無所。令有司特爲之造廟。令平聲。爲去聲。

温彥博爲尚書右僕射。家貧無正寢。及薨。公侯死曰薨。殯於旁室。太宗聞而嗟歎。遽命所司爲造。爲去聲。當厚加賻贈。

魏徵宅內先無正堂及遇疾。太宗時欲造小殿。而輟

其材爲徽營構。五日而就。遣中便（去聲）齎素褥布被而賜之。以遂其所尚。此章重出任賢篇

愚按。奢侈者。常情之所同樂。儉約者。中人之所不堪。自非爲人君者。於奢儉之際。有以抑此揚彼。則爲人臣者何憚而去其所同樂。趣其所不堪乎。戴胄居宅卑濕。太宗爲之造廟。溫彥博死殯旁室。太宗爲之造正寢。魏徵宅無正堂。太宗輟其材而營之。三臣之儉德行於下。太宗之褒賞加於上。天下之士。其有不聞風興起者哉。

謙讓第十九 凡三章

貞觀二年。太宗謂侍臣曰。人言作天子則得自尊崇。無所畏懼。朕則以爲正合自守謙恭。常懷畏懼。昔舜誡禹曰。汝惟不矜。天下莫與汝爭能。汝惟不伐。天下

莫與汝爭功。虞書大禹謨之辭。又易曰。人道惡盈而好謙。惡好。並去聲。易謙卦彖辭。凡爲天子。若惟自尊崇。不守謙恭者。在身儻有不是之事。誰肯犯顏諫奏。朕每思出一言。行一事。必上畏皇天。下懼羣臣。天高聽卑。何得不畏。羣公卿士。皆見瞻仰。何得不懼。以此思之。但知常謙常懼。猶恐不稱天心。及百姓意也。稱。去聲。魏徵曰。古人云。靡不有初。鮮克有終。鮮。上聲。詩大雅蕩篇之辭。願陛下守此常謙常懼之道。日愼一日。則宗社永固。無傾覆矣。唐虞所以太平。實用此法。

呂氏祖謙曰。無逸之書。稱商三宗之享國。而周公蔽之以一言。曰畏而已。蓋惟天子之尊。苟以無所畏之心而自恃。則治易忘亂。安易忘危。危亂而不自知矣。惟能以有畏爲心。則上焉天心享之。下焉臣民歸之。如是而不安者。未之有也。太宗貞觀之治。所以致之者。固有其道。而大要莫先於此。

愚按。昔史臣贊堯曰。允恭克讓。光被四表。贊舜曰。濬哲文明。温恭允塞。夫堯舜。五帝之盛帝也。聖德輝光。在謙讓而已。易之謙曰。天道下濟而光明。天道而非下濟。則亢矣。何自而見其光明哉。太宗謂天子不當自尊崇。正合謙恭。此帝王之盛德也。魏徵於此時。不將順其美而舉詩之靡不有初。鮮克有終。望其君。謂常謙常懼。日愼一日。唐虞所以太平。實用此法。是固有以知太宗之心矣。蓋以堯舜之所以謙讓終始如一。非一時之言也。後之人君。志於帝王之道者勉之哉。

貞觀三年。太宗問給事中孔穎達曰。論語云。以能問於不能。以多問於寡。有若無。實若虛。何謂也。論語曾子之言穎達對曰。聖人設教。欲人謙光。已雖有能。不自矜大。仍就不能之人。求訪能事。已之才藝雖多。猶病以爲少。仍就寡少之人。更求所益。已之雖有。其狀若無。已之雖實。其容若虛。非惟匹庶。帝王之德。亦當如此。夫（音扶）帝王內蘊神明。外須玄默。使深不可知。故易稱以蒙養正。（易蒙卦彖辭曰。蒙以養正。）以明夷莅衆。（莅音隸。易象傳曰。明入地中明夷。君子以莅衆。用晦而明。）若其位居尊極。炫耀聰明。以才陵人。飾非拒諫。則上下情隔。君臣道乖。自古滅亡。莫不由此也。

太宗曰。易云。勞謙。君子有終。吉。（易謙卦九三爻辭。）誠如卿言。

詔賜物二百段。

胡氏寅曰：太宗之問，疑其不必如是，蓋其爲人已有善，惟恐人之不知，故於不矜不伐，未能有行焉。孔穎達所對，亦足以箴之矣。雖然，吾友從事於斯之意，則未易曉也。夫旣能矣，不自以爲能可也，而又問於不曉；旣多矣，不自以爲多可也，而又問於少。彼不能與少者，將何益我，不幾於爲以下人者乎？是不然，惟善學者，志不倦，心不盈，一善之不聞，一義之不知，歉然如飲食之不飽也，此何所爲而然哉？故曰學然後知不足。夫聖如孔子，猶曰我好古，敏以求之，我學不厭，誠以道無量，理無極，而事無方。太宗知之，庶乎少進矣。

唐氏仲友曰：太宗之失，正在矜伐。穎達之對，箴其膏肓。太宗儻得此道，雖帝王可及也。惜其資矯拂勉強之力，故務有用賢納諫之益，亦蹈飾非拒諫之悔也。

愚按：論語載曾子之言曰：以能問於不能，以多問於寡，有若無，實若虛。蓋惟知義理之無窮，不見物我之有間，學者之所難能也。故朱子集註以爲吾友謂顏淵也。太宗以天下之君，舉此爲問。而孔穎達因而發明之。以聖門爲學之方。勉進於帝王之德。蓋以太宗英明之資。雄傑之才。易致炫耀凌慢之失。聞穎達之言。有勞謙有終之語。穎達其善於格君心歟。

河間王孝恭。太祖之子也。佐高祖多進圖策。獨存方面功。寬恕退讓。太宗親重之。宗室莫比。武德初。封爲趙郡王。累授東南道行臺尚書左僕射孝恭既討平蕭銑。輔公祏。遂領江淮及嶺南北。皆統攝之。專制一方。威名甚著。累遷禮部尚書。孝恭性惟退讓。無驕矜自伐之色。時有特進江夏王道宗。尤以將畧馳名。兼好學。將好並去聲敬慕賢士。動修禮讓。太宗並加親待。諸宗室中。惟孝恭。道宗莫與爲比。一代宗英云。

愚按。自古國家之將興也。天必生英傑奇偉之才。於其子弟族屬之間。所以昌大其門戶。而光啟其運祚也。周之興也。有周公康叔。漢之興也。有朱虛東牟。降及魏晉六朝。蓋莫不然。唐起晉陽。本支尤盛。孝恭之威名。與李靖相亞。道宗之將畧。與李勣齊肩。又能好學習禮。退讓不伐。求之布素之士。有不可多得者。雖未可方之周公之才之美。其亦康叔朱虛之流輩歟。嗚呼盛哉。

仁惻第二十 凡四章

貞觀初。太宗謂侍臣曰。婦人幽閉深宮。情實可愍。隋氏末年。求採無已。至於離宮別館。非幸御之所。多聚宮人。此皆竭人財力。朕所不取。且灑掃之餘。更何所用。今將出之。任求伉儷。上音抗。敵也。下音麗。耦也。非獨以省費。兼以息人。亦各得遂其情性。於是後宮及掖庭前後。所

出三千餘人。按通鑑貞觀二年九月。天少雨。中書舍人。李百藥上言。往年雖出宮人。竊聞太上皇宮。及掖庭宮人無用者。尚多。豈惟虛費衣食。且陰氣鬱積。亦足致旱。上曰云云。於是遣尚書左丞戴胄。給事中杜正倫。於掖庭西門簡出之。前後所出三千餘人。

孫氏甫曰。隋煬荒虐。自古無比。強取良家女。置後宮者。固無其數。高祖初入關。放離宮之人還親屬此得美事之一節。及受禪。安然有其後宮。欲不荒恣得乎。賴聖子承之立矯其過。討出三千之衆。使天下聳動歌詠唐之盛德也。

尹氏起莘曰。按禮天子立后。固有六宮。三夫人。九嬪。二十七世婦。八十一御妻矣。然未聞千百其數也。昔晉武平吳之後。掖庭殆將萬人。遂殞其軀。而亡其國。今太宗即位。首放宮女三千餘人。可謂盛德之事。遂使後人流之歌詠。不一而足也。

愚按。仁哉太宗之心也。茲事不見於武德之初。而見於貞觀之初。論者謂聖子承統。行父之所未能行。誠可謂仁也。然司晉陽之管鑰遂犯分於宮闈。此謀臣因以迫之以興師也。有天下之後。安其後宮。猶晉陽之心也。昔漢祖入秦宮室能無所幸。識者知其智不在小。奄負區宇。規摹宏遠矣。非唐祖所及也。太宗其殆庶幾乎。

貞觀二年。關中旱大饑。太宗謂侍臣曰。水旱不調。皆爲人君失德。爲去聲。朕德之不修。天當責朕。百姓何罪。而多遭困窮。聞有鬻男女者。鬻音育賣也。朕甚愍焉。乃遣御史大夫杜淹。字執禮。如晦叔也。材辯多聞。秦王引爲文學館學士。及即位。召爲御史大夫。俄檢校吏部尚書。所薦引羸四十人。後皆知名。巡檢。出御府金寶贖之。還其父母。

愚按。齊宣不忍牛之觳觫而就死地。孟子曰。是心足以王矣。然惜其愛物之心重。愛民之心輕。

欲其舉斯心加諸彼也。太宗處九重之崇高。撫四海之廣大。而能軫念儀人之子女。出御府金寶以贖之。其愛民之心重矣。夫萬姓至繁也。博施濟衆。聖人猶病。儀人子女。豈能人人獲所哉。然是心也。足以王矣。貞觀之盛。孰謂非此心所致乎。

貞觀七年。襄州都督襄州。今爲襄陽。隸河南。張公謹卒。太宗聞而嗟悼。出次發哀。有司奏言準陰陽書云。日在辰。不可哭泣。此亦流俗所忌。太宗曰。君臣之義。同於父子。情發於中。安避辰日。遂哭之。按通鑑係六年夏四月辛卯。襄州都督鄒襄公張公謹卒。明日上出次發哀云云。

唐氏仲友曰。太宗辰日哭張公謹。謂君臣猶父子。義感人心。駕馭之畧高矣。

愚按。君於卿大夫。比葬不食肉。比卒哭不舉樂非私恩也。蓋公義也。是故衞之柳莊既死。而獻公祭乎。論者是之。晉之荀盈未葬。而晉侯飲樂。膳宰譏之。太宗於張公謹之卒。雖辰日不爲之輟哭。可不謂賢君乎。

貞觀十九年。太宗征高麗。次定州。今中山府隸腹裏有兵士到者。帝御州城北門樓。撫慰之。有從卒一人從去聲後同病。不能進。詔至牀前。問其所苦。仍勅州縣醫療之。是以將士將去聲後同莫不欣然願從。及大軍回次柳城。屬營州今廢詔集前後戰亡人骸骨。設太牢致祭。牛羊豕曰太牢親臨哭之盡哀。臨去聲軍人無不灑泣。兵士觀祭者。歸家以言其父母曰。吾兒之喪。天子哭之。死無所恨。太宗征遼東。攻白巖城。唐置巖州今廢右衛大將軍李思摩。頡利族人諸部納款。思摩獨留。高祖封和順郡王。與秦王結爲兄弟。賜姓李。爲化州都督。統頡利故部爲可汗。思摩遣使謝曰。望世世爲國一犬。守天子北門。如延陀侵逼。願入保長城。太宗詔許之。居三年。不得其衆。入朝從伐遼。爲流矢所中。去聲帝親爲吮血。爲去聲。吮粗兖切。將士莫不感勵。

愚按。太宗親征。葬戰亡之骨。吮思摩之瘡。可謂仁恕也已。然遠國強臣。雖不義。而未至於虔劉邊鄙也。若以偏方不霑王化。自有太司馬九伐之制在。何至躬率六師乎。思遼水之無極。慮扈從之匪輕。仁恕一念。油然發生於中。則可以已矣。惻隱之心。何待形於遂事之後乎。

慎所好第二十一 凡四章

貞觀二年。太宗謂侍臣曰。古人云。君猶器也。人猶水也。方圓在於器。不在於水。故堯舜率天下以仁。而人從之。桀紂率天下以暴。而人從之。下之所行。皆從上之所好。（去聲。後同。）至如梁武帝父子。志尚浮華。惟好釋氏老氏之教。武帝末年。頻幸同泰寺。親講佛經。百寮皆大冠高履。乘車扈從。終日（乘平聲。後同。從去聲。）談論苦空。（佛教也）未嘗以軍國典章爲意。及侯景率兵向闕。（見君道篇）尚書郎已下。多不解乘馬。（解音懈）狼狽步走。（狼。似犬。銳首白頰。高前廣後。狽狼屬。生子或欠一足二足。相附而行。離則躓。故猝遽謂之狼狽。）死者相繼於道路。武帝及簡文。（簡文。名綱。武帝第三子。侯景廢之。）卒被侯景幽逼而死。（卒被聿切）孝元帝（名繹。武帝第七子。起兵討侯景即帝位。）在于江陵。（郡名。今中興路。隸荊湖。）爲萬紐于謹所圍。（梁承聖三年。元魏遣萬紐于謹將兵五萬。入寇攻江陵）帝猶講老子不輟。元帝好玄談嘗於龍光殿講老子。聞魏師至。停講。聞報帖然。復開講。百寮皆戎衣以聽俄而城陷君臣俱被囚縶。音贄庾信爲梁將軍。留於西魏。亦歎其如此。及作哀江南賦乃云。宰衡以干戈爲兒戲。縉紳以清談爲廟畧。此事亦足爲鑒戒。朕今所好者。惟在堯舜之道。周孔之教。以爲如鳥有翼如魚依水。失之必死。不可暫無耳。

胡氏寅曰。太宗不好釋氏。而好堯舜周孔之道。可謂知所去取矣。而以爲如魚有水。鳥有翼。失之必死。不可暫無者。則未知其誠能然乎。抑徒意之云爾也。夫允執厥中者。堯舜之盛也。而始於道心。欲不踰矩者。孔子之盛也。而始於志學。志者。非讀書記誦之謂。道心之微。又與老釋玄妙之言。何以別乎。自此而入。庶乎其知道矣。孔子曰。知之者。不如好之者。知之如是。則能好之矣。未嘗知之。而以爲我好堯舜周孔之道云者。妄也。夫道。非有一物可把玩而好之也。百姓日用而不能離。亦猶鳥之有翼。魚之依水。顧不自知耳。

眞氏德秀曰。太宗之言。可謂知所擇矣。然終身所行。未能無愧者。以其嗜學雖篤。所講者不過前代之得失。而於三聖授受之微旨。六經致治之成法。未之或有聞。其所親者。雖或一時名儒。而姦諛小人。亦厠其列。安得有佛時仔肩之益。故名爲希慕前聖而於道實無得焉。其亦可慨也夫。

愚按。太宗知老釋之虛無空寂。不適於用。知堯舜之道。周孔之教。不可暫無。斯言也。三代而下君人者所罕聞也。中庸曰。率性之謂道。修道之謂教。道者。率性而已。聖人以此道。垂訓於天下後世。則謂之教。堯舜之道。此道也。周公孔子之教。以堯舜之道爲教也。又曰。道也者。不可須臾離也。可離非道也。不可暫無。其不可須臾離者乎。太宗未足以進此也。而言則然也。

貞觀三年。太宗謂侍臣曰。神仙事。本是虛妄。空有其名。秦始皇非分愛好。分好並去聲。爲方士所詐。乃遣童男童女數千人。隨其入海求神仙。方士避秦苛虐。因留不歸。始皇猶海側踟躕以待之。踟音遲。躕音廚。遲回貌。還至沙丘而死。始皇東遊海上。方士徐市等上書。請得與童男女入海求三神山不死藥。始皇從之。明年復遊海上。後三年遊碣石。考入海方士。從上郡歸。後五年復至海上。冀遇仙藥。不得。還到沙丘崩。沙丘。在今順德路鉅鹿縣。漢武帝爲求神仙。爲去聲。乃將女嫁道術之人。事既無驗。便行誅戮。漢武帝元鼎四年。樂成侯登薦方士欒大。上見之大悅。大言曰。黃金可成。河決可塞。不死之藥可得。神仙可致。時上方憂河決。而黃金不就。迺拜大爲五利將軍。賜列侯甲第。童千人。又以衞長公主妻之。後竟坐誣罔。遂腰斬。據此二事。神仙不煩妄求也。

愚按。漢儒有言。明於天地之性者不可惑以神怪。通於萬物之情者。不可罔以非類。太宗深懲秦皇漢武之失。謂神仙虛妄。空有其名。可謂不惑於神怪。不罔於非類者矣。然晚年深信婆羅門姿婆寐之說。使之合長生之藥。則又何所見而然耶。

貞觀四年。太宗曰。隋煬帝性好猜防。好去聲。專信邪道。大忌胡人。乃至謂胡牀爲交牀。胡瓜爲黃瓜。築長城以避胡。終被宇文化及使令狐行達殺之。令去聲。令狐。虜複姓。行達。其名。時爲校尉。又誅戮李金才名渾。爲將軍。有方士言曉圖讖謂帝曰。當有李氏爲天子。渾與宇文述有隙。述因誣搆之。於是盡誅渾族。及諸李殆盡。卒何所益卒子聿切。且君天下者。惟須正身修德而已。此外虛事。不足在懷。

愚按。桑穀生於朝。而大戊以興。雉升鼎而雊。而殷道復盛。讖緯之書。雖有定數。然人君能至誠修德。未有不轉禍爲福。改妖爲祥者也。太宗謂君天下者。惟須正身修德。譏煬帝枉殺李金才等。其說是也。然晚年竟以女王武王之讖。淫刑及於功臣。則又何邪

貞觀七年。工部尚書。唐制。工部掌山澤屯田丁匠之事。尚書。其長也。段綸。段姓。綸名奏進巧人楊思齊至。太宗令試。令平聲綸遣造傀儡戲具。傀古委切。儡魯猥切。木偶戲也。世傳運機子。起漢祖平城之圍。其城一面。即冒頓妻閼氏兵。強於三面。陳平訪之。閼氏妬忌。造木偶人運機關舞埤間。閼氏望見。謂是生人。慮下城。冒頓必納。遂退軍。後翻爲戲具。太宗謂綸曰。所進巧匠。將供國事。供平聲卿令先造此物。是豈百工相戒。無作奇巧之意耶。乃詔削綸階級。並禁斷此戲。舊本此章在儉約篇。今附于此。

愚按。中庸曰。日省月試。旣廩稱事。所以勸百工也。朱子釋之曰。日省月試。以程其能。旣廩稱事。以饋其勞。則不信度。作淫巧者。無所容矣。段綸奏進工人。首。令試造傀儡。非所謂作奇技淫巧者乎。太宗旣削綸階級。且令禁斷此戲。可謂知所先矣。

慎言語第二十二 凡三章

貞觀二年。太宗謂侍臣曰。朕每日坐朝。欲出一言。卽思此一言。於百姓有利益否。所以不敢多言。給事中兼知起居事 唐制。起居郎及舍人。掌天子起居法度。貞觀初。以給事中諫議大夫兼之。執事記錄。 杜正倫進曰。君舉必書。言存左史。 春秋左氏傳也 臣職當兼修起居注。不敢不盡愚直。陛下若一言乖於道理。則千載累於聖德。 累音類 非止當今損於百姓。願陛下慎之。太宗大悅賜綵百叚。

唐氏仲友曰。太宗言不敢多言。意在史筆。正倫之一言。兩得將順正救之美。宜乎太宗悅而賜之也

愚按。易大傳曰。君子居其室。出其言善。則千里之外應之。出其言不善。則千里之外違之。况世邇者乎。甚矣人君之言。尤不可不慎也。一言之善。行之當世。不惟天下蒙其利。後世亦以爲訓。一言之不善。行之當世。不惟天下受其害。後世亦以爲戒。人君之言。可不慎哉。太宗之言。雖意在史筆。其關於

君道。則甚重也。

貞觀八年。太宗謂侍臣曰。言語者。君子之樞機。談何容易。（以鼓切）凡在衆庶。一言不善。則人記之。成其耻累（音類）況是萬乘之主。不可出言有所乖失。其所虧損至大。豈同匹夫。我常以此爲戒。隋煬帝初幸甘泉宮。泉

石稱意。稱去聲而惟無螢火。敕云捉取多少於宮中照
夜。所司遽遣數千人採拾。送五百轝於宮側。小事尚
爾。況其大乎。魏徵對曰。人君居四海之尊。若有虧失。
古人以爲如日月之蝕。人皆見之。實如陛下所戒愼

愚按。易大傳曰。言出乎身。加乎民。行發乎邇。見乎遠。言行君子之樞機。樞機之發。榮辱之主也。可不愼乎。蓋能知所以愼言。則知所以愼行矣行之不愼。尚何望其愼言。太宗謂言語者君子之樞機。衆庶猶爾。況於萬乘。可謂知所愼言矣。魏徵謂人君有失。如日月之蝕人皆見之。實如陛下所戒愼。則足以兼愼言愼行之意也。

貞觀十六年。太宗每與公卿言及古道。必詰難往復。
難去聲散騎常侍劉洎上書諫曰。帝王之與凡庶。聖哲

之與庸愚上下相懸。擬倫斯絕。是知以至愚而對至聖。以極卑。而對極尊。徒思自強不可得也。陛下降恩旨。假慈顏凝旒以聽其言。虛襟以納其說。猶恐羣下未敢對揚况動神機。縱天辯。飾辭以折其理。援古以排其議。欲令凡蔽。令平聲何階應答臣聞皇天以無言爲貴。聖人以不言爲德。老子稱大辯若訥。莊生稱至道無文。此皆不欲煩也。是以齊侯讀書。輪扁竊議。桓公讀書於堂上。輪扁斲輪於堂下。釋椎鑿而上曰。君之所讀者。古人之糟魄。已夫。以臣之事觀之。斲輪。徐則甘而不固。疾則苦而不入。不徐不疾。得之於手。應之於心。口不能言。有數存焉。古之人與。不可傳也。出莊子。漢皇慕古。張孺陳譏。漢張良嘗匿下邳。見老父。授之以書曰。孺子可教。故稱良曰張孺。項羽圍漢王於滎陽。王與酈食其謀撓楚。食其曰。昔湯武伐桀紂。皆封其後。請立六國後。王曰。善。食具以告張良。良曰。誰爲陛下畫此計。陛下事去矣。爲陳八不可之說。見史。此亦不欲勞也。且多記則損心。多語則損氣。心氣內損。形神外勞。初雖不覺。後必爲累。音類後同。須爲社稷自愛。爲去聲後同。豈爲性好自傷乎。好去聲。竊以今日升平。皆陛下力行所至。欲其長久。匪由辯博。但當忘彼愛憎。慎茲取捨。每事敦朴。無非至公。若貞觀之初。則可矣。至如秦政強辯。失人心於自矜。魏文宏材。虧衆望於虛說。此才辯之累。皎然可知。累音類伏願畧茲雄辯。浩然養氣。孟子曰。我善養吾浩然之氣簡彼緗圖。緗淺黃色圖書也。澹焉怡悅。固萬壽於南岳。詩云。不騫不崩。如南山之壽。齊百姓於東戶。則天下幸甚。皇恩斯畢。太宗手詔答曰。非慮無以臨下。非言無以述慮。比有談論。比音鼻遂至煩多。輕物驕人。恐由茲道。形神心氣。非此爲勞。今聞讜言。虛懷以改。按通鑑係十八年。上好文學而辯敏。羣臣言事者。多引古今以折之。多不能對。洎上書云云。上飛白答之。

張氏九成曰。君子以謹容成德。而疎直致患。而況處重之地。可不戒哉。洎每剛直敢言。始以受知。終以速禍。蓋太宗英明剛武。以取天下。挾振矜之態。雖議論及於羣臣。而是正之語。或不容下。或在復詰難。或面折其短。才辯自逞。氣驕於人。夫以咫尺之威。生殺在手。非剛直之徒。孰與抗哉。而洎遠引聖人不言。大辯若訥。深爲勸戒。所以恢寬厚之德。其[illegible]進言之路。觀其所陳。若有優柔樂易之性矣。及其發言處身。或不自慮。夫以太宗之明。竟不深察。何知之不審。始卒有異乎。抑疑似之詰。有以啟之也。

唐氏仲友曰。上執其議。下輸其直。此議論之體也。以鯀之不才。堯獨知之。然從試可乃已之論。則人君之言。豈務求勝。太宗以智辯自居。徃復窮詰。此最足以害從諫之美。洎兩言之。切中其病。孟子所謂拒人於千里外者也。答詔猶有反覆是非之言則太宗自聖之病。顧亦難瘳。賴洎言之不已。使太宗許以能改。不然。其去德豈遠乎哉。一鑑既往獨洎能出此言不亦賢乎。

愚按。劉洎諫疏。想見太宗。以英雄之姿。運神機。縱天辯。未免有輕物驕人之失。儻非能尅已自勵。勉強從諫。則所謂智足以拒諫。辯足以飾非。由此乎生矣。今聞讜言。虛懷以改。其得爲賢君也。宜哉。

杜讒邪第二十三 凡七章

貞觀初。太宗謂侍臣曰。朕觀前代。讒佞之徒。皆國之蟊賊也。蟊音矛。蟲之害稼者。或巧言令色，朋黨比周，比音鼻。若暗主庸君，莫不以之迷惑。忠臣孝子，所以泣血銜冤。故叢蘭欲茂，秋風敗之；王者欲明，讒人蔽之。此事著於史籍，不能具道。至如齊隋間，讒譖事，耳目所接者，略與公等言之。斛律明月，斛律復姓，明月其字，名光。後齊朝兼行將相，有名譽，鄰敵所憚。齊朝良將，將去聲。威震敵國，周家每歲斷汾河冰，慮齊兵之西渡。及明月被祖孝徵，名珽。珽為讒言讒斛律光，殺之。讒構伏誅，周人始有吞齊之意。高熲，隋之賢相。有經國大才，為隋文帝贊成霸業，為去聲。後並為同。知國政者二十餘載，天下賴以安寧。文帝惟婦言是聽，特令擯斥。令平聲。及為煬帝所殺。刑政由是衰壞。又隋太子勇。文帝太子名勇。後廢爲庶人。撫軍監國。監平聲。凡二十年間。固亦早有定分。分去聲。楊素玄感之父。爲隋相。欺主罔上。賊害良善。使父子之道。一朝滅於天性。朝音昭。楊素揣知獨孤后意。盛言太子不才。文帝於是禁太子勇部分。收其黨與。楊素舞文巧詆。以成其獄。廢勇立晉王廣爲皇太子。是爲煬帝。逆亂之源。自此開矣。隋文既混淆嫡庶。竟禍及其身。社稷尋亦覆敗。古人云。代亂則讒勝。誠非妄言。朕每防微杜漸。用絕讒構之端。猶恐心力所不至。或不能覺悟。前史云。猛獸處山林。處上聲。藜藿爲之不採。直臣立朝廷。姦邪爲之寢謀。此實朕所望於羣公也。魏徵曰。禮云。戒慎乎其所不睹，恐懼乎其所不聞。（中庸首章之辭）詩云：「愷悌君子，無信讒言。讒言罔極，交亂四國。」（詩小雅青蠅篇之辭）又孔子曰：「惡利口之覆邦家。」（惡，烏去聲）蓋爲此也。臣嘗觀自古有國有家者，若曲受讒譖，妄害忠良，必宗廟丘墟，市朝霜露矣。願陛下深慎之。

愚按：自古讒邪之爲惑，人主非有知人之明，不能辨也。太宗援據古今，以責望於其臣；魏徵數述經訓，以致戒於其君。可謂極君臣之契，讒邪無得而間矣。厥後有毀徵阿黨者，使溫彥博按之，雖足以直徵之枉，而左右之爲讒者，竟不聞顯正其罪，固非止讒之道。及徵之卒，乃因封正倫之黜，復以阿黨疑之。疑情一萌，讒言遂入，謂徵錄諫辭示史官，有賣己直彰君過之意者，遂有停婚仆碑之令，何不察之甚邪！使太宗它日無征遼東之悔，尚得爲明主乎？信夫，知人之難也。

貞觀七年，太宗幸蒲州，刺史趙元楷課父老服黃紗單衣迎謁路左，盛飾廨宇，修營樓雉以求媚。又潛飼羊百餘口、魚數千頭，將饋貴戚。太宗知，召而數之曰：數上聲 朕巡省河洛，省上聲 經歷數州，凡有所須，皆資官物。卿爲飼羊養魚，爲去聲 雕飾院宇，此乃亡隋弊俗，今不可復行。復音缶 當識朕心，改舊態也。以元楷在隋邪佞，故太宗發此言以戒之。元楷慙懼，數日不食而卒。子聿反。舊本此章在貪鄙篇，今附入此。

愚按：元楷仕隋爲歷陽郡丞，以獻異味，超遷江都郡丞。迹其邪佞，蓋與高德儒之指野鳥爲鸞無異。太宗縱不能誅之。豈可復使爲民之父母乎。異時潛飼羊魚。盛飾廨宇。蓋猶以事隋者而事唐也。太宗數而責之。是矣。然使能黜其官。致其罪。布告天下。咸以爲戒。豈不尤偉矣乎。

貞觀十年。太宗謂侍臣曰。太子保傅。古難其選。成王幼小。以周召爲保傅。左右皆賢。足以長仁。長音掌致理太平。稱爲聖主。及秦之胡亥。始皇所愛。趙高作傅。教以刑法。及其篡也。誅功臣。殺親戚。酷烈不已。旋踵亦亡。以此而言。人之善惡。誠由近習。朕弱冠。去聲交遊。惟柴紹字嗣昌。臨汾人。以任俠聞。高祖妻以平陽公主。武德初。拜左翊衛大將軍。累從戰伐而有功。竇誕等外戚也。貞觀爲宗正卿。太宗與語。昏謬失對。以光祿大夫罷。爲人。既非三益。論語曰。益者三友。友直友諒。友多聞。及朕居茲寶位。經理天下。雖不及堯舜之明，庶免乎孫皓高緯之暴。孫皓，三國吳主，是爲烏程侯，降于晉。高緯，北齊後主，爲周所虜。以此而言，復不由染，何也？魏徵曰：中人可與爲善，可與爲惡。然上智之人，自無所染。陛下受命自天，平定寇亂，救萬民之命，理致升平，豈紹誕之徒，能累聖德。累音類。但經云：放鄭聲，遠佞人。遠，去聲。論語，孔子答顏淵問爲邦之辭。近習之間，尤宜深慎。太宗曰：善。按自誠由近習已上，文重出。師傅篇，舊本此章在直諫篇，今附入于此。

愚按：帝堯與共驩同處，而不爲共驩之所化；周公與管蔡同處，而不爲管蔡之所化。夫上智不移，唯堯與周公爲能耳。然堯猶畏孔壬，周公猶懼流言，豈恃其資質之美，而謂惡人不能染哉。下此，則善人之芝蘭，惡人之鮑魚，未有不與之俱化者也。唐太宗少與柴紹爲友，而不能昏太宗之德。世莫不疑焉。以愚觀之。太宗之所以爲太宗。以其賢賢之過人也。其不能進於三代之君者。以柴竇輩爲之累也。雖然。太宗少年之事爾。及其君臨天下。雖房杜王魏。並居輔相而封爵守文之流。亦得厠乎其間。此貞觀之治。所以止於如是也。然則太宗。所謂不由漸染者。其然豈其然乎。

尚書左僕射杜如晦奏言。監察御史陳師合。史無傳。上拔士論。兼人之思慮有限。一人不可總知數職。以論臣等。太宗謂戴胄曰。朕以至公理天下。今任玄齡如晦。非爲勳舊。以其有才行也。爲。行。並去聲。此人妄事毀謗止欲離間我君臣。間。去聲。昔蜀後主昏弱名禪。先主之子。齊文宣狂悖。然國稱理者。以任諸葛亮楊遵彥。並見前注。不猜

范氏祖禹曰。太宗欲聞直言。而惡告訐。不惟聖譖讒而又罪之。可謂至明且遠矣。此爲君爲長之道

愚按。上封事者許人小惡。而太宗罪之讒人告魏徵謀反。而太宗誅之。此可謂明也已。陳師合上拔士論。謂一人不可總知數職。斯乃天下之確論也。如晦遽以爲譏論臣等。太宗遽以爲毁謗離間至流師合於嶺外。亦可謂冤也已。然則合三事而觀之。太宗得其二。而失其一乎。

貞觀十六年。太宗謂諫議大夫褚遂良曰。卿知起居比來比音鼻記我行事善惡。遂良曰。史官之設。君舉必書。善既必書。過亦無隱。太宗曰。朕今勤行三事。亦望史官不書吾惡。一則鑒前代成敗事。以爲元龜。二則進用善人。共成政道。三則斥棄羣小。不聽讒言。吾能守之終不轉也。

唐氏仲友曰。太宗所言。皆君道。然謂守而不失。亦望史官不書吾惡。則有護過之意矣。伐遼之監不遠。而窮兵用魏徵。而仆碑於身後。知宇文士及佞。而游言自解。謂守而不失。未免自矜也。

愚按。善惡直書。而義自見。此史臣之職也。揜其不善。而著其善。此人情之常也。爲人上者。其於言行之際。知善而力行之。知惡而力改之。在我而已。史臣直筆。吾不知也。太宗嘗欲觀史矣。而復問起居所記之行事。是欲史臣每有以彰其善。而有不善者。則削而不書也。所行果出於善。始終如一。史臣豈得而揜其善乎。勤行三事之言。雖爲君道之善。而表襮於起居注之臣。則似有矜善之意矣。

悔過第二十四 凡四章

貞觀二年。太宗謂房玄齡曰。爲人大須學問。朕往爲（去聲）羣兇未定。東西征討。躬親戎事。不暇讀書。比來（北音）

之故也。朕今任如晦等。亦復如法。於是流涑師合于嶺外。舊本自此已下三章在貪鄙篇。今附入此。

孫氏甫曰。人主之任大臣。不可不專。亦不可專若深知其人。可付國事。不專任之。何以責成功。蓋專任則責重。責重則人必盡其才力也。若知人未至。而專任之。苟無成功。則有敗事。又或竊擅威福。有難制之患。二者惟在人主審之。不可一失。失則事機難追矣。太宗可謂能審知人之術者也。知房杜之賢。而付以國事。房杜方盡心職事。已著功效。陳師合以平常之見。欲移主意。如晦奏其事。意似不廣。然慮小臣間言。漸害於事。公言之爾。太宗不惑師合之言。房杜荷信任如是。敢不盡其才力乎。此所以成太平之治也。然有太宗之明。房杜之賢。則可專任。而不容人言。人主知人未至。當審其付任不可執此爲法。

說見後章。

貞觀中，太宗謂房玄齡、杜如晦曰：「朕聞自古帝王上合天心，以致太平者，皆股肱之力。朕比開直言之路者，比音鼻庶知寃屈，欲聞諫諍。所有上封事人，多告訐百官，訐音結細無可採。朕歷選前王，但有君疑於臣，則下不能上達，欲求盡忠極慮，何可得哉？而無識之人，務行讒毀，交亂君臣，殊非益國。自今已後，有上書訐人小惡者，當以讒人之罪罪之。」

魏徵爲秘書監，有告徵謀反者。太宗曰：「魏徵，昔吾之讐，秖以忠於所事，吾遂拔而用之，何乃妄生讒構？」竟不問徵，遽斬所告者。

舜四海安靜。身處殿堂。（處上聲）不能自執書卷。使人讀而聽之。君臣父子。政教之道。共在書內。古人云。不學墻面蒞事惟煩。（周書周官之辭）不徒言也。却思少小時行事。（少去聲）大覺非也。

愚按。夫子於易之益曰。君子以見善則遷。有過則改。釋者謂見善能遷。則可以盡天下之善。有過能改。則無過矣。益於人者。無大於是。夫遷善改過。學者之所難。而太宗定天下之亂。處帝王之尊。乃能知讀書之善。而能遷之。却少時之過。而能改之。可謂知爲益之道矣。充是心也。爲益之道。豈有窮際乎。

貞觀中。太子承乾。多不修法度。魏王泰。尤以才能爲太宗所重。特詔泰移居武德殿。魏徵上疏諫曰。魏王既是陛下愛子，須使知定分去聲，常保安全。每事抑其驕奢，不處嫌疑之地也。今移居此殿，使在東宮之西。海陵昔居，時人以爲不可。雖時移事異，猶恐人之多言。又王之本心，亦不寧息。既能以寵爲懼，伏願成人之美。太宗曰：我幾不思量，甚大錯誤。幾、量，並平聲。遂遣泰歸於本第。

愚按：古者世嫡之位既定，而衆子各有定分。觀於周官之衣服膳羞之不會者，必曰惟王及后世子。王及后固也，而世子與焉者，所以示尊隆絶覬覦也。太宗之時，知承乾不修法度矣，乃重魏王泰之才，固以踰分越制矣。又使居武德殿，他日兩廢之事，寧非太宗有以啓之也。雖以魏徵之言，覺大錯誤，終非宜爲矣。重天下之本者，愼之哉。

貞觀十七年。太宗謂侍臣曰。人情之至痛者。莫過乎喪親也。故孔子云。三年之喪。平聲後同。天下之通喪。孔子答宰我之辭。自天子達於庶人也。又曰。何必高宗。商君武丁也。古之人皆然。孔子答子張之辭。近代帝王。遂行不逮。漢文以日易月之制。漢文帝行短喪。以日易月。甚乖於禮典。朕昨見徐幹中論。後漢徐幹。撰中論二十篇。復三年喪篇。義理甚深。恨不早見此書。所行大疏畧。疏平聲。但知自咎自責。追悔何及。因悲泣久之。

愚按。孟子曰。三年之喪。齊疏之服。飦粥之食。自天子達於庶人。三代共之。夫三年之喪者。子生三年。然後免於父母之懷。故父母之喪必以三年。古今貴賤通行之禮也。然自漢文短喪。以日易月。歷代因之。恬不知改。天子遂無三年之喪。人紀廢壞。綱常不明。莫甚於此。太宗雖不能蚤遵經訓。躬行其禮。而能引咎自責。追悔悲泣。抑亦可以爲孝矣。後之人君。所宜遵復古制。以詔後世。俾子孫守之。永永無斁。罔使蹈漢文之失。貽太宗之悔。豈不卓冠千古哉。

貞觀十八年。太宗謂侍臣曰。夫（音扶）人臣之對帝王。多承意順旨。甘言取容。朕今欲聞已過。卿等皆可直言。散騎常侍劉洎對曰。陛下每與公卿論事。及有上書者。以其不稱旨。（稱去聲）或面加詰難。（難去聲）無不慙退。恐非誘進直言之道。太宗曰。朕亦悔有此問難。當即改之。

此章重出納諫篇直諫類。此比此爲詳

奢縱第二十五（凡二章）

貞觀十一年。侍御史馬周上疏陳時政曰。臣歷覩前代。自夏殷周及漢氏之有天下傳祚相繼多者八百餘年。（史記。注。周凡三十七主。八百六十七年。）少者猶四五百年（史記。注。從禹至桀十七君十四世。有王與無王。用歲四百七十一年。殷凡三十一世六百二十九年。東西兩漢共二十四帝。凡四百二十四年。見漢書）皆爲（去聲後同）積德累業恩結於人心。豈無僻王。賴前哲以免尔。自魏晉已還降及周隋多者不過五六十年。少者纔二三十年而亡（三國。蜀二主。四十五年。魏五主。四十五年。吳四主。五十九年。西晉四主。五十三年。南齊七主。二十二年。蕭梁四主。五十六年。陳五主二十三年。東晉十一主。一百三年。劉宋八主。六十年。元魏十二主。一百一十九年。東魏一主。十七年。西魏三主。二十二年。北齊五主。二十八年。後周五主二十五年。隋三主。三十七年。）良由創業之君不務廣恩化。當時僅能自守。後無遺德可思。故傳嗣之主。政教少衰。一夫大呼(去聲)而天下土崩矣。今陛下雖以大功定天下。而積德日淺。固當崇禹湯文武之道。廣施德化。(施平聲)使恩有餘地。爲子孫立萬代之基。豈欲但令政教無失。(令平聲後同)以持當年而已。且自古明王聖主。雖因人設教。寬猛隨時。而大要以節儉於身。恩加於人。二者是務。故其下愛之如父母。仰之如日月。敬之如神明。畏之如雷霆。此其所以卜祚遐長而禍亂不作也。今百姓承喪亂之後。比於隋時。纔十分之一。而供官徭役。道路相繼。兄去弟還。首尾不絕遠者往來至五六千里，春秋冬夏暑無休時。陛下每有恩詔，令其減省，而有司作旣不廢，自然須人。徒行文書，役之如故。臣每訪問，四五年來，百姓頗有怨嗟之言，以陛下不存養之。昔唐堯茅茨土階，夏禹惡衣菲食，如此之事，臣知不復可行於今。漢文帝惜百金之費，輟露臺之役，集上書囊，以爲殿帷，所幸夫人（愼夫人也。）衣不曳地。至景帝以錦繡綦組妨害女工，特詔除之，所以百姓安樂。至孝武帝，雖窮奢極侈，而承文景遺德，故人心不動。向使高祖之後，卽有武帝，天下必不能全。此於時代差近，事迹可見。今京師及益州

諸處。益州今仍舊。隸四川營造供奉器物。供平聲并諸王妃主服

飾。議者皆不以爲儉。臣聞昧旦丕顯。後世猶怠。作法

於理。其弊猶亂。陛下少處人間。少去聲。處上聲知百姓辛苦

前代成敗。目所親見。尚猶如此。而皇太子。生長深宮

不更外事。長音掌。更平聲卽萬歲之後。固聖慮所當憂也。臣

竊尋往代以來成敗之事。但有黎庶怨叛。聚爲盜賊。

其國無不卽滅。人主雖欲改悔。未有重能安全者。凡

修政教。當修之於可修之時。若事變一起。而後悔之

則無益也。故人主每見前代之亡。則知其政教之所

由喪。而皆不知其身之有失。是以殷紂笑夏桀之亡。

而幽厲亦笑殷紂之滅。周幽王。名宮涅。厲王。名胡。皆無道之主。隋帝大業之初。又笑周齊之失國。然今之視煬帝。亦猶煬帝之視周齊也。故京房京。姓。房。名。字君。漢東郡人。治易謂漢元帝云。臣恐後之視今。亦猶今之視古。此言不可不戒也。往者。貞觀之初。率土霜儉。一匹絹纔得粟一斗。而天下怡然。百姓知陛下甚憂憐之。故人人自安。曾無謗讟。自五六年來。頻歲豐稔。一匹絹得十餘石粟。而百姓皆以陛下不憂憐之。咸有怨言。又今所營爲者。頗多不急之務故也。自古以來。國之興亡。不由蓄積多少。唯在百姓苦樂。音洛且以近事驗之。隋家貯洛口倉。而李密因之。東京積布帛。王世充據之。西京府庫亦爲國家之用。至今未盡。向使洛口東都無粟帛。即世充李密未必能聚大衆。但貯積者。固是國之常事。要當人有餘力。而後收之。若人勞而彊斂之。斂去聲竟以資寇。積之無益也。然儉以息人。貞觀之初。陛下已躬爲之故今行之不難也。爲之一日。則天下知之。式歌且舞矣。若人既勞矣。而用之不息。儻中國被水旱之災。邊方有風塵之警。狂狡因之竊發。則有不可測之事。非徒聖躬旰食晏寢而已。旰。居案切。日晚也。若以陛下之聖明。誠欲勵精爲政。不煩遠求上古之術。但及貞觀之初則天下幸甚。太宗曰。近令造小隨身器物不意百姓遂有嗟怨。此則朕之過誤。乃命停之按史傳通鑑此與諭諸王定分刺史縣令同一疏。

范氏祖禹曰。紂積鉅橋之粟。武王發之。人主不務德。而務聚斂者。民散而國亡。太宗在位寖久。將外事四夷。內治宮室。聚財積穀。欲以有為。馬周先事而諫。欲如初年之節儉。可謂順其美而救其惡矣。

胡氏寅曰。馬周所言。四五事。太宗從其一而已。其要曰。陛下當隆禹湯文武之業。豈得但恃當年而已。此最太宗之病也。豈特太宗。凡三代已後得天下者皆然。皆不知治蠱先甲後甲之義。前弊未盡革。而後患已生矣。汲黯謂武帝內多欲。而外施仁義。太宗嬪御不為稀。營造不為少。窮兵黷武。以收遐畧在位十餘年矣。年豐食足。而百姓怨咨。馬周言之。帝未改也。豈非經濟之術已殫。無所可為乎。

愚按馬周此疏。以三代帝王取天下保天下之道望之太宗。可謂能責難於其君矣。夫禹湯文武之道。修之於身。推之於家國天下。而後道洽政治。摩潤生民。非可以勉強而爲之也。太宗爲唐賢君。謂其行事有合於禹湯文武則可。奚以禹湯文武之道。則未之盡也。孟子曰。王者之民。皞皞如也。營造器物而百姓怨嗟。與皞皞之氣象有間矣。幸而因周之言。卽命停罷。其足以保貞觀之盛也。以此。若夫廣施德化。爲子孫立萬代之基。此王者必世後仁之事。未能進於是矣。三代之所以長治久安者。其必有道也夫。

貪鄙第二十六　凡六

貞觀初。太宗謂侍臣曰。人有明珠。莫不貴重。若以彈雀。豈非可惜。況人之性命。甚於明珠。見金錢財帛。不懼刑網。徑卽受納。乃是不惜性命。明珠是身外之物。尚不可彈雀。何況性命之重。乃以博財物耶。羣臣若能備盡忠直。益國利人。則官爵立至。皆不能以此道求榮。遂妄受財物。贓賄既露。其身亦殞。實可爲笑。帝王亦然。恣情放逸。勞役無度。信任羣小。疎遠忠正。遠去聲有一於此。豈不滅亡。隋煬帝奢侈自賢。身死匹夫之手。亦爲可笑。

愚按。周禮。天官以聽官府之六計弊羣吏之治必察之以廉。甚矣貪之足以禍其身也。夫利所以資身。利積而身敗。則利乃所以殞身也。可不戒哉。然自昔戒貪之言。多矣。善乎太宗之言曰。明珠。身外之物。尚不可以彈雀。何況性命之重乃以博財物。此可爲有官君子之箴。終之曰。帝王亦然。是不惟有以戒其臣而亦以自戒也。可不謂賢君乎。

貞觀二年。太宗謂侍臣曰。朕嘗謂貪人不解愛財也。

〔解音懈後同〕至如內外官。五品以上。祿秩優厚。一年所得其數自多。若受人財賄。不過數萬。一朝彰露。祿秩俱削奪。此豈是解愛財物。規小得而大失者也。昔公儀休〔公儀。複姓。休。名。魯相也。〕性嗜魚。而不受人魚。其魚長者。且爲主貪必喪其國。爲臣貪必亡其身。詩云大風有隧貪人敗類。〔詩大雅桑柔篇之辭。〕固非謬言也。昔秦惠王〔即秦惠公。僭稱王。是爲惠文王。〕欲伐蜀。不知其逕。乃刻五石牛。置金其後。蜀人見之以爲牛能便金〔便平聲〕蜀王使五丁力士。拖牛入蜀。道成。秦師隨而伐之。蜀國遂亡。〔事見蜀記。〕漢大司農〔漢制。掌諸錢穀金帛貨獘之職。〕田延年〔字子賓。齊諸田之後。漢昭帝時爲大司農。〕贓賄三千萬事覺自死。時茂陵富人焦氏賈氏以數千萬積貯炭葦諸葬物。昭帝大行用度未辦。延年奏言豫收不祥物。與疾用以求利。非臣民所當爲。請沒入官。奏可。富人皆怨。出錢求延年罪。初大司農取民牛車三萬兩。爲僦車。直千錢。延年詐增二千。凡六千萬盜取其半。焦賈告其事。時議以延年廢昌邑王時。嘗發大議。當以功覆過。霍光曰。在就獄公議過。延年曰。我何面目入牢獄。遂刎死。如此之流。何可勝記。勝平聲朕今以蜀王爲元龜。卿等亦須以延年爲覆轍也。

愚按。書曰。凡厥正人。旣富方穀。中庸曰。忠信重祿。所以勸士。蓋分田制祿。所以養其愧恥之心。而厲其忠廉之節也。太宗謂當時五品已上。祿秩自厚。若受財。不過數萬。其知所以勸矣。自以蜀王爲監。以牛金而亡國。欲臣下以田延年爲監。以贓賄而殞身。非特以此戒臣下。且以此律其身。則列于庶位者。寧不知所懲哉。

貞觀四年。太宗謂公卿曰。朕終日孜孜。非但憂憐百姓。亦欲使卿等長守富貴。天非不高。地非不厚。朕常兢兢業業。以畏天地。卿等若能小心奉法。常如朕畏天地。非但百姓安寧。自身常得驩樂。音洛。古人云。賢者多財。損其志。愚者多財。生其過。此言可爲深誡。若徇私貪濁。非止壞公法。損百姓。縱事未發聞。中心豈不常懼。恐懼既多。亦有因而致死。大丈夫豈得苟貪財物。以害及身命。使子孫每懷愧耻耶。卿等宜深思此言。

愚按詩云。上帝臨女。毋貳爾心。自古聖人。拳拳於畏天者。豈謂人君。尊無與敵。借天以壓之哉。

蓋競業祇懼。是乃天心之所存。而堯舜禹湯所傳之大原也。太宗自謂常競競業業。以畏天地。又使羣臣當如朕畏天地。是眞能合乎聖人畏天之學矣。然太宗之所謂天者。蒼蒼之天耳。昊天曰明。及爾出王。昊天曰旦。及爾游衍。何往而非天哉。一息之間斷。非畏天也。一事之所輟。非畏天也。詩曰。文王之德之純。聖人之所以事天者。純而已矣。愚觀太宗之行事。知謹刑矣。而復濫殺。知尚文矣。而復慕武。知任賢矣。而復聽讒。知斷恩矣。而復牽愛。甚矣其雜而不純也。此豈足爲畏天之實哉。

貞觀六年。右衛將軍陳萬福。自九成宮赴京。違法取驛家麩數石。太宗賜其麩。令自負出以耻之。令平聲

愚按大學引孟獻子之言曰。與其有聚斂之臣。寧有盜臣。蓋君子寧亡已之財。而不忍傷民之力故也。陳萬福違法取驛家麩。非有取於民者。其盜臣之謂乎。太宗賜其麩。令自負出。以愧其

心。而不加罪。可謂寬仁也已。

貞觀十年。治書侍御史權萬紀上言。宣饒二州。宣州今爲寧國路。饒州。今仍舊。並隸江東。諸山大有銀坑採之極是利益。每歲可得錢數百萬貫。太宗曰。朕貴爲天子。是事無所少之。惟須納嘉言。進善事。有益於百姓者。且國家賸得數百萬貫錢。何如得一有才行人。行去聲不見卿推賢進善之事。又不能按舉不法。震肅權豪。惟道稅鬻銀坑以爲利益。昔堯舜抵璧於山林。投珠於淵谷。由是崇名美號見稱千載。後漢桓靈二帝。後漢桓帝名志。靈帝名宏。好利賤義好去聲。漢靈帝時。開西邸。賣官自關內侯。虎賁。羽林入錢各有差。私令左右賣公。卿公。千萬。卿五百萬。又賣關內侯假金印紫綬傳世。入五百萬。爲近代庸暗之主。卿遂欲將我比桓靈耶。是日勑放令萬紀還第。令平聲。

孫氏甫曰。太宗所以能斥言利之臣者。無它。內能節用。外謹制度絕權倖。抑恩寵。無妄費耳。官中欲修一殿。則想秦皇之過。公卿請營一閣。則念文帝之儉。將修洛陽殿。則聽張玄素之言而遂止。嫁送長樂。則納魏徵之諫而從薄。宮人罷遣而出者三千。此其謹身節用。天下已陰受其賜矣。而文武官止六百四十三員。府兵止六十萬。又皆散之農畝以自給。天子惟務德義。以致治平。薄賦斂。以厚風俗而已。此言利之臣。所以不能合也。

胡氏寅曰。大學之教。曰。長國家而務財用者。必自小人矣。與其有聚斂之臣。寧有盜臣。故治國不以利爲利。而以義爲利也。自事言之。國家歲得數百萬緡。非因頭會箕斂。而取之山澤。似亦未有害者。太宗不惟置其利。又且黜其人。而專以進賢利民爲急。以桓靈私藏爲戒。審所取舍。明示好惡。可爲人君法矣。

愚按大學曰。治國家。不以利爲利。而以義爲利也。觀太宗卻權萬紀銀坑之奏。眞能不以利爲利者。蓋當是時。宮室服用。每能愼乃儉德。是宜諄諄訓下。無愧辭也。夫表正而景隨。源淸則流淸。表未正。而求正於景。源未淸。而求淸於流。無是理也。是故欲臣下厲廉名。當自人君之崇儉德始。

貞觀十六年。太宗謂侍臣曰。古人云。鳥棲於林。猶恐其不高。復巢於木末。魚藏於水。猶恐其不深。復穴於窟下。然而爲人所獲者。皆由貪餌故也。今人臣受任。居高位。食厚祿。當須履忠正。蹈公淸。則無災害。長守富貴矣。古人云。禍福無門。惟人所召。然陷其身者。皆爲（去聲）貪冒財利與夫（音扶）魚鳥何以異哉。卿等宜思此語爲鑒誡。舊本。此章重出鑒戒篇。今按此章。喻貪爲切。故去彼存此。

愚按太宗訓臣下廉潔之爲美。貪利之爲害者。數矣。魚鳥之喻。尤其明白痛切。令人讀之竦然。誠足懲創人之逸志也。可不戒哉。

貞觀政要卷第六

貞觀政要卷第七　弋直集論　朱載震校閲

崇儒學二十七　論文史二十八

論禮樂二十九

崇儒學第二十七 凡六章

太宗初踐祚。即於正殿之左。置弘文館。精選天下文儒。令以本官令平聲兼署學士。給以五品珍膳。更日宿直。更平聲以聽朝之隙。引入內殿。討論墳典。論平聲商略政事。或至夜分乃罷。又詔勳賢三品已上子孫。爲弘文學生。舊本此與後三章。通爲一章。今按崇儒雖同。典故則異。分爲三章。又按通鑑。武德九年九月。上於弘文殿。聚四部書。二十餘萬卷。置弘文館於殿側。精選天下文學之士。虞世南。褚亮。姚思廉。歐陽

詢。蔡允恭。蕭德言等。並以本官兼學士。云
云。又取三品已上子孫。充弘文館學生。

眞氏德秀曰。後世人主之好學者。莫如唐太宗。當戰攻未息之餘。巳留情於經術。召名儒學士以講磨之。此三代以下之無有也。既卽位。置弘文館於殿之側。引內學士番宿更休。聽朝之暇。與討古今。論成敗。或日昃夜艾。未嘗少息。此三代以下之所又無也。故陸贄舉之以告德宗。謂言及稼穡艱難。則務遵節儉。言及閭閻疾苦。則議息征徭。此所以致貞觀之治也。後之人君有志於帝王之事業。則貞觀之規模。不可以不復。

愚按太宗之好學。可謂至矣。其未卽位也。廣招瀛洲之賢。其既卽位也。大啟弘文之館。討論墳典。商略政事。蓋自三代以下。人君講學之勤。未能或之先也。然嘗論之。太宗之所講學。豈眞堯舜禹湯文武孔顏之學也。夫允執厥中。堯之學也。危微精一。舜禹之學也。建中建極。湯武之學也。忠恕一貫。孔門師友之學也。瀛洲諸賢之所講。亦嘗及於此乎。愚不得而知也。弘文諸儒之

所講。亦嘗及於此乎。愚不得而知也。愚獨怪夫君臣問答之際。詔令章疏之間。一事之微。無不講也。一物之細。無不講也。獨於統宗會元之地。邈無一語及之。是則太宗之學。學其所學。非堯舜禹湯文武孔顏之學也。嗚呼。周公沒而百世無善治。孟軻死而千載無眞儒。詎不信哉。

貞觀二年。詔停周公爲先聖。始立孔子廟堂於國學。稽式舊典。以仲尼爲先聖。顏子爲先師。兩邊俎豆干戚之容。始備于兹矣。是歲大收天下儒士。賜帛給傳。去聲。驛傳也。令詣京師。令平聲。後同擢以不次。布在廊廟者甚衆。學生通一大經已上。咸得署吏。署吏職入仕也國學增築學舍四百餘間。國子太學四門廣文。亦增置生員。其書筭各置博士學生。以備衆藝。唐制國子太學廣文四門律書筭凡七學。

皆置博士。國子。掌教三品以上。及國公子孫。從二品以上曾孫爲生者。太學。掌教五品以上。及郡縣公子孫。從三品曾孫爲生者。廣文館。掌領國子學生業進士者。四門館掌教七品以上侯伯子男爲生。及庶人子爲俊士生者。律學書學筭學。掌教八品以下及庶人子爲俊士生者。又有五經博士。掌以其經教國子。

太宗又數幸國學。數。音朔令祭酒。司業。凡會同饗醼。必尊長先以酒祭先。故曰祭酒。長者之稱也。唐制國子監祭酒。掌邦國儒學訓導之政。兼領諸學。凡釋奠。則爲之初獻。司業。其貳職也。博士。講論畢。各賜以束帛。四方儒生負書而至者。蓋以千數。俄而吐蕃及高昌高麗新羅等諸夷酋長。音掌亦遣子弟請入于學。於是國學之內。鼓篋升講筵者。篋。方竹器。所以盛書籍者幾至萬人。幾。平聲儒學之興。古昔未有也。按儒林傳。貞觀十四年。召天下惇師老德以爲學官。數臨幸。觀釋菜。廣學舍千二百區。益生員至三千二百。自屯營飛騎。皆給博士受經。能通經者聽入貢限。四方秀艾。坌集京師。於是新羅高昌。百濟吐。蕃。高麗等羣酋長。並遣子弟入學。鼓笥踵堂者。凡八千餘人。雖三代之盛。所未聞也

范氏祖禹曰。古之教者。家有塾。黨有庠。遂有序。國有學。士修之於家而後升於鄉。升於鄉而後升於國。升於國而後達於天子。其教之有素。其養之有漸。故成人有德。小子有造。賢才不可勝用。由此道也。後世鄉里之學廢。人君能教者。不過聚天下之士。而爲合於京師。學者衆多。耀於一時而已。非有教養之實也。唐之儒學。惟貞觀開元爲盛。其人才之所成就者。亦可睹矣。孟子曰。學所以明人倫也。無學則人倫不明。故有國者以爲先。如不復三代之制。未知其可也。

愚按昌黎韓子原道曰。堯以是傳之舜。舜以是傳之禹。禹以是傳之湯。湯以是傳之文武周公孔子。然周公而上。得位而與時者也。孔子。不得位與時者也。得位與時者。其道見之於事。不得位與時者。其道託之於言。而宰我曰。以予觀於夫子賢於堯舜遠矣。夫堯舜而至周公去夫子之

時邈矣。正道日以榛蕪，非得夫子，則堯舜之道，何由而明於後世哉。六經之訓，如日行天，夫子之功也。先儒周子謂宜乎後世無窮王祀夫子，報德報功之無盡焉。夫周公國為先聖，配孔子廟堂於國學，以夫子為先聖，實始於太宗，遂為萬代之定制。廟祀徧天下，人知尊夫子之道，即知尊堯舜禹湯文武周公之道矣。太宗聰明英睿之君，真特見也。王封起於開元，亦太宗有以致之。

貞觀十四年，詔曰：梁皇侃（苦旦切。皇姓，侃名。明三禮，為散騎侍郎。一作皇甫侃者，非），褚仲都（明周易），周熊安生（字植之，長樂人，為國子博士），沈重（字子厚，通春秋羣書，為五經博士），陳沈文阿（字國衛，通三禮、春秋，為五經博士），周弘正（字思行。晉周顗之後，為國子博士），張譏（字直言，武城人，為國子博士），隋何妥（字栖鳳，西城人，為國子祭酒），劉炫（字光明，河間人，為太學博士），並前代名儒，經術可紀加以所在學徒多行其講疏。宜加優賞。以勸後生。可訪其子孫見在者。見音現錄姓名奏聞。二十一年詔曰。

左丘明。左丘明見於論語。程子謂古之聞人。唐啖趙氏謂孔子所言左丘明。在孔子前。則左氏傳非丘明所爲。亦有姓左而不得其名者。爲此傳也。或問朱子。朱子曰。未可知也。先友鄧著作考姓氏書曰。蓋左丘姓。而名明。傳春秋者。乃左氏耳。然則太宗詔從祀諸儒。以左丘明爲首。而寘於公穀之列者。蓋漢晉以來。相傳誤以左氏爲左丘明也。卜子夏。名商。孔子弟子。以文學稱。序詩傳易禮春秋。公羊高。公羊姓。高名。子夏弟子。傳春秋。穀梁赤。穀梁姓。赤名。子夏弟子。傳春秋。伏勝。濟南人。爲秦博士。漢文時求治尚書者。聞伏生能治之。欲召。時年九十餘。詔使往受之。秦時焚書。伏生藏於屋壁。兵起流亡。獨得二十九篇。教于齊魯之間。高堂生。魯人。前漢爲博士。得儀禮十七篇。傳於世。爲漢言禮宗。戴聖。前漢爲九江太守。得禮記三十六篇。傳於世。號小戴記。毛萇。趙人。爲漢

◎

河間獻王詩博士。治詩孔安國。孔子之後。漢武帝時爲博士。至臨淮太守。爲古文尚書之宗劉向。字子政。漢楚元王之後。成帝時爲光祿大夫。校五經。鄭衆後漢爲大司農卿杜子春後漢河南人馬融字季長。扶風人。漢桓帝時爲南郡太守。著春秋三傳異同說盧植。字子幹。後漢爲北中郎將鄭玄。字康成。北海人。後漢爲大司農卿。著易書詩禮論語孝經國語乾象曆天文等書服虔。字子慎。後漢爲九江太守何休。字邵公。後漢爲諫議大夫。解春秋公羊傳孝經論語等書王肅。字子雍。三國時爲魏太常蘭亭侯。注孔子家語王弼。字輔嗣。三國時爲魏尚書郎。注易杜預。字元凱。晉惠帝時爲鎮南大將軍當陽侯。注春秋左氏傳范甯。西晉時爲豫章太守。注春秋穀梁傳等二十有一人並用其書垂於國胄。既行其道理合褒崇自今有事於太學可並配享尼父廟堂。父。音甫。魯哀公誄孔子之稱其尊儒重道如此曹氏仲友曰。梁周陳隋之際。吾道窮矣。儒於此時猶守先王之經。有如劉炫之徒。至於流離饑餓而不悔其其所發明。有以資後學之講習。太宗能引擢其子孫以報之。至於左丘明等二十一人。用其書行其道者。則又配享於夫子以褒大之。先儒子孫嘗引擢之恩。又有得配夫子之祀者。則今之諸儒。能不加勉。又足爲後世故實。太宗二舉。豈不美哉。

愚按太宗既以夫子爲先聖。立廟堂於國學。後數年復優異梁周陳隋名儒之子孫。雖其經術學行未探聖賢之閫奥。然亦可以風厲天下矣。又後數年。復詔以左丘明等二十一人配享孔廟。左氏諸儒注釋經義。考論制度。使後世有所依據。誠足以當此秩祀。遂爲不刊之典。太宗是舉。亦前帝王所未及行也。夫儒之近者。恩洽於子孫。儒之遠者。禮秩於配享。太宗之崇儒重道顧不美歟

貞觀二年。太宗謂侍臣曰。爲政之要。惟在得人。用非

其才。必難致治。今所任用。必須以德行去聲後同學識爲本。諫議大夫王珪曰。人臣若無學業。不能識前言往行。豈堪大任。漢昭帝時昭帝。名弗陵。武帝幼子。有人詐稱衛太子。名據。武帝太子。衛皇后所生。聚觀者數萬人。衆皆致惑。雋不疑雋音吮。姓也。不疑。其名。字曼倩。渤海人。時爲京兆尹斷以蒯聵之事蒯。古買切。蒯聵春秋時衛靈公世子也。出奔于宋。靈公卒。孫出公輒立。晉又納蒯聵于戚。父子爭國。後十五年蒯聵入。是爲莊公。輒乃出奔昭帝曰。公卿大臣當用經術明於古義者昭帝始元五年。有男子乘黃犢車。詣北闕。自謂衛太子。詔公卿識視。皆不敢言。雋不疑後到。叱從吏收縛曰。昔蒯聵出奔。輒距而不納。春秋是之。衛太子得罪先帝。亡不即死。今來自詣。此罪人也。遂詔送獄。帝嘉之。廷尉驗治。竟得姦詐此則固非刀筆俗吏所可比擬。上曰。信如卿言愚按賈子有言。移風易俗。使天下回心而鄉道。類非俗吏之所能爲也。昔漢霍光因夏侯勝之言。而重經術之士。昭帝因雋不疑之事。謂公卿大臣當用明於古義者。夫漢之諸儒。要非真儒也。而明效大驗如此。況真知道者哉。太宗謂任人須用德行學識爲本。王珪謂人臣若無學業。豈堪大任。其說美矣。此貞觀之治所由致也。然太宗王珪之所稱道者。又果真儒也哉。

貞觀四年。太宗以經籍去聖久遠。文字訛謬。詔前中書侍郎顏師古名籀。其先琅琊人。博學善屬文。隋世李綱薦之。授安養尉。高祖入關謁見。授朝散大夫。遷中書舍人。詔令一出其手。貞觀中。蹔正五經。拜秘書少監。後撰五禮成。進爵爲子。於秘書省考定五經。及功畢。復詔尚書左僕射房玄齡集諸儒重加詳議。重平聲。時諸儒傳習師說。舛謬已久。皆共非之。異端蠭起。而師古輒引晉宋已來古本。隨方曉答援據詳明。皆出其意表。諸儒莫不歎服。太宗稱善者久之。賜帛五百匹。加授通直散騎常侍。晉以員外常侍與散騎常通直。故號通直。後世因之。頒其所定書於天下。令學者習焉。令。平聲。太宗又以文學多門。章句繁雜。詔師古與國子祭酒孔穎達等諸儒。撰定五經疏義。凡一百八十卷。名曰五經正義。付國學施行。舊本五經疏義另爲一章。今合爲一章。

唐氏仲友曰。五經出於煨燼之餘。諸儒傳習不勝異說。當其並行之初。是非當否之說。特未定也。世傳既久。其迂怪淺陋之學。稍稍堙滅。其能盛行於世者。如王弼之易。孔安國之書。毛鄭之詩。鄭氏之三禮。杜預之左氏。何休之公羊。范甯之穀梁。皆卓然顯行於世。而其他不勝異說之數十百家。爲之盡廢。然爲數子之學者。又各持異見。太宗始命名儒。爲義疏以統一之。豈可謂無益於經哉。然亦崇其教而已。

道未也。

又曰。自漢以來。經學分析。傳習不同。重以南北之分。浸益訛舛。師古家世齊周。乃能通晉宋舊文。故能釐正南北之謬。其有益於學者多矣。

愚按自經籍僅遺於秦火之餘。漢儒修補掇拾而專門名家之學。紛紜轇轕。學者不勝考也。太宗典起斯文。命顏師古考定五經。孔穎達撰定疏義。易主於王弼。書主於安國。詩主於毛鄭。三禮主於康成。杜預之左傳。何休之公羊。范甯之穀梁。皆卓然顯行於世。而其他數十百家盡廢唐之疏義。可謂有功於經矣。然嘗論之。古者易有田氏。焦氏費氏數家。自唐以王弼爲正。而秦漢象數之學晦矣。古者書有歐陽氏。大小夏侯氏數家。自唐以安國爲正。而古文今文之本亂矣。古者詩書之序不附於正經易之十翼不附於爻象。自唐之疏義既出。而經傳殽亂。不可復考矣。由此論之。則明六經之道者。疏義也。晦六經之道者。亦疏義也。雖然。名物度數之詳。字義音釋之備。毫分縷析。使後世有考焉。此則其功之不可誣者也。

太宗嘗謂中書令岑文本曰。夫人雖禀定性。夫音扶必須博學以成其道。亦猶蜃性含水待月光而水垂。蜃音腎。大蛤也。海上月明。蜃吐氣如樓閣之狀木性懷火待燧動而焰發。燧。取火之木也。春取榆柳之火。夏取棗杏之火。夏季取桑柘之火。秋取柞楢之火。冬取槐檀之火人性含靈待學成而爲美。是以蘇秦刺股。刺。音漆。蘇秦。字季子。雒陽人。師鬼谷子。得太公陰符。伏而誦之。讀書欲睡。引錐自刺其股血流至踵。簡練揣摩。至期年而成。後遊說。佩六國相印董生垂帷。董生。名仲舒。廣州人。漢景帝時爲博士治春秋。下帷講誦。弟子以次相授。或莫見其面。三年不窺園。其精如此。學者皆師尊之武帝即位。舉賢良對策三篇。擢爲江都王相不勤之藝。則其名不立。文本對曰。夫音扶人性相近。情則遷材。必須以學飭情。以成其性。禮云。玉不琢不成器。人不學不知道。禮學記之辭。所以古人勤於學問。謂之懿德。

愚按學之為言效也。人性皆善。覺有先後。後覺者。必效先覺之所為。而後可以明善而復其初也。由此論之。善者吾性之所本有。非學則無以復之也。猶水者。蜃性之所本有。非月則無以成之也。火者。木性之所本有。非燧則無以發之也。太宗此論。雖後世醇儒不能遠過。文本斯時。政當告之曰。陛下既知性善之具於己。則性無內外之分。不當慎於外而怠於內也。性無始終之異。不當謹於始而怠於終也。于以攻其邪心。格其非心。庶乎疾之有瘳矣。顧乃泛引學記之言。無所匡救。道之不明。有君無臣。豈不可歎之甚哉。

文史第二十八 凡四章

貞觀初。太宗謂監修國史房玄齡曰。比見比音鼻前後漢史載錄揚雄甘泉羽獵揚雄。字子雲。成都人。漢成帝時。有薦雄文似相如者。上方郊祠甘泉泰畤汾陰后土。以求繼嗣。召雄待詔承明之庭。從上甘泉還。奏甘泉賦以風。後上羽獵。雄從。以爲非堯舜成湯文王三驅之意。故作羽獵賦以風。司馬相如子虛上林司馬。復姓。相如。名。成都人。著子虛賦。漢武帝讀而善之。乃召問相如。相如曰。此乃諸侯之事。未足觀。請爲天子游獵之賦。相如以子虛。虛言也。欲明天子之義。故虛藉爲辭。以推天子諸侯之苑囿。爲子虛上林賦。其卒章歸之於節儉。因以諷諫。班固兩都等賦。班固。字孟堅。彪之子也。漢明帝時爲校書郎。繼父業。著西漢書。後遷玄武司馬。作西都東都賦。此既文體浮華。無益勸誡。何假書之史策。其有上書論事。詞理切直。可裨於政理者。朕從與不從。皆須備載

胡氏寅曰。凡人之心。已以爲是。則欲天下皆是。已以爲非。則欲天下皆非。太宗於此。其心廣矣。不

自以爲是而沒人之善。使後有考焉。雖然。切直之言。猶瞑眩之藥。將以已疾也。如其可服。含而不服而姑存其方。豈若勉勉而從之。以收益身之用乎

愚按春秋者。諸史之本也。襃善貶惡。進君子。退小人。進中國。退夷狄。一言一字。皆足爲後世法後世之史。表年紀事而已。固難律之。以春秋之法。要使其善足爲勸。惡足爲戒。可也。無益之文。何必廁於其間哉。太宗謂漢史載甘泉等賦。文體浮華。無益勸戒。其說是也。近時司馬氏作通鑑。於韓文載文暢序。於柳文載梓人傳。取其有益於世教也。較之舊史載進學解等文。相去遠矣。司馬氏之書。眞太宗之遺意哉

貞觀十一年。著作佐郎鄧隆。通鑑作鄧世隆。避太宗諱。除世字表請編次太宗文章爲集。太宗謂曰。朕若制事出令。有益於人者。史則書之。足爲不朽。若事不師古。亂政害物。

雖有詞藻。終貽後代笑。非所須也。秖如梁武帝父子。武帝及昭明太子統也及陳後主。名叔寶。字元秀。高宗長子也。國號陳。多與狎客賦詩。後爲隋所滅。封長城公。隋煬帝。亦大有文集。如玉樹後庭花曲。清夜遊西園曲之類而所爲多不法。宗社皆須臾傾覆。凡人主惟在德行去聲何必要事文章耶。竟不許。按通鑑係十二年。

愚按。昔史臣贊堯曰欽明文思。贊舜曰。濬哲文明。未嘗不言文也。夫子之言堯曰。煥乎其有文章。朱子謂文者。德之著乎外者也。其經緯天地者乎。後世帝王於是乎有文集矣。若梁武帝父子。陳後主。隋煬帝之所謂文。文與行乖。何足云也。太宗謂人主惟在德行。何必事文章。此言固爲要論。然蘊之爲德行。發之爲文辭。昭回天章。光被萬物。如帝堯之文章。尚何厭於文哉

貞觀十三年。褚遂良爲諫議大夫。兼知起居注。太宗

問曰。卿比知起居。比音鼻書何等事。大抵於人君得觀見否。朕欲見此注記者。將卻觀所爲得失以自警戒耳。遂良曰。今之起居古之左右史禮天子言則左史書之。動則右史書之以記人君言行。去聲善惡畢書。庶幾人主不爲非法。幾平聲不聞帝王躬自觀史。太宗曰。朕有不善。卿必記耶。遂良曰。臣聞守道不如守官。臣職當載筆。何不書之。黃門侍郎劉洎進曰。人君有過失如日月之蝕。人皆見之。設令平聲遂良不記。天下之人皆記之矣。

范氏祖禹曰。人君言行被於天下。炳若日月。衆皆睹之。其得失何可私也。欲其可傳於後世。莫若自修而已矣。何畏乎史官之記。必自觀之邪。劉洎謂天下亦皆記之。斯言足以儆其君心。全其臣職矣。

愚按古者天子。動則左史書之。言則右史書之。所以約飭人君之身心。使之無言動之失而已。唐制雖不盡古。而意則猶古。必得其人以舉厥職。則庶乎其有儆也。若遂良之言。可謂能守其職矣。劉洎之言。則兩箴之也。賢矣哉

貞觀十四年。太宗謂房玄齡曰。朕每觀前代史書。彰善癉惡。癉。音亶。病也。足爲將來規誡。不知自古當代國史。何因不令平聲帝王親見之。對曰。國史既善惡必書。庶幾平聲人主不爲非法。止應平聲畏有忤旨。故不得見也。太宗曰。朕意殊不同古人。今欲自看國史者。蓋有善事。固不須論。若有不善。亦欲以爲鑒誡。使得自修改耳。卿可撰錄進來。玄齡等遂刪略國史爲編年體。撰

高祖太宗實錄各二十卷表上之。太宗見六月四日事。武德九年。六月丁巳。秦王殺太子建成。齊王元吉。語多微文。乃謂玄齡曰。昔周公誅管蔡而周室安。見公平篇注季友鴆叔牙而魯國寧。鴆直禁切。毒鳥也。以羽歷飲食即殺人。春秋時魯莊公有三弟。長慶父。次叔牙。次季友。莊公娶孟任。生子班。欲立之。及病。問嗣於叔牙。叔牙曰。慶父可爲嗣。公患之。問季友。季友請立班。季友以公命。使人飲叔牙以鴆朕之所爲。義同此類。蓋所以安社稷。利萬人耳。史官執筆。何煩有隱。宜即改削浮詞。直書其事。侍中魏徵奏曰。臣聞人主位居尊極。無所忌憚。惟有國史。用爲懲惡勸善。書不以實。後嗣何觀。陛下今遣史官正其辭。雅合至公之道范氏祖禹曰。古者官守其職。史書善惡。君相不與焉。故齊太史兄弟三人死於崔杼。而卒不沒其罪。此姦臣賊子所以懼也。後世人君得以觀史。而宰相監修。欲其直筆。不亦難乎。司馬遷有言。文史星歷。近乎卜祝。蓋止於執簡記事。直書其實而已。非如春秋有襃貶賞罰之文也。後之爲史者務襃貶而忘事實。失其職矣。人君任臣以職。而宰相不與史事。則善惡庶乎其可信也。

文曰。昔者象日以殺舜爲事。舜爲天子也。則封之。管蔡。啟商以叛周。周公爲相也則誅之。其迹不同而其道一也。舜知象之將殺已也。故象憂亦憂。象喜亦喜。盡其誠以親愛之而已矣。象得罪於舜。故封之。管蔡流言於國。將危周公以間王室。得罪於天下。故誅之。非周公誅之。天下之所當誅也。周公豈得而私之哉。後世如有王者不幸而有害兄之弟如象。則當如舜封之是也。不幸而有亂天下之兄如管蔡。則當如周公誅之。是也。舜處其常。周公處其變。此則聖人所以同歸于道也。若夫建成。元吉。豈得罪於天下者乎。苟非得罪於天下。則殺之者。已之私也。豈周公之心乎愚按唐世臨湖之事。先儒論之詳矣。太宗至是乃自比於周公。誅管蔡爲同類。尤不能逃儒者之議焉。文公朱子謂只消以公私斷之。周公全以周家天下爲心。太宗則假仁義以濟私欲。斯言盡之矣。愚謂使建成有泰伯固讓之心。而太宗得如王季因心之友。則至德在建成。聖德在太宗可以掩絶千古矣。是可爲歎息也

禮樂第二十九 凡十二章

太宗初即位。謂侍臣曰。準禮名終將諱之。前古帝王。亦不生諱其名。故周文王名昌。周詩云。克昌厥後。春秋時魯莊公名同。十六年經書齊侯宋公同盟于幽。唯近代諸帝。妄爲節制。特令生避其諱。令平聲理非通允。宜有改張。因詔曰。依禮二名。義不偏諱。尼父達聖。

非無前指。近世以來。曲爲節制。兩字兼避。廢闕已多。率意而行。有違經語。今宜依據禮典。務從簡約。仰效先哲。垂法將來。其官號人名。及公私文籍。有世及民兩字不連讀。並不須避

愚按春秋傳曰。周人以諱事神。名終將諱之。禮曰。不諱嫌名。二名不偏諱。著在禮經。昭然可法諱名。所以示尊事之意也。降及後世。諱益繁而愈重。有偏有旁有嫌。甚至改易聖經之字。遂失其義。甚非古也。太宗灼見近代之失。去其繁文。二名不偏諱。允合古義

貞觀二年。中書舍人高季輔上疏曰。竊見密王元曉等。（高祖第二十一子也）俱是懿親。陛下友愛之懷。義高古昔。分以車服。委以藩維。須依禮儀。以副瞻望。比見（比音鼻）

子拜諸叔。諸叔亦卽答拜。王爵既同。家人有禮。豈令如此顛倒昭穆。昭。如字。古者宗廟之次。左爲昭。右爲穆。而子孫亦以爲序。說見朱子中庸

或問

伏願一垂訓誡。永循彝則。太宗乃詔元曉等。不得答吳王恪魏王泰兄弟拜

唐氏仲友曰。詩書所載。必起宗族家之未正。其如邦何。正帝子於諸叔之昭穆。豈惟得敘族之禮。亦以明本支。見尊無二上之義。

愚按禮曰。天子之元子士也。天下無生而貴者。入學齒胄。所以尚敬也。矧以帝諸子而受諸叔之答拜。殊失親親之殺。豈禮也哉。季輔之言。太宗之詔。誠爲彝則。

貞觀四年。太宗謂侍臣曰。比聞比音鼻京城士庶居父母喪者。喪平聲乃有信巫書之言。辰日不哭。以此辭。於

吊問拘忌輟哀。敗俗傷風。極乖人理。宜令（平聲）州縣教導齊之以禮典

愚按太史公謂陰陽家。使人拘而多畏。降及後世。其說愈長。其術愈衍。而拘畏愈甚。今人欲遠絕而不能然。嘗觀傳曰。辰在子卯。謂之疾日。君徹宴樂。從古以來。有是說。此又何也。以子卯而不樂。亦猶辰日而不哭也。太宗嘗以辰日哭張公謹矣。此固足以破時俗之惑。而天下至有辰日而不哭父母者。夫父天母地之傾摧。號天叩地之不及。乃以辰日而不哭。此情果何爲哉。太宗令州縣教導齊之以禮典。善矣。然陰陽之說。流弊于今。豈惟辰日不哭而已哉。傷風敗俗。乖亂人理者尤多。上之人道之以德。齊之以禮。庶幾其少改乎

貞觀五年。太宗謂侍臣曰。佛道設教。本行善事。豈遣僧尼道士等。妄自尊崇。坐受父母之拜。損害風俗。悖

亂禮經。宜即禁斷。仍令（平聲）致拜於父母

愚按張子西銘曰。乾稱父。坤稱母。人藐焉而中處。則天地其大父母也。書曰。天子作民父母。以爲天下王。則天子者。天下之父母也。詩曰。父兮鞠我。母兮育我。則育我鞠我者。一家之父母也。僧道二字。三代無是名也。後世而有其名。有其人矣。獨非上乾下坤。而處於中者乎。獨非爲天下父母者之民乎。獨非一家父母之子乎。而曰出世間矣。上而不拜君王。下而不拜父母。其不在君臨之內歟。不出鞠育之中歟。吾不知其何心也。若唐世至於坐受父母之拜。尤爲不經之甚。太宗勅之。禁斷。仍令致拜父母。允合民彝。誠可爲後世之法也。

貞觀六年。太宗謂尚書左僕射房玄齡曰。比（比音鼻）有山東崔。盧。李。鄭。四姓。雖累葉陵遲。猶恃其舊地好自矜大。（好去聲）稱爲士大夫。每嫁女他族。必廣索聘財。以

多爲貴。論數定約。同於市賈（音古）甚損風俗。有紊禮經。既輕重失宜。理須改革。乃詔吏部尚書高士廉。御史大夫韋挺。中書侍郎岑文本。禮部侍郎令狐德棻等。（棻音汾。令狐複姓。德棻名也。宜州人。博貫文史。武德初。起居舍人。嘗建言論次隋周正史。貞觀三年。詔德棻等撰周齊梁陳隋史書成遷。禮部侍郎）刋正姓氏。普責天下譜諜。兼據憑史傳。（去聲）剪其浮華。定其眞僞。忠賢者褒進。悖逆者貶黜。撰爲氏族志。士廉等及進定氏族等第。遂以崔幹爲第一等。太宗謂曰。我與山東崔。盧。李。鄭。舊既無嫌。爲其世代衰微。（爲去聲）全無官宦。猶自云士大夫。婚姻之際。則多索財物。或才識庸下。而偃仰自高。販鬻松檟（檟音賈）依託富貴我不解（解音蟹）人間何爲重之且士大夫有能立功爵位崇重善事君父忠孝可稱或道義清素學藝通博此亦足爲門戶可謂天下士大夫今崔盧之屬唯矜遠葉衣冠寧比當朝之貴公卿已下何暇多輸錢物兼與他氣勢向聲背實（背音倍）以得爲榮我今定氏族者誠欲崇樹今朝冠冕何因崔幹（通鑑作崔民幹避太宗諱除民字）猶爲第一等秖看卿等不貴我官爵耶不論數代已前秖取今日官品人才作等級宜一量定用爲永則遂以崔幹爲第三等至十二年書成凡百卷頒天下又詔曰氏族之美寔繫於冠冕婚姻

之道。莫先於仁義。自有魏失御。齊氏云亡。市朝既遷。風俗陵替。燕趙古姓。多失衣冠之緒。齊韓舊族。或乖禮義之風。名不著於州閭。身未免於貧賤。自號高門之胄。不敦匹嫡之儀。問名唯在於竊貲。結褵必歸於富室。乃有新官之輩。豐財之家。慕其祖宗。競結婚姻。多納貨賄。有如販鬻。或自貶家門。受辱於姻婭。或矜其舊望。行無禮於舅姑。積習成俗。迄今未已。既紊人倫。實虧名教。朕夙夜兢惕。憂勤政道。往代蠹害。咸已懲革。唯此弊風。未能盡變。自今已後。明加告示。使識嫁娶之序。務合禮典。稱朕意焉。稱去聲。按通鑑凡二百九十三姓。千六百

五十一家

唐氏仲友曰。古者重氏姓。故有同姓異姓庶姓之別。以天揖時揖士揖爲之禮。奠繫世。辨昭穆。史氏掌之。豈容少有混淆。自秦罷侯封。而命氏別族之禮廢。自魏有中原而華夷之姓。雜然無辨。唐承南北之弊。氏族之書。安得不作。又出英斷。以定高下。不幸遭許李挾艷后以焚信書至見自爲勳格。而又納幣踰制。禁昏成敝。使太宗之美意。不得一傳。可勝歎哉。

林氏之奇曰。善惡貴賤之在天下。猶白黑之不相掩。初不可以一時之私見而决之也。班孟堅作古今人物表。止曰羲皇至于西漢。凡善惡之目。別爲九等。而錙銖之。遂使後世之議。紛然而起。此無他。善惡之在天下。自有公論。而非一時私見所得而决之故也。太宗之論。可謂一當世之失。以合夫天下之公論矣。然猶以一時品秩之高下。而爲後世門戶之貴賤。則太宗所見猶未免於徇流俗之情也。孰若付之公論。使貴者自貴。賤者自賤乎愚按人之賢否不同。善惡萬狀。初不可以家世而求之也。以堯舜爲父而有朱均。以瞽鯀爲父而有舜禹。伊尹自耕稼而佐成湯。傳說自版築而相武丁。太公自漁釣而爲周太師。此豈以家世而求之邪。況自魏有中原。華夷之姓雜然無辨。赫連托始於夏后。拓跋推本於軒轅。李氏以玄元爲祖。崇韜認汾陽爲宗。書史失傳。譜諜無據。至若唐之崔。盧。李。鄭。矜其門地。販鬻婚姻。無所不至。太宗深疾斯弊。思欲革而正之是矣。然猶以一時品級之高下。而爲後世門戶之貴賤則滋惑也。姑以當時言之。當時名臣。無過房杜。厥後遺愛與公主爲非。杜荷與承乾造逆。將以其父祖之賢德而取之乎。抑以其子孫之叛逆而黜之乎。然此猶在易世之後也。若侯君集。與凌烟之圖。而身爲叛逆。許敬宗與登瀛之選。而心極奸邪。又將何以處之乎。夫物之不齊。物之情也。柰何欲定以一時之私見哉。宜其紛紛而卒無補於事也。

禮部尚書王珪子敬直。尚太宗女南平公主。珪曰。禮有婦見舅姑之儀。自近代風俗弊薄。公主出降。此禮皆廢。主上欽明。動循法制。吾受公主謁見。豈爲身榮。所以成國家之美耳。遂與其妻就位而坐。令公主親執巾。行盥饋之道。令。平聲。盥。音管。饋。音匱。盥。以盤水沃手也。左傳奉匜沃盥。饋。以食爲餉也。易家人主中饋。言婦人職乎中饋與順而已禮成而退。太宗聞而稱善。是後公主下降。有舅姑者。皆備行此禮。

唐氏仲友曰。有父子。則有舅姑。漢以來尚主者。以貴降其父。可謂逆人倫。滅天理矣。唐興猶不行婦禮。王珪正之。不亦宜乎。

愚按古者王姬下嫁於諸侯。車服不繫其夫下王后一等。猶執婦道。以成肅雝之德。降及後世。而此禮失矣。夫人主以一身爲人倫之主。居億兆之上。斯則尊無二上也。帝女下降則婦道也。

豈宜以天子之女。而紊五常之大倫乎。太宗能善王珪言。使公主行婦禮。可謂庶幾乎。人倫之至也。

貞觀十二年。太宗謂侍臣曰。古者諸侯入朝。有湯沐之邑。古者諸侯京師有朝宿之邑。泰山有湯沐之邑。蓋朝宿。亦名湯沐。諸侯來京師。主爲朝王。故名朝宿。從王巡狩。主爲助祭。祭必沐浴。故名湯沐。隨事立名爾芻禾百車。芻。茭也。禾。稈也。所以供軍馬待以客禮。晝坐正殿。夜設庭燎。音遼。大燭也。諸侯將朝。則司烜以物百枚。并而束之。設於門內也思與相見。問其勞苦。又漢家京城亦爲去聲後同諸郡立邸舍。頃聞考使去聲。後同。卽朝集使也至京者。皆賃房以坐。與商人雜居。纔得容身而已。既待禮之不足。必是人多怨歎。豈肯竭情於其理哉。乃令就京城閑坊。爲諸州考使各造邸第。及成。太宗親幸觀焉。

愚按漢世於京師置諸侯王邸第。諸侯王朝會寓焉。上計吏到京寓焉。太宗爲諸州考使各造邸第。允合古制。及其成。親幸臨觀。尤見優異之意。孰不竭情於共理哉。

貞觀十三年。禮部尚書王珪奏言。准令三品已上遇親王於路。不合下馬。今皆違法申敬。有乖朝典。太宗曰。卿輩欲自崇貴。卑我兒子耶。魏徵對曰。漢魏已來。親王班皆次三公下。今三品並天子六尚書九卿。爲王下馬。爲去聲王所不宜當也。求諸故事。則無可憑。行之於今。又乖國憲。理誠不可。帝曰。國家立太子者。擬以爲君人之修短。不在老幼。設無太子。則母弟次立。母弟同母之弟也。以此而言。安得輕我子耶。徵又曰。殷人尚質。有兄終弟及之義。自周已降。立嫡必長。音掌所以絕庶孽之窺窬。塞禍亂之源。本爲國家者。所宜深慎。太宗遂可王珪之奏

愚按昔漢賈誼治安之書曰。禮不敢齒君之路馬。蹙其芻者有罰。見君之几杖則起。遭君之乘車則下。又曰。王侯三公之貴。皆天子之所改容而禮之也。古天子之所謂伯父伯舅也。然則臣之所以致敬於其君。君之所以禮貌於其臣。各盡其道而已。王珪之奏固然。而未免啟太宗輕我子之疑。而太宗之言亦豈貴貴尊賢之道哉。且當是時。儲位之定久矣。太宗至是而有設無太子。則母弟次立之語。固一時違慮之言也。如魏王泰輩之妄想。寧不兆於此言耶。可不慎哉。

貞觀十四年。太宗謂禮官曰。同爨尚有緦麻之恩。而嫂叔無服。又舅之與姨。親疎相似。而服之有殊。未爲得禮。宜集學者詳議。餘有親重而服輕者。亦附奏聞。是月尚書八座與禮官定議曰。臣竊聞之禮所以決嫌疑。定猶豫。別同異。（別。披列切）明是非者也。非從天下。非從地出。人情而已矣。人道所先。在乎敦睦九族。（九族者。高祖至女孫之親。舉近者以該遠。五服異姓之親。亦在其中）九族敦睦。由乎親親。以近及遠。親屬有等差。故喪紀有隆殺。（喪。平聲。殺。音賽）隨恩之薄厚。皆稱情以立文。（稱。去聲。後同此）原夫（音扶）舅之與姨。雖爲同氣。推之於母。輕重相懸。何則舅爲母之本宗。姨乃外戚他姓。求之母族。姨不與焉。與，音預。考之經史。舅誠爲重。故周王念齊。是稱舅甥之國。左傳成公二年。晉侯使鞏朔獻齊捷于周。王弗見。使單襄公辭曰。夫齊甥舅之國也。寧不亦淫從其欲。抑豈不可諫。秦伯懷晉實切渭陽之詩。詩。秦渭陽篇曰。我送舅氏。曰至渭陽。朱子註。舅氏。秦穆公之舅。晉公子重耳也。出亡在外。穆公召而納之。時康公爲太子。送之渭陽。而作此詩。渭，水名。秦時都雍。至渭陽者。蓋東行送之於咸陽之地也。今在舅服止一時之情。爲姨居喪五月。爲，去聲。後同。喪，平聲。後喪紀同。五月，小功之服。徇名喪實。逐末棄本。此古人之情或有未達。所宜損益。寔在茲乎。禮記曰。兄弟之子猶子也。蓋引而進之也。嫂叔之無服。蓋推而遠之也。推，他回切。遠，去聲。並後禮。喪記篇之辭。禮繼父同居則爲之期。未嘗同則不爲服。從母之夫。從，去聲，後同。舅之妻。二人相爲服。或曰同爨緦麻。然則繼父且非骨肉。服重由乎同爨。恩輕在乎異居。固知制服雖係於名文。蓋亦緣恩之厚薄者也。或有長年之嫂。長，音掌。遇孩童之叔。劬勞鞠養。情若所生。分饑共寒。契濶偕老。契，音挈。譬同居之繼父。方他人之同爨。情義之深淺。寧可同日而言哉。在其生也。乃愛同骨肉。於其死也。則推而遠之。求之本源深所未喻。若推而遠之爲是。爲，如字，後同。則不可生而其居。生而共居爲是。則不可死同行路。重其生而輕其死。厚其始而薄其終。稱情立文。其義安在。且事嫂見稱。如字載籍非一。鄭仲虞則恩禮甚篤。名均。後漢時人。好義篤實。養寡嫂孤兒。恩禮敦至。兒子長。令别居並門。盡推財與之。使得一尊其母顏弘都則竭誠致感。名含。晉時人。嫂樊氏。因疾失明。含盡心奉養。醫須蚺蛇膽。含憂歎累時。有童子持囊授含。開視乃膽也。藥成。嫂病愈。馬援則見之必冠。馬援。字文淵。扶風人。後漢伏波將軍。奉嫂致恭。不冠不敢入廬見孔伋則哭之爲位。孔伋。孔子之孫。字子思。禮記檀弓篇。曾子曰。子思之哭嫂也爲位此蓋並躬踐敎義。仁深孝友。察其所行之旨。豈非先覺者歟。但于時上無哲王。禮非下之所議。遂使深情鬱於千載。至理藏於萬古。其來久矣。豈不惜哉。今陛下以爲尊卑之敘。雖煥乎已備。喪紀之制。喪平聲或情理未安。爰命秩宗。詳議損益。臣等奉遵明觸類傍求。採摭羣經。討論傳記。（論，平聲。傳，去聲。）或抑或引。兼名兼實損其有餘。益其不足。使無文之禮。咸秩。敦睦之情畢舉。變薄俗於既往。垂篤義於將來。信六籍所不能談。超百王而獨得者也。謹按曾祖父母舊服齊衰三月。（齊，讀曰咨。衰，七雷切。齊衰，五服之第二等。衣長六尺。博四寸。裳下緝曰齊衰）請加爲齊衰五月。嫡子婦舊服大功。（服九月）請加爲期。衆子婦舊服小功。今請與兄弟同爲大功。九月。嫂叔舊無服。今請服小功五月。其弟妻及夫兄亦小功五月。舅舊服緦麻。請加與從母同服小功五月。詔從其議。（詔從，如字）此並魏徵之詞也。

范氏祖禹曰。人莫不有本。自高祖以上。推而至於無窮。苟或知之。何可忘其所從來也。既遠矣。則服有時而絕。先王之意。豈以服盡而親絕乎。而後世不達於禮者。或益之。或損之。出於私意。不足為法也。嫂叔之無服。古之人豈於其嫂獨無恩乎。傳曰。其夫屬乎父道者。妻皆母道也。其夫屬乎子道者。妻皆婦道也。至於嫂不可以為母無屬乎妻道者也。故推而遠之。以明人倫。加之而無義。不若不加之為愈。凡喪服從先王之禮則正矣。

愚按古之制禮尚矣。嘗聞之師曰。凡喪禮制為斬衰功緦之法者。其文也。不飲酒不食肉不處內者。其實也。中有其實。而外飾以文。是為情文之稱。從服其服。而無其實。則與不服等爾。雖不服其服。而有其實者。謂之心喪。心喪有隆而無殺。服制之文。有殺而有隆。古之道也。蓋服制一以周公之禮為正。後世有所增改者。皆溺乎其文。昧乎其實。而不究古制禮之意者也。如從父之妻。名以母之黨而服。從子之妻。名以婦之黨而服。兄弟之妻。不可名以妻之黨。其無服者。推而遠之也。然兄弟有妻之服。已之妻有娣姒之服。已雖無服。必不華靡於其躬。宴樂於其室。如無服之人也。同爨且服緦麻。朋友尚加麻。鄰喪里殯。猶無相杵巷歌之聲。奚獨於兄嫂弟婦之喪。而恝然待之如行路人乎。古人制禮之意必有在而未易以淺識窺也。夫實之無所不隆者仁之至。文之有所或殺者。義之精。古人制禮之意蓋如此。後世意欲加厚於古。而不知古者之制。未嘗薄也。大抵古人所勉者。喪之實也。自盡於己者也。後世所加者。喪之文也。可號於人者也。誠僞之相去爲何如。嗚呼。安得起唐之君臣而與語斯義哉。

貞觀十七年。十二月癸丑。太宗謂侍臣曰。今日是朕生日。俗間以生日可爲喜樂。音洛。後同。在朕情翻成感思。君臨天下。富有四海。而追求侍養。永不可得。仲由懷負米之恨。家語。子路曰。昔者由也事二親之時。常食藜藿之食。爲親負米於外。親沒之後。

南遊於楚。從車百乘。積粟萬鍾。願欲食藜藿。爲親負米。不可復得也。良有以也。況詩云

哀哀父母。生我劬勞。上音渠。病苦也。詩。蓼莪篇之辭。柰何以劬勞之

辰。遂爲宴樂之事。甚是乖於禮度。因而泣下久之通鑑

係二十年十二月癸未

胡氏寅曰。劬勞之日。父母存。置酒爲壽。因以自慶可也。父母既亡。於是爲大爲宴樂。有人心者。宜乎此焉變矣。天子者。天下之表儀也。太宗念親不宴而泣。去之數百歲。讀其言。猶使人惻然有感。而後世流弊之遠。取於百姓。而爲人臣報上之忠。必如太宗一掃除之。則人主孝慕之志彰。而臣子諂諛之習革矣

愚按以巳之生日而念劬勞。君上之至情也。以君之生日而上朝賀。臣子之至情也。君上教天下以孝。臣子訓天下以忠。兩盡其情可也。

太常少卿（少，去聲）祖孝孫（祖，姓也。孝孫，名）奏所定新樂。（初隋用黃鍾一宮。惟擊七鍾。其五鍾設而不擊。謂之啞鍾。至是叶律郎張文收。乃依古斷竹爲十二律。命與孝孫吹調五鍾。叩之而應。由是十二律皆用。而孝孫又以二十二用旋相爲六十聲。八十四調。雅樂成調。無出七聲。七聲。一宮。二商。三角。四變徵。五正徵。六羽。七變宮。本宮迭相用。唯樂章則隨律定均。合以笙磬。節以鍾鼓）太宗曰。禮樂之作。是聖人緣物設教以爲撙節。（撙，祖本切）治政善惡。豈此之由。御史大夫杜淹對曰。前代興亡。實由於樂。陳將亡也。爲玉樹後庭花。（陳後主奢淫日甚。每飲酒。使妃嬪與狎客共賦詩。采其艷麗者。被以新聲。選宮女千餘人。習而歌之。分部迭進。其曲有玉樹後庭花。臨春樂。大畧皆美諸妃嬪之容色。君臣相酣歌。自夕達旦。以此爲常。由是覆滅）齊將亡也。而爲伴侶曲（齊東昏侯時作伴侶曲。後爲蕭衍所滅）行路聞之。莫不悲泣。所謂亡國之音，以是觀之，實由於樂。太宗曰：不然。夫音聲豈能感人。夫音扶歡者聞之則悅，哀者聽之則悲。悲悅在於人心，非由樂也。將亡之政，其人心苦，然苦心相感，故聞而則悲耳。何樂聲哀怨，能使悅者悲乎。今玉樹伴侶之曲，其聲具存，朕能爲公奏之，爲去聲知公必不悲耳。尚書右丞魏徵進曰：古人稱禮云禮云，玉帛云乎哉。唐史無此九字樂云樂云，鐘鼓云乎哉。論語孔子之辭樂在人和，不由音調。去聲太宗然之。按通鑑係貞觀二年祖孝孫以爲梁陳之音多吳楚，周齊之音多胡夷，於是斟酌南北，考以古聲，作唐雅樂，凡八十四調，二十一曲，十二和。詔協律郎張文收與孝孫同修定。六月乙酉，孝孫等奏新樂，上曰云云。

司馬氏光曰。禮者聖人之所履也。樂者聖人之所樂也。聖人履中正而樂和平。又思與四海共之。百世傳之。於是作禮樂焉。夫禮樂有本有文。中和者本也。容聲者末也。二者不可偏廢。先王守禮樂之本。未嘗須臾去其心。行禮樂之文。未嘗須臾遠於身。興於閨門。著於朝廷。被於鄉遂比鄰。達於諸侯。流於四海。自祭祀軍旅。至於飲食起居。未嘗不在禮樂之中。如此數千百年。然後治化周浹。鳳凰來儀也。苟無其本。徒有其末。一日行之而百日舍之。則雖韶夏濩武之音。亦不能有以化一夫矣。況齊陳淫昏之主。亡國之音。暫奏於庭。烏能變一世之哀樂乎。而太宗遽云治之隆替。不由於樂。何其發言之易而果於非聖人也。

朱氏鶴曰。樂生於人心。未嘗不與政通也。發於外者。雖本於人心之喜怒哀樂。而作於外者。亦足以感其心之逆順邪正。世有治亂。故其音有安樂怨怒之別。而其音噍殺嘽緩。粗厲勁直。亦足爲其民之思憂康樂剛毅肅敬之殊。聞韶護之音。不覺和易。聽鄭衛之曲。不期流靡。事有固然。是豈經傳誣云哉。如太宗所言。則聖人移風易俗之具。防情教和之理。皆妄誕也。聖人曰鍾鼓云。蓋傷後世徇器而忘情。知末而喪本耳。魏徵知太宗之非。不諫而反執是以順其旨。不惟不知樂。固亦不知經義也。

愚按古者聖人之作樂也。功成治定。德洽仁浹。衆賢和於上。萬民和於下。然後定律本。制器物。立曲調。習舞節。作爲一代之樂。以養情性。育人才。事神祇。和上下。其體用功効廣大深切如此。是故黎民時雍。韶樂之本也。然非后夔制樂。何以致鳳凰來儀之盛。綏萬邦。屢豐年。武樂之本也。然非周公制樂。何以致清廟肅雝之盛。蓋樂本於聖人之德。而樂之成也。又有以輔聖人之德。樂本於天地之和。而樂之成也。又有以召天地之和。先王重其本。而未嘗遺其末也。盡其實而未嘗舍其文也。徒有其樂而無其德。固無以爲美教化。成風俗之本。徒有其德而無其樂。則亦何以爲感神人。和上下之具哉。唐之君臣謂樂在人和。亦可謂知樂之本矣。然遽謂治政善惡。豈此之由。則是先王制作。皆爲具文矣。豈不悖哉。嗚呼。自秦滅典籍。樂經最爲殘缺。今其可知者百不存一。後之人君汲汲而求之。猶懼其漫滅難考。而況皆爲無用之具乎。司馬氏譏其發言之易而果於非聖人。詎不信哉。

貞觀七年。太常卿蕭瑀奏言。今破陳樂舞。陳。音陣。破陳樂。即七德舞也。太宗爲秦王時。破劉武周。軍中相與作破陳樂。用樂工百二十八人。被銀甲。執戟而舞。凡三變。每變爲四陣。象刺左圓右方。先偏後伍。交錯曲伸。以象魚麗鵝鸛。觀者莫不扼腕踴躍。元日。冬至。朝會慶賀常奏。後舞人改用進賢冠。虎文袴。螣蛇帶。烏皮靴。二人執旌居前。更號神功破陣樂。七德者。取左傳武有七德名之也。所以示其發揚蹈厲之容也。天下之所共傳。然美盛德之形容尚有所未盡。前後之所破劉武周。馬邑人。隋世爲鷹揚校尉。義寧初。據馬邑郡。起兵附于突厥。突厥立武周爲定楊可汗。稱帝。改元。後太宗敗之于并州。奔突厥。爲突厥所斬。薛舉。蘭州人。隋末起兵。自號西秦霸王。建元。後僭帝號于蘭州。太宗降舉于高墌城。未幾死。子

（仁杲代立。秦王率諸將討之。以仁杲及其黨歸京師，斬之。）竇建德、王世充等。臣願圖其形狀，以寫戰勝攻取之容。太宗曰：朕當四方未定，因爲天下（爲，去聲。後我爲同）救焚拯溺，故不獲已，乃行戰伐之事。（戰，一作攻）所以人間遂有此舞，國家因茲亦制其曲。然雅樂之容，止得陳其梗槩。若委曲寫之，則其狀易識。（易，以豉切）朕以見在將相，（見，音現。將相並去聲）多有曾經受彼驅使者。（曾，音層）既經爲一日君臣，今若重見其被擒獲之勢，（重，平聲）必當有所不忍。我爲此等，所以不爲也。蕭瑀謝曰：此事非臣思慮所及。（按史志，太宗令魏徵與李百藥等更製破陣樂，名曰七德舞。舞初成，觀者皆踴躍，諸將上壽，羣臣皆稱萬歲，蠻夷在庭者，請相率以舞。自是朝會奏賀，其

九功舞

同奏

愚按古之樂。莫善於韶舞。韶舞尚矣。今不可得而知矣。夫子之論武舞。有曰武始而北出再成而滅商。三成而南。四成而南國是疆。五成而分周公左。召公右。六成復綴以崇。其發揚蹈厲之容。進退擊刺之節不過以象其克殷紂。服荊蠻之事而已。固未聞圖畫亡國之君而陳之也。唐七德之舞。銀甲銳戟先偏後伍交錯屈伸。以象魚麗鵝鸛之陣雖不能上法三代蓋亦庶幾武舞之遺意矣。蕭瑀以爲未盡請圖畫劉武周等形狀以識之。夫君子於所不知蓋闕如也。瑀何所據而云耶。太宗謂今日將相有嘗爲其臣者觀之有所不忍。此特言當時之情耳。要之瑀之論。非特不便於當時。蓋亦無稽於往古也。

貞觀政要卷第七

貞觀政要卷第八　戈直集論　朱載震校閱

論務農三十　論刑法三十一

論赦令三十二　論貢賦三十三

辯興亡三十四

務農第三十 凡四章

貞觀二年。太宗謂侍臣曰。凡事皆須務本。國以人爲本。人以衣食爲本。凡營衣食。以不失時爲本。夫不失時者。夫音扶。後同。在人君簡靜乃可致耳。若兵戈屢動。土木不息。而欲不奪農時。其可得乎。王珪曰。昔秦皇漢武。外則窮極兵戈。內則崇侈宮室。人力既竭。禍難遂興難。去聲彼豈不欲安人乎。失所以安人之道也。亡隋之轍。殷鑒不遠。陛下親承其弊。知所以易之。易。如字。然在初則易。以豉切。終之實難。伏願慎終如始。方盡其美

太宗曰。公言是也。夫安人寧國。惟在於君。君無爲則人樂。音洛。君多欲則人苦。朕所以抑情損欲。剋己自勵耳。

愚按太宗之言曰。國以人爲本。人以衣食爲本。營衣食以不失時爲本。人不失時以人君簡靜爲本。竊嘗因其言而推之。舜之罔遊于逸。萬邦咸寧之本也。禹之克儉于家。朔南暨聲教之本也。湯之不邇聲色。表正萬邦之本也。文王之不敢盤于遊田。懷保小民之本也。自古興王之君。未有不簡靜寡欲者也。自古亡國之君。未有不淫侈多欲者也。至哉太宗之言乎。其可謂知本

者矣。雖然。言之非艱。行之爲難。太宗旣以隋之崇侈宮室爲鑒矣。而復有飛山翠微之作。旣以隋之窮兵黷武爲鑒矣。而復有高麗西域之師。魏徵曰。善始者實繁。克終者葢寡。王珪曰。在初則易。終之實難。然則向非二臣之言。又豈能始終踐言也哉。

貞觀二年。京師旱。蝗蟲大起。太宗入苑視禾。見蝗蟲掇數枚而呪曰。人以穀爲命。而汝食之。是害于百姓。百姓有過。在予一人。爾其有靈。但當蝕我心。無害百姓。將吞之。左右遽諫曰。恐成疾。不可。太宗曰。所冀移災朕躬。何疾之避。遂吞之。自是蝗不復爲災。

林氏之奇曰。夫天災可以至誠感。不可以人力勝。太宗齧蝗而吞之。不忍民受其災。其害自息。明皇遣使捕之。欲以人力勝天。而其災愈甚。天人之際。豈不甚明矣哉。

愚按昔成湯禱旱於桑林。以六事自責。身代犧牲。是不自有其身矣。夫千金之子。猶知愛其身。人君以一身履九五之尊位。崇高莫大焉。此身爲何如也。惟能知吾之一身。億萬蒼生之身也。則凡吾赤子之痒疴疾痛。舉切其身矣。太宗念蝗之爲民害。取而呑之曰。寧食吾肺腸。與湯之身代犧牲。皆不自有其身者也。其感天心也宜哉。漢王嘉曰。應天以實不以文。此之謂也。

貞觀五年。有司上書言。皇太子將行冠禮。冠。去聲。宜用二月爲吉。請追兵以備儀注。太宗曰。今東作方興。恐妨農事。令改用十月。令。平聲。太子少保蕭瑀奏言。準陰陽家。用二月爲勝。太宗曰。陰陽拘忌。朕所不行。若動靜必依陰陽。不顧理義。欲求福祐。其可得乎。若所行皆遵正道。自然常與吉會。且吉凶在人。豈假陰陽拘

忌農時甚要。不足蹔失

愚按。夫子曰。使民以時。釋者曰。時。謂農隙無事之時。使之不以其時。則力本者不獲自盡。雖有愛民之心。而民不被其澤。矣。夫朝廷之上。宮廷之間。行儲君首服之禮。固未至於使民而奪其時也。而以追兵滿儀妨農而止。此太宗之心。一念在民而不敢少弛也。推是心於天下。天下其有不務本者乎。

貞觀十六年。太宗以天下粟價率計斗直五錢。其尤賤處。計斗直三錢。因謂侍臣曰。國以民爲本。人以食爲命。若禾黍不登。則兆庶非國家所有。既屬豐稔若斯。朕爲億兆人父母。唯欲躬務儉約。必不輒爲奢侈。朕常欲賜天下之人。皆使富貴。今省徭賦。不奪其時使比屋之人。比音鼻。恣其耕稼。此則富矣。敦行禮讓。使鄉閭之間少敬長。少去聲。長音掌。妻敬夫。此則貴矣。但令天下皆然。令平聲。朕不聽管絃。不從畋獵。樂在其中矣。樂音洛。

愚按論語。曰。既庶矣。又何加焉。曰。富之。曰。既富矣。又何加焉。曰。教之。釋者曰。庶而不富。則民生不遂。故制田里。薄賦歛以富之。富而不教。則近於禽獸。故必立學校。明禮義以教之。而孟子之告梁惠王。亦曰。王如施仁政於民。省刑罰。薄稅歛。深耕易耨。壯者以暇日修其孝悌忠信。此皆三代盛時。所以王天下之要道也。太宗謂朕欲賜天下人皆富貴。省徭薄賦。不奪其時。恣其耕稼。此則富矣。敦行禮讓。使鄉閭之間。咸知敬順。此則貴矣。斯言也。與孔孟之言同一揆也。雖三代之治。何以越此。然貞觀之時亦云庶且富矣。而嘗大召名儒。增廣生員。教亦云至矣。朱子則謂其未。知所以教也。三代之教。天子公卿躬行於上。言行政事。皆可師法。太宗其能然乎。愚謂太宗之言。仁言也。貞觀之政。善政也。孟子曰。仁言不如仁聲之入人深。善政不如善教之得民使太宗知此而力行之。則所謂樂在其中者又當何如哉。

刑法第三十一。凡九章。

貞觀元年。太宗謂侍臣曰。死者不可再生。用法務在寬簡。古人云。鬻棺者。欲歲之疫。非疾於人。利於棺售故耳。售音受。賣也。今法司覈理一獄。必求深刻。欲成其考課。今作何法。得使平允。諫議大夫王珪進曰。但選公直良善人。斷獄允當者。當去聲。增秩賜金。即姦僞自息。詔從之。太宗又曰。古者斷獄。必訊於三槐九棘之官周禮秋官左九棘。孤卿大夫位焉。羣士在其後。右九棘。公侯伯子男位焉。羣吏在其後。面三槐。三公位焉州長衆庶在其後。今三公九卿。三公。見任賢篇註。唐制九卿。太常寺卿。掌禮樂郊廟社稷之事。光祿寺卿。掌酒醴膳羞之政。衛尉寺卿。掌器械文物。宗正寺卿。掌天子族親屬籍以別昭穆。太僕寺卿。掌廐牧輦輿之政。大理寺卿。掌折獄詳刑。鴻臚寺卿。掌賓客凶儀之事。司農寺卿。掌倉儲委積之事。太府寺卿。掌財貨廩藏貿易。皆有少卿以爲之貳。卽其職也。自今以後。大辟罪。辟。音闢。死刑也。皆令平聲。中書門下四品已上及尚書九卿議之如此。庶免冤濫。由是至四年。斷死刑天下二十九人。幾致刑措。幾。平聲。舊本自太宗又曰以下另爲一章。今合爲一章。

愚按昔舜命曰。汝作士。明于五刑。以弼五教。受曰。刑期于無刑。蓋帝王之治。以教爲先。刑者不得已而行之。以弼教而畀心則期於無刑也。然明用之。則曰惟明克允。蓋明者所以得其情。

允者有以當於心。理官之所重者在此而穆伯訓刑。尤切切於其審克之一語。正奏獻詳審之謂也。王珪謂必選公良直善之人。斷獄允當者增秩賜金。而太宗又使宰相及尚書九卿議之固宜致刑措之盛也。夫唐虞之世。期於無刑。成周之隆。至于刑措。無刑尚矣。刑措亦王者之極功也。若漢之文景。唐之太宗。史臣皆以幾致刑措美之。自漢唐而論。可謂仁君矣。

貞觀二年。太宗謂侍臣曰。比有比音鼻。奴告主謀逆。此極弊法。特須禁斷。假令平聲後同。有謀反者。必不獨成。終將與人討之。衆討之事。必有他人論之。豈藉奴告也。自令奴告主者不須受。盡令斬決

愚按。人臣謀逆。此以下而叛上也。奴告其主。是亦以下而叛上也。巳惡人之叛上。適使叛上者得逞其志。是以亂易亂。相去幾何。太宗詔自今告主者勿受。盡令斬決。斯言一出。固足以感格

天下。使無叛上之事矣。

貞觀五年。張蘊古爲大理丞相州人李好德。相。好。並去聲。後同素有風疾。言涉妖妄。詔令鞫其獄。令。平聲。蘊古言好德癲病有徵。法不當坐。太宗許將寛宥。蘊古密報其旨。仍引與博戲。持書侍御史權萬紀劾奏之。太宗大怒。令斬於東市。旣而悔之。謂房玄齡曰。公等食人之祿。須憂人之憂。事無巨細。咸當留意。今不問則不言。見事都不諫諍。何所輔弼。如蘊古身爲法官。與囚博戲。漏洩朕言。此亦罪狀甚重。若據常律。未至極刑。朕當時盛怒。卽令處置。處。上聲。後同。公等竟無一言。所司又不覆奏。遂即決之。豈是道理。因詔曰。凡有死刑。雖令即決。皆須五覆奏。五覆奏自蘊古始也。又曰。守文定罪。或恐有冤。自今以後。門下省覆。有據法令合死而情可矜者。宜錄奏聞。蘊古初以貞觀二年。自幽州（今大興縣。）總管府記室。兼直中書省表上大寶箴。（易大傳曰。聖人之大寶曰位。蓋取此義箴誡也。）文義甚美。可爲規誡。其詞曰。今來古往。俯察仰觀。惟辟作福。（辟。音璧。君也。周書箕子陳洪範之辭。）爲君實難。（孔子告魯定公曰。爲君難。）宅普天之下。處王公之上。任土貢其所有。（禹貢曰。在土作貢。）具僚和其所唱。（和。去聲。）是故恐懼之心日弛。邪僻之情轉放。豈知事起乎所忽。禍生乎無妄。固以聖人受命。拯溺亨屯。拯。音軫。屯。諸倫切。歸罪於已。因心於人。大明無偏照。至公無私親。故以一人治天下。不以天下奉一人。禮以禁其奢。樂以防其佚。左言而右事。見文史篇論。出警而入蹕。天子出稱警。入稱蹕。警者戒肅。蹕者止行也。四時調其慘舒。三光同其得失。故身爲之度而身爲之律。史記。禹聲爲律。身爲度。注。禹聲音應鍾律。以身爲法度。勿謂無知。居高聽卑。勿謂何害。積小成大。樂不可極。樂。音洛。後同。極樂成哀。欲不可縱。縱欲成災。曲禮曰。欲不可從。樂不可極。壯九重於內。重。平聲。楚辭曰。君門九重。所居不過容膝。彼昏不知。瑤其臺而瓊其室。桀作瑤臺。紂作瓊室。羅八珍於前。周禮膳夫。珍用八物。謂淳熬淳母炮豚炮牂擣珍漬熬肝膋。所食不遹適口。惟狂罔念。周書曰。惟聖罔念作狂。丘其糟而池其酒。桀紂酒池可以運船。糟隄可以望十里。勿內荒於色。勿外荒於禽。夏書五子之歌。其二曰。訓有之。內作色荒。外作禽荒。有一于此。未或不亡。色荒。寵嬖女也。禽荒。耽遊畋也。荒者。迷荒之謂。勿貴難得之貨。老子曰。不貴難得之貨。使民不爲盜。勿聽亡國之音。詩序曰。亡國之音哀以思。其民困。內荒伐人性。外荒蕩人心。難得之物侈。亡國之聲淫。勿謂我尊而傲賢侮士。勿謂我智而拒諫矜已。聞之夏后。據饋頻起。史記。夏禹一饋而十起。以勞天下之民。亦有魏帝。牽裾不止。魏文帝欲徙冀州十萬戶實河南。辛毗諫。帝不答。起入內。毗隨。而引其裾。帝怒。良久曰。卿持我何太急耶。於是從其半。安彼反側。如春陽秋露。巍巍蕩蕩。推漢高大度。漢紀。高祖寬仁有大度。撫茲庶事。如履薄臨深。戰戰慄慄。用周文小心。詩小旻篇曰。戰戰兢兢。如臨深淵。如履薄冰。大明篇曰。維此文王。小心翼翼。詩云不識不知。詩皇矣篇曰。不識不知。順帝之則。書曰無偏無黨。周書曰。無偏無黨。王道蕩蕩。無一彼此於胸臆。捐好惡於心想。好。惡。並去聲。衆棄而後加刑。衆悅而後命賞。弱其強而治其亂。伸其屈而直其枉。故曰如衡如石不定物以數。物之懸者輕重自見。見音現。如水如鏡。不示物以形。物之鑒者妍蚩自露。勿渾渾而濁。渾音混。勿皎皎而清。勿汶汶而闇。勿察察而明。雖冕旒蔽目而視於未形。冕。十有二旒。天子冠。用五采藻。爲旒。以藻貫五采玉。垂於延之前後。各十二。取目不須視惡色之義。雖黈纊塞耳而聽於無聲。黈。他口切。纊。音曠。黈纊。黃色綿也。以黃綿爲圓。用組紃之於冕。當兩耳旁。示不聽讒邪也。縱心乎湛然之域。遊神於至道之精。抑之者。應洪纖而効響。酌之者。隨淺深而皆盈。故曰天之淸。地之寧。王之貞。老子曰。天得一以淸。地得一以寧。王侯得一以爲天下正。四時不言而代序。萬物無爲而受成。豈知帝有其力而天下和平。吾王撥亂。戡以智力。戡。音堪。勝也。人懼其威。未懷其德。我皇撫運扇以淳風。民懷其始。未保其終。爰逃金鏡。窮神盡性。使人以心。應言以行。去聲苞括理體。抑揚辭令。如字。天下爲公。一人有慶。開羅起祝。援琴命詩。一日二日。念玆在玆。惟人所召。自天祐之。爭臣司直。爭。讀曰諍。敢告前疑。太宗嘉之。賜帛三百段。

仍授以大理寺丞。按通鑑無與因傳戲之說。唐史張蘊古無傳。事見刑法志。

唐氏仲友曰。張蘊古文章鯁直之士。太宗以一時誤見濫誅。最爲可惜。大寶箴諷帝以民畏而未懷。切中帝之病。蘊古斂書傳曉世務。文擅當時。加以切切直。太宗濫殺而悔。則何益矣。朱子斷曰。詩三百五十篇。而疾讒者六。君子有七惡。而以訐爲直居其一。自昔賢智之棄逐。政治之隳圮。國家之昏亂。未有不自讒訐也。太宗方蒐積羣才。共興治功。乃復容萬紀輩。玷汚朝列。何哉。房玄齡一代名相。而萬紀以考選不公誣之。張蘊古平反妖言。而萬紀按事不實劾之。玄齡以魏徵免按。而蘊古竟罹非命。挾恩依勢。逞其姦譎。其爲太宗盛德累。豈少乎。詩曰。讒人罔極。交亂四國。其萬紀也夫。

愚按自古王霸之辨。治亂之分。曰德刑。曰義利而已。太宗知尚德而不尚刑。故能拒絕封德彝法律之言。知尚義而不知尚利。故能斥權萬紀採銀之奏。此其天資聰明。最爲合於帝王之道。

者也。夫既知其言之非矣，則廢逐其人可也。然德彝則任股肱之寄，萬紀則居耳目之官。德彝諭無忌佩刀之罪，置校尉於死地；萬紀諭好德妖言之罪，陷蘊古於非辜。小人深文，如出一律，何太宗明於先而暗於後，得於彼而失於此乎？校尉以戴胄而免，蘊古則遂罹極刑。愚觀蘊古之箴曰：衆棄而後加刑。嗚呼！蘊古之罪，豈所謂衆棄者邪？亦可哀也已。

貞觀五年詔曰：在京諸司比來（比音鼻。後同。）奏決死囚，雖云五覆，一日即了，都未暇審思，五奏何益？縱有追悔，又無所及。自今後，在京諸司奏決死囚，宜三日中五覆奏，天下諸州三覆奏。又手詔勑曰：比來有司斷獄，多據律文，雖情在可矜而不敢違法，守文定罪，或恐有寃。自今門下省復有據法合死而情在可矜者，宜録狀奏聞。

范氏祖禹曰。易中孚之象曰。君子以議獄緩死。中孚者。信發於中也。議獄緩死者。由於至誠也。古者大司寇以獄之成告于王。王命三公參聽之。三公以獄之成告于王。王三宥。然後制刑。先王重慎如此。故刑淸而民服。若太宗之恤刑也。可謂至誠而近於古矣。幾致刑措。宜哉。

愚按。易之象言刑獄者五。而議獄緩死。必見於中孚者。蓋以君子者。每於事於物無不用其中。於人命所繫。尤見中孚之至也。獄者不得已而設議。謂必究其情也。死者不可以復生。緩。謂求所以生之也。呂刑曰。罔非在中。又曰。獄成而孚。則中孚者。誠議獄緩死之本也。太宗恤刑之詔。其出於中心之誠者歟。亦近乎周官五聽三訊之遺意矣。

貞觀九年。鹽澤道行軍總管。岷州（岷州。今爲西和州。隸陝西。）都督高甑生。（史無傳。）坐違李靖節度。又誣告靖謀逆。減死邊。時有上言者曰。甑生舊秦府功臣。請寬其過。太宗曰。雖是藩邸舊勞。誠不可忘。然理國守法。事須畫一。今若赦之。使開僥倖之路。且國家建義太原。元從及征戰有功者甚衆。從。去聲。若甑生獲免。誰不覬覦。有功之人。皆須犯法。我所以必不赦者。正爲此也。

愚按。諸葛武侯之治蜀也。開誠心。布公道。盡忠益時者。雖讎必賞。犯法怠慢者。雖親必罰。堂堂三代之佐。此後世之所不能也。太宗以王魏爲相。以薛萬徹爲將。非所謂雖讎必賞歟。至若高甑生以秦府舊臣。身從百戰。一旦犯法。黜之不疑。非所謂雖親必罰歟。嗚呼。太宗之布公道。其庶幾武侯之治者乎。

貞觀十一年。特進魏徵上疏曰。臣聞書曰。明德慎罰周書康誥之辭。惟刑恤哉。虞書舜典之辭。禮云。爲上易事。易以豉切，後同。爲下易知。則刑不煩矣。上人疑則百姓惑。下難知則君長勞矣。長音掌，後同。禮緇衣篇之辭。夫音扶，後同。上易事則下易知。君長不勞。百姓不惑。故君有一德。臣無二心。上播忠厚之誠。下竭股肱之力。然後太平之基不墜。康哉之詠斯起。虞書皐陶賡歌曰。庶事康哉。

當今道被華戎。功高宇宙。無思不服。無遠不臻。然言尚於簡文。志在於明察。刑賞之用。有所未盡。夫刑賞之本。在乎勸善而懲惡。帝王之所以與天下爲畫一。不以貴賤親踈而輕重者也。疏與踈同。今之刑賞。未必盡然。或屈伸在乎好惡。並去聲，後同。或輕重由乎喜怒。遇喜則矜其情於法中。逢怒則求其罪於事外。所好則鑽皮出其毛羽。所惡則洗垢求其瘢痕。（瘢音盤。）瘢痕可求。則刑斯濫矣。毛羽可出。則賞因謬矣。刑濫則小人道長。賞謬則君子道消。小人之惡不懲。君子之善不勸。而望治安刑措。非所聞也。且夫暇豫清談。皆敦尚於孔老。（孔子老聃也。）威怒所至。則取法於申韓。（申不害。韓非。皆戰國刑名之學。）直道而行。非無三黜。（三去聲。論語曰。柳下惠直道而事人。焉往而不三黜。）危人自安。蓋亦多矣。故道德之旨未弘。刻薄之風已扇。夫刻薄既扇。則下生百端。人競趍時。則憲章不一。稽之王度。（稽音雞。）實虧君道。昔州犂上下其手。楚國之法遂差。左傳襄公二十六年。楚與秦侵鄭。楚穿封戌囚鄭皇頡。公子圍與之爭。至於伯州犁。州犁乃立囚曰。所爭。君子也。其何不知。上其手曰。夫子爲王子圍。寡君之貴介弟也。下其手曰。此子爲穿封戌。方城外之縣尹也。誰獲子。囚曰。頡遇王子。子弱焉。戌抽戈逐王子圍。弗及。楚人以皇頡歸。張湯輕重其心。漢朝之刑以弊。漢張湯爲廷尉。鄉上意所便。曰所治。即上意所欲辠。予監史深刻者。即上意所欲釋。予監史輕平者。所治即豪。必舞文巧詆。即下戶羸弱。時口言雖文致法。上裁察。帝於是往往釋湯所言。出本傳以人臣之頗僻。頗。平聲。猶莫能申其欺罔。況人君之高下。將何以措其手足乎。以睿聖之聰明。無幽微而不燭。豈神有所不達。智有所不通哉。安其所安。不以恤刑爲念。樂其所樂。音洛上同遂忘先笑之變。禍福相倚。吉凶同域。惟人所召。安可不思頃者責罰稍多威怒微厲或以供帳不贍或以營作差違或以物不稱心稱去聲或以人不從命皆非致治之所急實恐驕奢之攸漸是知貴不與驕期而驕自至富不與侈期而侈自來非徒語也且我之所代實在有隋隋氏亂亡之源聖明之所臨照以隋氏之府藏去聲譬今日之資儲以隋氏之甲兵況當今之士馬以隋氏之戶口校今時之百姓度長比大度待洛切曾何等級曾音層然隋氏以富強而喪敗動之也我以貧窮而安寧靜之也靜之則安動之則亂人皆知之非隱而難見也非微而難察也然鮮蹈平易之塗鮮上聲

（聲。易以豉切。後同。）多遵覆車之轍。何哉。在於安不思危。治不念亂。存不慮亡之所致也。昔隋氏之未亂。自謂必無亂。隋氏之未亡。自謂必不亡。所以甲兵屢動。徭役不息。至於將受戮辱。竟未悟其滅亡之所由也。可不哀哉。夫鑒形之美惡。必就於止水。鑒國之安危。必取於亡國。故詩曰。殷鑒不遠。在夏后之世。（詩大雅蕩篇之辭。）又曰伐柯伐柯。其則不遠。（詩豳風伐柯篇之辭。）臣願當今之動靜。必思隋氏以爲殷鑒。則存亡治亂。可得而知。若能思其所以危則安矣。思其所以亂則治矣。思其所以亡則存矣。知存亡之所在。節嗜欲以從人。省遊畋之娛。息靡遠之作。罷不急之務。慎偏聽之怒。近忠厚。遠便佞。遠去聲。便平聲。杜悅耳之邪說。甘苦口之忠言。去易進之人。賤難得之貨。採堯舜之誹謗。堯舜設誹謗之木於五達之衢。以書政治之愆失。追禹湯之罪己。左傳。禹湯罪己。其興也勃焉。惜十家之產。見納諫篇注。顧百姓之心。近取諸身。恕以待物。思勞謙以受益。易謙卦九三。勞謙。君子有終。吉。不自滿以招損。虞書曰。滿招損。謙受益。有動則庶類以和。出言而千里斯應。易大傳曰。君子居其室。出其言。善則千里之外應之。超上德於前載。樹風聲於後昆。躡聖哲之宏規。而帝王之大業。能事斯畢。在乎慎守而已。夫守之則易。取之實難。既能得其所以難。豈不能保其所以易。其或保之不固。則驕奢淫泆動之也。愼終如始。可不勉歟。易曰。君子安不忘危。存不忘亡。治不忘亂。是以身安而國家可保也。易文言傳。釋否九五爻義。誠哉斯言。不可以不深察也。伏惟陛下欲善之志。不減於昔時。聞過必改。少虧於曩日。若以當今之無事。行疇昔之恭儉。則盡善盡美矣。固無得而稱焉。太宗深嘉而納用。按史傳。上幸洛陽。次昭仁宮。多所譴責。徵諫曰。隋惟責不獻食。或供奉不精。爲此無限而至於亡。故天命陛下代之。正當兢懼戒約。柰何令人悔爲不奢。若以爲足。今不啻足矣。以爲不足。萬此寧有足邪。上驚曰。非公不聞此言。退又上疏

云云。

唐氏仲友曰。欲言刑賞之本。在乎勸善而懲惡。今之刑賞。或由喜怒。此即皇極所謂王道。書曰無有

作好。無有作惡惟辟作福。惟辟作威。二說並行而不相悖。無作好惡。道也。惟作威福。權也。德大而常禮不足以賞。於是乎有作福。罪大而常法不足以誅。於是乎有作威。此非有司之法守。而由乎人君之權者。雖作福而德稱乎賞。豈作好哉。雖作威而罪宜乎誅。豈作惡哉。然則賞刑非不由喜怒也。不由乎一人之私喜怒也。

愚按。漢世賢良之策曰。上古堯舜之時。不貴爵賞而民勸善。不重刑罰而民不犯。躬率以正而遇民信也。末世貴爵賞而民不勸。重刑罰而姦不止。其上不正。遇民不信也。夫子曰。其身正。不令而行。其身不正。雖令不從。又曰人而無信不知其可也。其是之謂歟。夫以太宗之世。嘉善賞功之制。明罰恤民之詔。屢形於言。亦可謂競競於君道者。然而刑賞之失。猶有如魏徵之言者。豈正身之道。未有以盡於己乎。抑信未足以孚於民乎。觀徵所謂欲善之志不減。而改過之心少虧。其未能正於己而信於民者。可想見已。雖然。徵之疏必諄諄以隋爲戒。若致徵於庸君常主之前者。亦猶賈山於漢而借秦爲喻之意。憂治危明之心也若微者。可謂忠愛其君者矣。

貞觀十四年。戴州濟北地。今廢。刺史賈崇。以所部有犯十惡者。被刺史劾奏。太宗謂侍臣曰。昔陶唐大聖。柳下惠。大賢。其子丹朱甚不肖。其弟盜跖爲巨惡。盜跖。莊子雜篇以爲柳下惠之弟。石跖。而爲大盜。夫以夫音扶。聖賢之訓。父子兄弟之親。尚不能使陶染變革。去惡從善。去。上聲。今遣刺史化被下人咸歸善道。豈可得也。若令。平聲。後同。緣此皆被貶降。或恐遞相掩蔽。罪人斯失。諸州有犯十惡者。刺史不須從坐。但令明加糾訪科罪。庶可肅清姦惡。

愚按。夫子曰。道之以政。齊之以刑。民免而無恥。道之以德。齊之以禮。有恥且格。謂政刑。之不如德禮也。蓋政者爲治之具。刑者輔治之法。德禮者出治之本。而德又禮之本也。後世之爲治者德禮有愧。教化不先。非惟德禮不能使民有耻且格。而政刑亦不能使民免而無耻矣。甚而至於罪麗于十惡。尚忍言之哉。然究厥本原。則承流宣化坐罪。宜也。而遂至於遞相掩藏。罪人斯失。反以長姦容慝。遂使麗于十惡者乃得全身於覆載之間。而可乎哉。太宗不坐刺史。但令明加糾察以正其罪。蓋深有以知其弊而不得不然也。司牧民者。其亦於德禮政刑而知本末先後哉。

貞觀十六年。太宗謂大理卿孫伏伽貝州人。武德初上言三事。帝曰可謂諍臣矣。貞觀中。拜御史。累遷大理卿曰。夫作甲者夫音扶。欲其堅。恐人之傷。作箭者欲其銳。恐人不傷。何則。各有司存。利在稱職。故也稱去聲。朕常問法官刑罰輕重。每稱法網寬於往代。仍恐主獄之司。利在殺人。危人自達。以釣聲價。今之所憂。正在此耳。深宜禁止。務在寬平。

唐氏仲友曰。太宗留心聽斷。天下刑幾措。固嘗拒封德彝刑法伯道之說。從魏公仁義之言。雖道德齊禮未純三代。而欽恤之意形矣。惜哉後世之不能守也。

愚按。漢景帝之詔有曰。欲令理獄者務先寬。又曰。獄者人之大命。死者不可復生。吏或不奉法。以貨賂爲市。朋黨比周。以苛爲察。以刻爲明。罪者不服。姦法爲暴。甚無謂也。諸獄雖疑。若文致於法而罪人心不厭者則讞之。誠後王之所當知也。太宗謂恐主獄之司。利在殺人。危人自達深宜禁止。務在寬平。斯言也。與景帝之詔同一仁心也。史臣俱以刑措美之。宜哉。蓋寬則矜恕。可得其情。急則殘忍。有失其情者矣。然寬非縱弛之謂也。寬而流於縱弛。則幸免者有焉。今日務在寬平。則平若持衡。輕重不失矣。罪在於輕而從輕。罪在於重而從重。此平也。實寬之所致也。則寬平者。實明刑之典要歟。

赦令第三十二。凡四章。

貞觀七年。太宗謂侍臣曰。天下愚人者多。智人者少。智者不肯爲惡。愚人好犯憲章。好。去聲。凡赦宥之恩。惟及不軌之輩。古語云。小人之幸。君子之不幸。一歲再赦。善人喑啞。凡養稂莠者傷禾稼。稂莠。音郎酉。草之害稼者。惠姦宄者賊良人。宄。音詭。昔文王作罰。刑玆無赦。周書康誥武王之辭。又蜀先主姓劉。名備。字玄德。漢中山靖王之後。三國時。繼漢統。都蜀。嘗謂諸葛亮曰。吾周旋陳元方鄭康成之間。元方。名紀。康成。名玄。並後漢人。每見啟告理亂之道備矣。曾不語赦。曾。音層。故諸葛亮理蜀十年不赦而蜀大化。梁武帝每年數赦。數，音朔，後同。卒至傾敗。卒，子聿切。夫謀小仁者，夫，音扶。大仁之賊。故我有天下已來。絕不放赦。今四海安寧。禮義興行。非常之恩。彌不可數。將恐愚人常冀僥倖。惟欲犯法。不能改過。

范氏祖禹曰。數赦之害。前世論之詳矣。夫良民干被澤而罪人獲宥。政之偏黨。莫甚於此。欲以致和而措刑。不亦疎乎。而人君每以赦為推恩或祈陰德之報。太宗懲之。可謂善治矣。

馬氏存曰。先王以教而化民。以刑而禁民。不幸或陷於憲網者。聖人則原其情而省其過之大小而肆赦之。蓋赦者。聖人以之宥過也。可以行而不行則傷乎仁。不可以行而行之。則失乎義。故世之議者或以宜疎而不宜數。或以宜數而不宜疎。是疎者。太簡。數者大繁。蓋惟當審其當否。而不論其疎數也。故周官三宥三赦之法。曰不識。曰過失。曰遺忘。以為宥之可用。止於如此。曰幼弱。曰老耄。曰蠢愚。則以爲赦之可行。止於如此。由是觀之。赦宥之法。當其時而用之。則爲天下之利。不當其時而用之。則爲天下之害。故魯肆大眚。春秋譏之。管仲亦曰。赦者小利而大害。久而不勝其禍。無赦宥者小害而大利。久而不勝其福。以爲天下之民知赦之福。而不知無赦之爲福是亦議其赦之大者乎。

愚按。書曰。眚災肆赦。怙終賊刑。眚過誤也。災不幸也。故肆赦之。怙有恃也。終再犯也。故賊刑之。此聖人用法之權衡。而忠厚之意寓於其間。未間不擇罪之輕重。而悉赦之也。易曰。雷雨作解。君子以赦過宥罪。雷動而雨作。天澤所施溥矣而曰改過宥罪。過之小者赦釋之。罪之大者寬宥之而已。亦非謂不擇罪之大小而悉赦之也。故春秋莊公之世肆大眚。聖人以爲非常之事。書之於經。正以其非古也。自是而赦令數矣。然或者因天下有非常之事。與夫凶荒流離之後。盜賊垢汙之餘。於是有以沛然洗濯於天下。不得已而用之。猶云可也。否則雖足以見仁惠。而未免所謂小人之幸。而君子之不幸矣。爲人上者。操刑賞之柄。以勸善懲惡。酌古之道。揆今之宜。必赦過宥罪而不可數。要爲得中也。太宗謂絶不放赦而四海安寧。非常之恩。彌不可數。其深有見於治道者哉。

貞觀十年。太宗謂侍臣曰。國家法令。惟須簡約。不可一罪作數種條。格式既多。官人不能盡記。更生姦詐。若欲出罪。卽引輕條。若欲入罪。卽引重條。數變法者。數。音朔。實不益道理。宜令審細。令平聲。毋使互文。毋。無通。

貞觀十一年。太宗謂侍臣曰。詔令格式。若不常定。則人心多惑。姦詐益生。周易稱渙汗其大號。易渙卦九五爻辭。言發號施令。施平聲。若汗出於體。一出而不復也。書曰。愼乃出令。令出惟行。弗爲反。周書周官之辭。且漢祖日不暇

給蕭何起於小吏制法之後猶稱畫一今宜詳思此義不可輕出詔令必須審定以爲永式

愚按唐之刑書有四曰律令格式令者尊卑貴賤之等數國家之制度也格者百官有司之所常行之事也式者其所常守之法也凡邦國之政必從事於三者其有所違及人之爲惡而入于罪戾者一斷之以律律之書凡十二篇所以使民遷善遠罪而無犯也皆太宗詔房玄齡等與法司因隋之舊而更定增損多降重爲輕迄貞觀用之無所變改夫律令格式皆所以用法也太宗詔貴簡約貴常定此最爲知法意者夫不簡約則出入輕重吏因之而作弊不常定則朝行夕改民莫知所信從太宗取則於蕭何畫一之法而不輕於數變法必須審定以爲永式能致刑措實由此也

長孫皇后遇疾漸危篤皇太子承乾啟后曰醫藥備

盡。今尊體不瘳。音抽。愈也。請奏赦囚徒。并度人入道。冀蒙福祐。后曰。死生有命。非人力所加。若修福可延。吾素非爲惡者。若行善無效。何福可求。赦者國之大事。佛道者。上每示存異方之教耳。常恐爲理體之弊。豈以吾一婦人而亂天下法。不能依汝言。按通鑑貞觀九年。長孫皇后素有氣疾。前年從上幸九成宮。柴紹等中夕告變。上擐甲出閤問狀。后扶疾以從。左右止之。后曰。上旣震驚。吾何心自安。由是疾甚。太子曰云云。后曰云云。必存汝言。吾不如速死。太子私以語房玄齡。玄齡白上。上哀之。欲爲之赦。后固止之。唐氏仲友曰。天啟興運。亦不偶然。助興運必有賢妃。以漢唐論。長孫賢於陰馬。有古后妃之美。無後世后妃之失。太宗謂內良佐。信夫。

愚按：三代興王之主，無不內有賢助，以協成至治。任、姒、邑姜，其表表於經傳者，爲天下母儀之所取則焉。若長孫皇后之賢，自三代而下，之絕無僅有者也。馬、鄧不足以儕之矣。遇危疾而不以肆赦徼福，非卓然有見，何以能茲？不幸而弗登耆艾，宜太宗有失內良佐之歎也。天假之年，使之擁佑於高宗之世，則庶幾其遏禍亂之萌乎。此可爲深悲也。

貢賦第三十三 凡五章。

貞觀二年，太宗謂朝集使曰：使，去聲。唐制，諸州奉貢物入京者，謂之朝集使。「任土作貢，布在前典，當州所產，則充庭實。當，去聲。比聞都督、刺史，比，音鼻。邀射聲名，厥土所賦，或嫌其不善，踰意外求，更相倣效，更，平聲。遂以成俗，極爲勞擾。宜改此弊，不得更然。

愚按。夏書載禹平水土之績。而以貢名篇。貢者下獻上之名。水土未平。何由定貢。書以貢名。見地平天成之功也。然曰任土作貢者。亦非以其土之所有而悉貢也。禹貢一書。其所貢者皆服食器用之常。宗廟朝廷之不可闕者。非徒奉一人耳目心志之所欲也。而唐之刺史。至於越境求物。更相倣傚。亦由國無定制。使踰越於常度之外。太宗深懲而力革其弊。誠王者之先務也。

貞觀中。林邑國貢白鸚鵡。性辯慧。尤善應答。屢有苦寒之言。太宗愍之。付其使令還出於林藪。使。去聲。令。平聲。按通鑑貞觀五年。十一月。林邑獻五色鸚鵡。魏徵以爲不宜受。上喜而歸之。

愚按。周書載召公戒武王之言曰。犬馬非其土性不畜。珍禽異獸不育于國。其後穆王得白狼白鹿。而荒服因以不至。其得失可睹也。太宗郤林邑白鸚鵡之獻。可謂能遵古先哲之訓。而鑒後世之失矣。

貞觀十二年。疎勒。朱俱波。甘棠。皆西域國名。疎勒距長安九千里餘。王姓裴氏。朱俱波。在葱嶺之西。甘棠。在大海南。遣使貢方物。使。去聲。後同。太宗謂羣臣曰。向使中國不安。日南南蠻國。在安南之外。西域朝貢使。亦何緣而至。朕何德以堪之。覩此翻懷危懼。近代平一天下。拓定邊方者。拓。音托。惟秦皇漢武。始皇暴虐。至子而亡。漢武驕奢。國祚幾絶。幾。平聲。朕提三尺劍以定四海。遠夷率服。億兆乂安。自謂不減二主也。然二主末途。皆不能自保。由是每自懼危亡。必不敢懈怠。惟藉公等。直言正諫。以相匡弼。若惟揚美隱惡。共進諛言。則國之危亡。可立而待也。按通鑑。係貞觀九年十二月。

唐氏仲友曰。太宗因四夷之賔。而以秦皇漢武自儆。求輔弼之言。此忠言可進之機。惜哉玄齡無杜漸之言。俾進乎帝王保治之道也。

愚按昔武王克商。西旅厎貢厥獒。太保作旅獒用訓于王。而致愼德之戒。夫以武王之聖。而召公所以警戒之者如此。後之人主。可不深思而加念之哉。太宗因四夷之賓。以秦皇漢武自儆以求言。而當時大臣雖不聞有如太保作書之訓。然自懷危亡。不敢解息。有合於夙夜罔或不勤之言。庶幾乎帝王保治之道矣。

貞觀十八年。太宗將伐高麗。其莫離支（高麗官名。其職如中國吏部兼兵部尚書也。貞觀十六年。高麗東部大人泉蓋蘇文弑其王武。立王弟子藏爲王。自爲莫離支官。）遣使（去聲）貢白金。黃門侍郎褚遂良諫曰。莫離支虐殺其王。九夷所不容。（東方之夷有九種。曰畎夷。于夷。方夷。黃夷。白夷。赤夷。玄夷。風夷。陽夷。）

又一曰玄菟。二曰樂浪。三曰高驪。四曰滿飾。五曰鳧臾。六曰索家。七曰東屠。八曰倭人。九曰天鄙。陛下以之興兵將事弔伐。爲遼東之人爲。去聲。報主辱之恥。古者討弑君之賊。不受其賂。昔宋督宋。春秋時國名。字華父。宋戴公孫也。遺魯君以郜鼎。遺。去聲。魯君。桓公。名軌。郜鼎。郜國所造器。故繫名於郜。桓公受之於大廟。大。音泰。後同。大廟。周公之廟也。臧哀伯魯大夫臧孫達也。諫曰。君人者將昭德塞違。今滅德立違。而寘其賂器於大廟。百官象之。又何誅焉。武王克商。遷九鼎于雒邑。九鼎。殷所受夏鼎也。武王克商。乃營雒邑而後去之。又遷九鼎焉。義士猶或非之。蓋伯夷之屬。而況將昭違亂之賂器。寘諸大廟。其若之何。事見左傳。桓公二年。宋督弑其君殤公與夷。以郜鼎賂公。故遂相宋公。四月。取郜鼎于宋。納于大廟。臧哀伯諫曰去云。公不聽。夫音扶春秋之書百王取則。若受不臣之筐篚納弒逆之朝貢。不以爲愆。將何致伐。臣謂莫離支所獻。自不合受。太宗從之。按通鑑。太宗又謂高麗使者曰。汝曹皆事高武。有官爵。莫離支弒逆。汝曹不能復讐。今更爲之遊說以欺大國。罪孰大焉。悉以屬大理。唐氏仲友曰。名其爲賊。乃可服之。此兵法也。太宗固深怒莫離支必欲討之。其貢使之來。欲治之而未有辭。遂良之諫與太宗意會。宜其從之之速也。

愚按。褚遂良援古證今。諫太宗卻莫離支之獻則善矣。而不能因以消其怒兵黷武之心而其諫辭與太宗意會。卒成遼水之征。惜哉。

貞觀十九年。高麗王高藏藏。去聲。高麗王名。及莫離支蓋蘇文蓋。音盍。高麗臣。名金。蓋蘇文既弒其王武。於是專擅國事。其狀貌雄偉。意氣豪逸。身佩五刀。左右莫敢仰視。常令貴人武將。伏地而履之上馬。出行必整隊伍。導者長呼。則人皆奔迸。不避坑谷。路絕行者。國人甚苦之。遣使去聲。獻二美女。太宗謂其使曰。朕憫此女離其父母兄弟於本國。若愛其色而傷其心。我不取也。並却還之本國。按通鑑。係貞觀二十年。

愚按。周書曰。明王慎德。四夷咸賓。無有遠邇。畢獻方物。惟服食器用。未聞以美女爲貢者也。適足以亂人之國而已矣。昔紂受閎夭美女之獻。而西伯興。魯受齊人女樂之歸。而孔子行。蓋自古臣下之詭計。列國之陰謀。未有不以女子爲間。使之先有以惑其耳目。移其心志。或乘隙以沮敗其所爲。或遂中以不測之禍。可不慎哉。高麗美女之貢。夫豈不爲是邪。况當興師致討之時乎。太宗還之。謂不欲傷其心。固仁惻之意。亦豈非有見於此邪。若太宗。其可謂賢君也已。

辯興亡第三十四。章凡四

貞觀初。太宗從容（從。即容切。）謂侍臣曰。周武平紂之亂。以有天下。秦皇因周之衰。遂吞六國。其得天下不殊。祚運長短若此之相懸也。尚書右僕射蕭瑀進曰。紂為無道。天下苦之。故八百諸侯。不期而會。（武王伐紂。諸侯會孟津者八百餘國。）周室微。六國無罪。秦氏專任智力。吞食諸侯。平定雖同。人情則異。太宗曰。不然。周既克殷。務弘仁義。秦既得志。專行詐力。非但取之有異。抑亦守之不同。祚之修短。意在茲乎。

愚按。太宗君臣嘗論創業守成孰難。玄齡以創業為難。魏徵以守成為難。夫創業者既往之事。守成者方來之事也。與其追論於既往。曷若致力於方來者為有益乎。他日與羣臣論周秦運祚長短之由。蕭瑀之言。卽創業之事。太宗之言卽守成之事也。夫所貴乎君臣之間。講論古今者。欲其反之於己而推之於治也。取天下之事。太宗既已身親之矣。方當卽位之初。所宜監秦之所以失。効周之所以得。庶乎如周祚之長。不至如秦祚之短也。嗚呼。太宗之言。可謂能切己近思者矣。

貞觀二年。太宗謂黃門侍郎王珪曰。隋開皇十四年大旱。人多饑乏。是時倉庫盈溢。竟不許賑給。乃令平聲百姓逐糧。隋文不憐百姓而惜倉庫。比至末年。比。音鼻計天下儲積。得供五六十年。供。平聲煬帝恃此富饒。所以奢華無道。遂致滅亡。煬帝失國。亦此之由。凡理國者。務積於人。不在盈其倉庫。古人云。百姓不足。君孰與足。論語有若對魯哀公之辭。但使倉庫可備凶年。此外何煩儲蓄。後嗣若賢。自能保其天下。如其不肖。多積倉庫。徒益其奢侈。危亡之本也。舊本此章重出奢縱篇。今去彼存此

愚按。古者三年耕。必有一年之食。以三十年之通。制國用。雖有凶旱水溢。民無菜色。此蓄積者所以爲民。非爲君也。百姓足。孰與不足。聖經所以垂訓。而公私之積。猶可哀痛。賈誼所以言於漢文帝之時也。蓋蓄積固有國之先務也。至於蓄積豐富。侈心一生。貫朽粟陳。不足以供排山倒海之欲。非惟無可以養民。且至於厲民矣。太宗謂但使倉廩可備凶年。此外何煩儲蓄。此得古人制國用之意。良足取也。

貞觀五年。太宗謂侍臣曰。天道福善禍淫。事猶影響。昔啟人本突厥啟民可汗。避太宗諱。改曰人。亡國來奔。隋文帝不悋粟

帛。大興士衆營衛安置。乃得存立。旣而曁富子孫不思念報德。纔至失脫。即起兵圍煬帝於鴈門。郡名。今爲代州。隸腹裏。及隋國亂。又恃彊深入。遂使昔安立其國家者。身及子孫。並爲頡利破亡。豈非背恩忘義所至也。羣臣咸曰。誠如聖旨。

愚按三代之待夷狄也。來者不拒。去者不追。蓋不以中國之治治之也。文王之伐玁狁止於城彼朔方而已。宣王之伐淮夷。止於徐方來庭而已。曷嘗盡欲郡縣其地而臣妾其人哉。後世不明華夷之辨。務爲懷遠之圖。適以自遺患而已矣。故漢宣扶立呼韓而建武多北邊之擾。隋文撫存啟民而煬帝有鴈門之圍。由不能以三代爲法故也。可不戒哉。

貞觀九年。北蕃北突厥之國歸朝人奏。突厥內大雪。人饑羊馬並死。中國人在彼者皆入山作賊。人情大惡。太宗謂侍臣曰。觀古人君。行仁義任賢良則理。行暴亂任小人則敗。突厥所信任者。並共公等見之。略無忠正可取者。頡利復不憂百姓。恣情所爲。朕以人事觀之。亦何可久矣。魏徵進曰。昔魏文侯（名斯。晉卿。桓子之子。爲諸侯。）問李克（戰國時人。）諸侯誰先亡。克曰。吳先亡。文侯曰。何故。克曰。數戰數勝。（數。並音朔。後同。）數勝則主驕。數戰則民疲。不亡何待。頡利逢隋末中國喪亂。遂恃衆內侵。今尚不息。此其必亡之道。太宗深然之。

愚按。太雪人饑。羊馬並死。突厥將亡之徵也。太宗不以此論其必亡。而以不任忠良。不憂百姓。

知其必亡。可謂善觀人之國矣。然魏徵論吳子之事。則又有深意焉。蓋顓利固數戰數勝者也。太宗自起兵已來。亦豈非數戰數勝者乎。觀顓利之亡。亦可惕然而懼矣。厥後太宗既老。而復興高麗之師。殆近於李克之所論者。太宗固曰。魏徵若在。不使我有是行。豈不信哉。

貞觀九年。太宗謂魏徵曰。頃讀周齊史。末代亡國之主。爲惡多相類也。齊主（齊後主也。名緯。世祖之子。）深好奢侈。（好。去聲。）所有府庫。用之略盡。乃至關市無不稅斂。（去聲。）朕常謂此猶如饞人自食其肉。肉盡必死。人君賦斂不已。百姓既弊。其君亦亡。齊主即是也。然天元（後周宣帝。名贇。自稱天元皇帝。）齊主若爲優劣。徵對曰。二主亡國雖同。其行則別。（行。去聲。）齊主愞弱。（愞。與懦同。）政出多門。國無綱紀。遂至亡滅。

天元性兇而強威福在己亡國之事皆在其身以此論之齊主爲劣舊本此章重出奢縱篇。今去彼存此。

愚按詩曰。殷鑒不遠。在夏后之世。又曰。宜鑒于殷。駿命不易。夫殷之鑒以夏。周之鑒以殷。太宗以開基之明君。而能以亡國之庸君爲鑒。可謂知所鑒矣。其得爲寡過也。宜哉。至論周齊之治孰優。魏徵以齊主爲劣。愚觀周子之書。有剛惡柔惡之說。然則天元其剛惡。齊主其柔惡歟。剛柔雖異。亡國則一。政未易以優劣論也。

貞觀政要卷第八

貞觀政要卷第九　戈直集論　朱載震較閱

議征伐三十五　議安邊三十六

征伐第三十五（凡十三章）

武德九年冬。突厥頡利突利二可汗（音韓。凡言可汗。並同。）以其衆二十萬。至渭水便橋之北（漢武帝。初作便門橋。長安城北面西頭門。卽平門也。古者平便字同。於此道作橋。跨渡渭水。以趨茂陵。此便橋是也。）遣酋帥執矢思力。（酋帥。長帥也。執矢。虜姓。思力。其名。）入朝爲覘。自張聲勢云。二可汗總兵百萬。今已至矣。乃請返命。太宗謂曰。我與突厥。面自和親。汝則背之。（背音倍。）我無所愧。何輒將兵（將去聲）入我畿縣。自夸彊盛。我當先戮爾矣。思力懼而請命。蕭瑪封德彝等請禮而遣之。太宗曰。不然。今若放還。必謂我懼。乃遣囚之。太宗曰。頡利聞我國家。新有內難。去聲。又聞朕初即位。所以率其兵衆。直至於此。謂我不敢拒之。朕若閉門自守。虜必縱兵大掠。彊弱之勢。在今一策。朕將獨出。以示輕之。且耀軍容。使知必戰。事出不意。乖其本圖。制服匈奴。在茲舉矣。遂單馬而進。隔津與語。頡利莫能測。俄而六軍繼至。頡利見軍容大盛。又知思力就拘。由是大懼。請盟而退。按通鑑。載此事甚詳。辭多不錄。

愚按蠻夷猾夏。帝者辟明刑之訓。蠻夷率服。帝者謹惇德之心。故弼成五服之制。於要服則近而撥文教。遠而奮武衛。至於荒服。則流蔡。而已內外之限。截乎其不可紊也。降及後世。德不足以懷柔而藉乎威。威不足以讋服。而至于亂。太宗內定中國。外綏四夷。以漢武窮征遠討而不能服者。咸歸版圖。若突厥爲患久矣。唐有天下之初。已憑陵上國。至于斯時。率騎二十萬直至渭水亦云肆矣。太宗一時輕騎示威。其氣槩直可以。寒氊裘之膽。而奪之氣。不以一矢相加遺而中國尊安。裔夷退抑。雖不可與帝者明刑惇德並論。其不戰屈人。亦足偉也。謂之英武。不亦宜乎。

貞觀初。嶺南諸州今廣海之地。奏言。高州今仍舊隸海北酋帥馮盎。談殿。盎。字明達。高州人。隋亡。據嶺表。庚典。以其地降。高祖封爲越國公。談殿。人姓名。亦據嶺表。阻兵反叛。詔將軍藺謩。藺。音吝。姓也。名謩。發江嶺數十州兵討之。發江南道。嶺南道。諸州兵也。秘書監魏徵諫曰。中國初定。瘡痍未復。嶺南瘴癘。山川阻深。兵遠難繼。疾疫或起。若不如意。悔不可追。且馮盎若反。即須及中國未寧。交結遠人。分兵斷險。破掠州縣。署置官司何因告來。數年兵不出境。此則反形未成。無容動衆。陛下既未遣使人。（使去聲。後同。）就彼觀察。即來朝謁。恐不見明。今若遣使。分明曉諭。必不勞師旅。自致闕庭。太宗從之嶺表悉定。侍臣奏言。馮盎談殿。往年恒相征伐。陛下發一單使。嶺外怗然。太宗曰。初嶺南諸州盛言盎反。朕必欲討之。魏徵頻諫。以爲但懷之以德。必不討自來。既從其計。遂得嶺表無事。不勞而定。勝於十萬之師。乃賜徵絹五百匹。按通鑑。貞觀元年。九月。馮盎。談殿。等迭相攻擊。久未入朝。諸奏盎反者以十數。上命將討之。魏徵諫曰。云云。上乃罷兵。十月遣員外散騎侍郎李公掩。持節慰諭之。盎遣其子智戴隨使者入朝。上曰。魏徵令我發一介之使。而嶺表遂安。勝十萬之師。不可不賞。賜絹五百段。

唐氏仲友曰。甚哉讒人之可畏也。盎不爲南越王於武德之初。而肯反於貞觀耶。諸言無端。幾害忠良。非魏徵何以明之。以蕭銑。輔公祏不足勞偏師剪除。盎之區區。何足當唐之興運。然直壯曲老。藺謩可擊之狀。未可必也。太宗罷之。明哉。以尉佗之驕倨。文帝猶以德懷。而况盎乎。全知命之臣止無名之師。江淮以南。所全活者不勝數矣。仁人之言。其利傳哉。賢於十萬衆特以兵勢懾之耳。兵隙一開。尺有所短。寸有所長。干戈轉餉。瘴癘之鬼。可以十萬算哉。

愚按。昔漢文之時。人有上書告周勃欲反。下廷尉捕治之。薄太后曰。絳侯始誅諸呂。綰皇帝璽將兵於北軍。不以此時反。今居一小縣。顧欲反耶。帝乃赦之。復爵邑。此與魏徵論馮盎談殿之事頗同。蓋周勃畏於馮盎謀。殷之事勢而薄太后之言。誠類於魏徵之謨也。其察人之情亦明矣哉。

貞觀四年。有司上言林邑蠻國。林邑。南蠻國名。漢南象郡之地。在交州南千餘里。表疏不順。請發兵討擊之。太宗曰。兵者。凶器。不得已而用之。故漢光武云。每一發兵。不覺頭鬚爲白。自古以來。窮兵極武。未有不亡者也。符堅自恃兵彊。欲必吞晉室。興兵百萬。一舉而亡。符堅。畧陽氐人。晉時符健據長安。是爲前秦。健死。子立。符堅弑生自立。伐晉大敗。後爲姚萇所殺。隋主亦必欲取高麗。平聲。頻年勞役。人不勝怨。勝。平聲。遂死於匹夫之手。至如頡利。往歲數來數。音朔。侵我國家。部落疲於征役。遂至滅亡。朕今見此。豈得輙即發兵。但經歷山險。士多瘴癘。若我兵士疾疮。雖尅翦此蠻。亦何所補。言語之間何足介意。竟不討之。按通鑑。林邑獻大珠。有可以其表辭不順。請討之。上曰。好戰者亡。如煬帝頡利皆所親見也。小國勝之不武。況未可必乎。

胡氏曰。太宗不以夷狄一言之慢。遽興兵革。幾於能忍。然林邑表辭。敢爲不順者。以獻大珠嘗試朝廷也。還其獻則善矣。今不聞還其獻。則是太宗貪其寶。而甘其慢也。明年鸚鵡繼來。則納侮多矣。雖詔使者歸之。而珠竟爾不還。夫豈格遠人之道。

愚按。是年方擒突厥。北土以寧。有司請討林邑。而太宗不欲再勞師以黷武也。然自古窮兵極武。未有不亡。又取譬於符堅之伐晉。隋主之取遼。與夫頡利之侵疆。皆致於滅亡之地。可謂知所鑒矣。夫是三者。皆太宗耳目之所聞而知。見而知者也。以此爲鑒。宜終其身而不忘。夫何曉年與忿兵於遠水之上。而不知止邪。書曰終始。愼厥與。惟明明后。後之人王。式監在茲。

貞觀五年。康國即漢康居國。一曰薩末鞬。亦曰颯秣建。元魏所謂悉萬斤者。在那密水南君姓温。本月氏。爲突厥所破。稍南依蔥嶺。其王屈木支。請歸附。時太宗謂侍臣曰。前代帝王。大有務廣土地。以求身後之虛名。無益於身。其人甚困。假令平聲於身有益。於百姓有損。朕必不爲。況求虛名而損百姓乎。康國既來歸朝。有急難不得不救。難去聲。兵行萬里。豈得無勞於人。若勞人求名。非朕所欲。所請歸附。不須納也。

范氏祖禹曰。太宗知招來絕域之弊。有所不爲。然以兵克者則以爲己有。而郡縣置之。其爲疲勞百姓一也。豈先行其言。而後從之者歟。然其不受康國。足以爲後世法矣。使其行事每如此。其盛德可少貶哉。

唐氏仲友曰。古之待荒服之外。正如此耳。太宗推所以待康國而推之它夷。不求臣服。不亦善乎。惜哉其未盡如此也。

愚按。隋四夷之境。款殊俗之附。三代未之聞也。蓋遐荒遠夷。不足關中國之重輕。得之適足以勞民而不為益。棄之斯足以安民而不為損。其利害豈不甚明哉。漢建武中。西域求內屬光武以天下初定。未遑外事。而竟不許。唐貞觀初。康國請歸附。太宗謂求虛名。損百姓。而竟不納。二君柔遠之道。可謂無愧於古。宜乎為開基之明王也。詩云。惠此中國。以綏四方。二君之謂矣。

貞觀十四年兵部尚書侯君集。幽州人。以雄才稱。少事秦王。從征伐有功。王即位。進吏部尚書。後從承乾謀討。事覺被誅。伐高昌。及師次柳谷。西域地名。侯騎言高昌王麴文泰死。文泰聞唐兵臨磧口。憂懼不知所為。發疾卒。君集曰將葬國人咸集。以二千輕騎襲之。可盡得也。副將去聲薛萬均。燉煌人。萬徹之兄。高祖以其材武。授上柱國。以討勝竇建德。擊突厥有功。拜將軍。姜行本。名確。以字行。以幹力稱。爲宣威將軍。太宗每出幸。即以從。平高昌有功。封金城郡公。皆以爲然。君集曰。天子以高昌驕慢。使吾恭行天誅。乃於墟墓間以襲其葬。不足稱武。此非問罪之師也。遂按兵以待葬畢。然後進軍。遂平其國。按通鑑。於是鼓行而進。至田城。諭之不下。詰朝攻之。及午而克。虜男女計七千餘口。遂降。

唐氏仲友曰。高昌地不千里。勝兵纔萬人。恃遠不賓。太宗討之。以其地控西域之中故也。

愚按。師平高昌。所以圖西略也。高昌去唐七千餘里。當是時可謂遠討矣。然幸功臣夙將。智勇足以制勝。是以克成厥功。自高昌既平之後。唐之封域。東西九千五百餘里。南北一萬九百餘里。爲唐之極盛。故嘗謂太宗之世。於帝王懷柔之道雖不足。而方之漢武致遠之功則有餘也。

貞觀十六年。太宗謂侍臣曰。北狄代爲寇亂。今延陁倔彊。倔渠勿切。延陁鐵勒諸部之姓。倔彊。不柔服也。須早爲之所。朕熟思之。惟有二策。選徒十萬擊而虜之。滌除兇醜。百年無患。此一策也。若遂其來請。與之爲婚媾。朕爲蒼生父母。苟可利之。豈惜一女。北狄風俗。多由內政。亦既生子。則我外孫。不侵中國。斷可知矣。以此而言。邊境足得三十年來無事。舉此二策。何者爲先。司空房玄齡對曰。遭隋室大亂之後。戶口大半未復。兵凶戰危。聖人所慎。和親之策。實天下幸甚。按通鑑。即命兵部侍郎崔敦禮。持節使薛延陁。

以新興公
王妻之、
胡氏寅曰。人各有偶。天子之女。非外夷所當偶昏
世愚主。則何較焉。漢高祖。唐太宗。不世出之英主。
而皆以外夷爲子壻。人君見有不及。則藉羣臣而
正之。房公狃於漢故。不知遠稽先王。豈非可歎之
甚邪。夫薛延陀之來服也。無乃吾德猶有所闕。增
修仁義。而明其政刑。來則接之。不至不強也。何必
於服已乎。此上策也。舍而不用。乃嫁女以結其
心。是爲非策。而太宗君臣正爾。都俞不亦鄙歟。
愚按上古帝王之御四夷也。服則懷之以德。叛
則震之以威。未聞與爲婚姻也。漢高帝時冒頓
數苦北邊。高帝從劉敬之請而結和親。唐武德中
突厥遣使請昏。高祖從裴矩之議而許昏。然則
和親之策。漢高帝啟之於漢。唐高祖啟之於唐。
皆非所以示子孫也。劉敬固不必議。裴矩亦毋
足責。房玄齡。太宗之良相也。乃曰兵戰。聖人所
慎。和親實天下幸甚。何不思之甚邪。惟當勉其
君曰。兵戰則勞。和親則辱。皆不足以安百姓。威
四夷也。君能行帝王之道。以修其德教。明其政

刑。則中國安而邊圉固。來賓率服。自有不期然而然者矣。嗚呼。君行之而不以爲恥。臣亦不以爲非。惜哉

貞觀十七年。太宗謂侍臣曰。蓋蘇文弑其主。而奪其國政。誠不可忍。今日國家兵力。取之不難。朕未能即動兵衆。且令契丹靺鞨擾之。何如。令平聲。契音乞。靺音末。鞨音曷。契丹。東胡種。元魏時。號契丹靺鞨。居肅愼地。凡數部。有黑水部獨彊。房玄齡對曰。臣觀古之列國。無不彊陵弱。衆暴寡。今陛下撫養蒼生。將士勇銳。將去聲力有餘而不取之。所謂止戈爲武者也。昔漢武帝屢伐匈奴。隋主三征遼左。人貧國敗。實此之由。惟陛下詳察。太宗曰善。按通鑑。不載玄齡之辭。止載長孫無忌曰。蓋蘇

文自知罪大。畏大國之討。必嚴設守備。陛下姑爲之隱忍。彼得以自安。必更驕惰。愈肆其惡。然後討之未晩也。上曰善。

貞觀十八年。太宗以高麗莫離支賊殺其主。殘虐其下。議將討之。諫議大夫褚遂良進曰。陛下兵機神筭。人莫能知。昔隋末亂離。克平寇難。去聲及北狄侵邊。西蕃失禮。陛下欲命將擊之。將去聲羣臣莫不苦諫。唯陛下明略獨斷。卒並誅夷。卒子聿切。今聞陛下將伐高麗。意皆熒惑。然陛下神武英聲。不比周隋之主。兵若渡遼事須尅捷。萬一不獲。無以威示遠方。必更發怒。再動兵衆。若至於此。安危難測。太宗然之。按通鑑李勣又曰。間者薛延陀入寇。陛下欲發兵窮討。魏徵諫而止。使至今爲患。只緣用陛下之策。北鄙安矣。上曰然。此誠徵之失。朕尋悔之而不欲言。恐塞良謀故也。上欲自征高麗。褚遂良上疏。以爲但命二三猛將。四五萬衆。仗陛下威靈。取之如反掌耳。今太子新立。年尚幼穉。自餘藩屏。陛下所知。一旦棄金湯之全。踰遼海之險。以天下之君。輕行遠舉。皆愚臣之所甚憂也。

時羣臣多諫者。上皆不聽。

范氏祖禹曰。高麗臣屬於唐。而其主爲賊臣所弑。爲大國者不可不討。然高麗之大。未如突厥。其險遠不過於高昌吐谷渾。此三國者。皆命將帥。以偏師取之。遂墟其國。何獨至於高麗。而欲自征之乎。太宗若從遂良之言。雖伐而不克。亦未失也。

朱氏黼曰。自昔人主。親睹亂敗者。不勸而自懲。深知禍咎者。不戒而自戢。煬帝伐遼之禍。至於家夷國破。身死而宗族屠。蓋太宗目睹。曾莫之懲。而反疾趨以襲其蹟。何哉。蓋其心自謂吾之戰勝攻取。國富民衆。非隋敢望也。乘平定四夷之餘力用諸將蕩平之餘威。臨城一皷。可以勦除。意定志決。雖傾朝盡諫。不可復止矣。

唐氏仲友曰。至魏既歿。諫臣惟遂良爾。而其識量不及魏徵。李勣一折。而遂良之諫不行。勣武臣爾。所見惟邀功。奈天下計何。魏徵在。勣此言必不發。就使有此言。徵肯但已邪。遂良以克為善。則其言已不能無過矣。胡不明夷夏之分申知足之戒以告帝曰。高麗小醜。不犯邊吏。今而討之。勝之不武。不勝為笑。不亦善乎。勣之指魏徵。乃以杜遂良之再諫。惜乎不抗疏而力陳之。太宗之欲用兵也。指魏徵之失。其悔用師也。興魏徵之思。諫日繫國之輕重如此。論諫必若魏徵可也。

愚按貞觀十七年。廷臣請增戍兵。以逼高麗。太宗曰。遠人不服。則修文德以來之。未聞戍兵能威絕域者也。斯言也。帝王柔遠之道。何以尚茲。不數月而有討遼之議。越明年而有親征之行。不過為遼主雪怨。為新羅報仇。乃欲襲漢武隋煬之所為。所存者小。而所棄者大。何言行之相反邪。豈言之非艱。而行之惟艱哉。當時諫者多矣。若玄齡之言。以漢武隋煬為鑒戒。誠保國[illegible]

深規也。無忌之言。欲待其縱肆而後討亦保國之長策也。遂良於下議之初。固阻其意。而親征之際復尼。其行。亦足少儆矣。惜乎太宗意定志決。而皆莫之從也。若李勣沮遂良之諫。以魏徵爲非。明致其君於不善之地。此孟子所謂逢君之惡者。其非不亦大乎。

貞觀十九年。太宗將親征高麗開府儀同三司尉遲敬德奏言車駕若自往遼左。皇太子又監國（監平聲）定州。東西二京。府庫所在。雖有鎮守。終是空虛遼東路遙。恐有玄感之變。（隋煬帝親征高麗。楊玄感遂起兵圍東都。）且邊隅小國不足親勞萬乘。若克勝不足爲武。儻不勝。翻爲所笑。伏請委之良將。（去聲）自可應時摧滅。太宗雖不從其諫而識者是之。（按通鑑。上不從。以敬德爲左一馬軍總管。使從行。）

愚按。陳恒弑其君。孔子沐浴請討。古者臣弑其君。子弑其父。人皆得而誅之。高麗爲唐之藩臣。其君爲莫離支。所弑。太宗舉兵討之。其亦異乎。煬帝無名之師矣。但不當鑾輿自行耳。尉遲敬德請委之良將。自可摧滅。其說是巳。然嘗論之。高麗以蕞爾小國。四拒隋師。五拒唐師。非有謀臣良將。能如是乎。當時李靖嘗言莫離支自謂知兵。故輕中國。太宗亦嘗諷靖使伐高麗。靖欣然請行。太宗不能從也。異時無功而歸。問於靖曰。吾以天下之力。屈於小夷。何也。靖曰。玆事道宗知之。蓋指駐蹕之戰。請分軍襲平壤之事也。由此論之。太宗若用李靖爲師。其平高麗必矣。太宗不能用靖。而用李勣爲將。勣違惠真延壽之言。舍烏骨而不攻賧城有不攻之計守安市而不置。卒之師老糧少。無功而返。由不用靖而用勣也。

禮部尚書江夏王道宗。從太宗征高麗。詔道宗與李勣爲前鋒。及濟遼水。尅蓋牟城。蓋。音盍。今爲蓋州。隸鎮東逢賊兵大至軍中。僉欲深溝保險。待太宗至。徐進。道宗議曰。不可。賊赴急遠來。兵實疲頓。恃衆輕我。一戰可摧。昔耿弇不以賊遺君父。（弇音揜。耿弇。漢光武將。）我既職在前軍。當須淸道。以待輿駕。李勣大然其議。乃率驍勇數百騎。直衝賊陣。左右出入。勣因合擊。大破之。太宗至。深加賞勞。（去聲）道宗在陣損足。帝親爲針灸。（音救。）賜以御膳。（按通鑑載此事甚詳。辭多不錄。）

范氏祖禹曰。太宗之伐高麗。非獨恃其四海之富。兵力之彊也。本其少時。奮於布衣。志氣英果。百戰百勝。以取天下。治安既久。不能深思高拱。猶思所以逞志。扼腕踴躍。喜於用兵。如馮婦搏虎。不能自止。非有禮義以養其心。中和以養其氣。始於勇敢。終於勇敢而已矣。記曰。貴於勇敢彊有力者。貴其敢行禮義也。天下無事。則用之於禮義。天下有事。則用之戰勝。用之戰勝。勝則無敵。用之於禮義。則順治。太宗於天下無事。不知用之禮義。而惟以戰勝爲美也。是故以天子之尊。而較勝於遠夷。一戰而克。自以爲功。其器不亦小哉。

愚按漢耿弇之討張步也。弇爲飛矢所中。光武時在魯。知弇爲步所攻。自往救之。未至。陳俊謂弇曰。劇虜兵盛。可且閉營休士。以待上來。弇曰。乘輿且到。臣子當擊牛釃酒。以待百官。反欲以賊虜遺君父邪。乃出戰而破之。此與道宗敗高麗兵事正同。蓋臣子之義。職當如是也。若道宗者可謂能盡臣子之義。而弇不得專美於漢矣。

太宗帝範曰。貞觀二十二年。正月。太宗作帝範十二篇。以賜太子。曰君體。建親。求賢。審官。納諫。去讒。戒盈。崇儉。賞罰。務農。閱武。崇文。夫兵甲者。夫音扶。國家凶器也。土地雖廣。好戰則人凋。好去聲。中國雖安。忘戰則人殆。

非保全之術。殆非擬寇之方。不可以全除。不可以常用。故農隙講武。習威儀也。三年治兵。辨等列也。是以勾踐軾蛙。卒成霸業勾踐越王名。越王爲吳所敗。修德治兵。誅雪吳恥。見蛙。下車拜之。左右怪問。越王曰。彼亦有氣者。徐偃棄武。終以喪邦。徐夷國。子爵。僭稱偃王。周穆王聞之。令楚伐徐。徐子曰。吾賴於文德。而不明武備。故至於此。何也。越習其威。徐忘其備也。孔子曰。以不教人戰。是謂棄之。論語之辭故知弧矢之威。以利天下。易大傳曰。弧矢之利。以威天下。此用兵之職也

愚按書稱放牛歸馬。詩言戢戈櫜弓。甚矣兵非聖人之所尚也。然嘗觀周公作周禮。極言師帥旅帥卒長伍長之制。詳陳振旅茇舍。治兵大閱之儀。至於斬牲徇陳。凜乎如大敵之臨焉。是兵亦非聖人之所廢也。善乎太宗之言曰。謂非保全之術。殆非擬寇之方。兵不可以全除。亦不可

以常用。聖人復起。不易斯言矣。

貞觀二十二年。太宗將重討高麗。重平聲。是時房玄齡寢疾增劇。顧謂諸子曰。當今天下清謐。咸得其宜。唯欲東討高麗。方爲國害。吾知而不言。可謂銜恨入地。遂上表諫曰。臣聞兵惡不戢。惡烏去聲。後同。武貴止戈。當今聖化所覃。無遠不暨。上古所不臣者。陛下皆能臣之。所不制者。皆能制之。詳觀古今。爲中國患害。無過突厥。遂能坐運神策。不下殿堂。大小可汗。相次束手。分典禁衛。執戟行間。行音杭。後同。其後延陀鴟張。鴟惡鳥也。尋就夷滅。鐵勒慕義。請置州縣。沙漠已北。萬里無塵。至如高昌叛渙於流沙。吐渾首鼠於積石。偏師薄伐。俱從平蕩。高麗歷代逋誅。莫能討擊。陛下責其逆亂。殺主虐人。親總六軍。問罪遼碣。未經旬日。即拔遼東。前後虜獲。數十萬計。分配諸州。無處不滿。雪往代之宿恥。隋文帝十八年。高麗寇遼西。遣楊諒討之。無功。煬帝六年。徵其王元入朝。不至。八年。徵天下兵擊之。帝親親攻諸城不下。來護兒。宇文述等大敗。九年復親征不拔。十年。復討之。徵其王入朝。竟不至。掩崤陵之枯骨。左傳。僖公三十三年。晉人及姜戎敗秦師于殽。文公二年。秦伯伐晉。濟河焚舟。取王官及郊。晉人不出。遂自茅津濟。封殽尸而還。比功校德。萬倍前王。此聖主所自知。微臣安敢備說。且陛下仁風被于率土。孝德彰於配天。覩夷狄之將亡。則指期數歲。授將帥之節度。

（將帥之將去聲。後同。）則決機萬里。屈指而候驛。視景而望書符。應若神筭。無遺策。擢將於行伍之中。取士於凡庸之末。遠夷單使。（去聲）一見不忘。小臣之名。未嘗再問。箭穿七札。（札。甲也。養由基射穿七札。）弓貫六鈞。（左傳定公八年。魯伐齊。士皆列。顏高之弓六鈞。）加以留情墳典。屬意篇什。（屬音燭。）筆邁鍾張。（見師傅詞篇注。）詞窮賈馬。（漢賈誼。司馬相如。皆文人。）文鋒既振。則宮徵自諧。（徵音止）輕翰暫飛。則花葩競發。撫萬姓以慈。遇羣臣以禮。褒秋毫之善。解吞舟之網。逆耳之諫必聽。膚受之愬斯絕。（論語曰。膚受之愬不行焉。可謂明也已矣。）好生之德。（好去聲）禁障塞於江湖。惡殺之仁。息鼓刀於屠肆。覓鶴荷稻粱之惠。（荷去聲）犬

◎

馬蒙帷蓋之恩。降尊吮思摩之瘡。貞觀十九年。太宗征遼。攻白巖城。右衛大將軍李思摩。爲流矢所中。太宗親爲之吮血。登堂臨魏徵之柩。臨。去聲。十七年正月。魏徵卒。太宗。臨哭之慟。哭戰亡之卒則哀動六軍。十九年。太宗征高麗至營州。詔遼東戰亡士卒骸骨並集柳城東南。命有司設太牢。上自作文祭之。臨哭盡哀。負塡道之薪。則情感天地。十九年。太宗渡遼。遼澤泥潦。車馬不通。命長孫無忌將萬人翦草塡道。水深處以車爲梁。上自繫薪於馬鞘以助役。重黔黎之大命。特盡心於庶獄。臣心識昏憒。豈足論聖功之深遠。談天德之高大哉。陛下兼衆美而有之。靡不備具。微臣深爲陛下惜之。重之愛之寶之。周易曰。知進而不知退。知存而不知亡。知得而不知喪。又曰。知進退存亡。而不失其正者。其惟聖人乎。易文言傳釋乾卦之辭。由此言之。進有退之義。存有亡之機。得有喪之理。老臣所以爲陛下惜之者。蓋謂此也。老子曰。知足不辱。知恥不殆。臣謂陛下威名功德。亦可足矣。拓地開疆。亦可止矣。彼高麗者。邊夷賤類。不足待以仁義。不可責以常理。古來以魚鱉畜之。宜從闊畧。必欲絕其種類。深恐獸窮則搏。且陛下每決死囚。必令平聲三覆五奏。進素食。停音樂者。蓋以人命所重。感動聖慈也。況今兵士之徒。無一罪戾。無故驅之於戰陣之間。委之於鋒刃之下。使肝腦塗地。魂魄無歸。令其老父孤兒寡妻慈母。望轊車而掩泣抱枯骨而摧心。足變動陰陽。感傷和氣。實天下之寃痛也。且兵。凶器。戰。危事。不得已而用之。向使高麗違失臣節。而陛下誅之。可也。侵擾百姓。而陛下滅之。可也。久長能爲中國患。而陛下除之。可也。有一於此。雖日殺萬夫。不足爲媿。今無此三條。坐煩中國。內爲舊王雪怨。爲去聲。後外爲同。十七年。高麗臣莫離支弑其君高武而獨專國政。太宗於是有征遼之議。外爲新羅報讎。十七年。新羅遣使言百濟攻取其國四十餘城。復與高麗連兵。謀絕新羅入朝之路。乞兵救援。上命司農丞相里玄奬齎璽書賜高麗。使勿攻新羅。莫離支竟不從。玄奬還。具言其狀。上於是欲征之。豈非所存者小。所損者大。願陛下遵皇祖老子止足之誡。以保萬代巍巍之名。發霈然之恩。

降寬大之詔。順陽春以布澤。許高麗以自新。焚凌波之船。罷應募之衆。十八年。太宗欲征遼東。長安洛陽。募士三千。戰艦五百艘。自然華夷慶賴。遠肅邇安。臣老病三公。朝夕入地。所恨竟無塵露。微增海岳。謹罄殘魂餘息。豫代結草之誠。左傳宣公十五年。秦伐晉。次于輔氏。魏顆敗秦師。獲杜回。初魏武子有嬖妾無子。武子疾。命顆曰。必嫁是。疾甚。則曰必殉。及卒。顆見老人結草以亢杜回。杜回躓而顛。故獲之。夜夢之曰。余而所嫁之婦人父也。爾用爾先人之治命。余是以報。儻蒙錄此哀鳴。卽臣死骨不朽。太宗見表歎曰。此人危篤如此。尚能憂我國家。雖諫不從。終爲善策

唐氏仲友曰。易旣濟六三與未濟九三。均是伐鬼方。均是三年之伐。在旣濟則戒之。在未濟則勉之

武功之未成。聖人必勉之於始。武功之既成。聖人必戒之於終。玄齡之書。得既濟之象。太宗莫之聽者。無畏相之心耳。

朱氏黼曰。玄齡於太宗左右。未嘗有所可否。每逢帝怒。惟震懼遜謝。非不能諫也。史稱王魏善諫諍。房杜讓其直。是以太宗初舉伐遼。遂良再言之不聽。至是再舉。外庭無敢一言。雖玄齡任用之久。相信之深。亦不敢面陳於在廷之日。獨表諫於屬纊僅存之際。理切詞盡。太宗嘉納。不之從也。至身没而後罷之。以此觀太宗晚節。大畧可攷矣。

愚按。玄齡此疏。乃太宗征遼無功之後。思謀再舉之時。而玄齡行將屬纊之日也。此疏辭意懇切。何乃不見於初親征之際耶。豈太宗忿心難懲。縱忠言苦口。不足以尼其行耶。毋乃俟其大舉無成。夫然後諫耶。然玄齡此疏切矣。太宗止曰此人危篤。尚能憂我國家。亦未有樂從之意。越明年。則以疾而命皇儲聽政矣。否則忿兵再舉。事未可知也。書曰。無怠無荒。四夷來王。又曰。

明王愼德。四夷咸賓。帝王保治。厥有旨哉。以太宗之賢猶爾。況其次者乎

貞觀二十二年。軍旅亟動。宮室互興。百姓頗有勞弊充容唐制女官號九嬪之一也。徐氏名惠。長城人。生五月能言。四歲通經。八歲屬文。父孝德嘗試使擬離騷。爲小山篇曰。仰幽巖而流盼撫桂枝以凝想。將千齡予此遇。荃何爲予獨往。太宗聞之。召爲才人。手不釋卷。文辭敏贍。帝益禮顧。永徽初卒。贈賢妃。上疏諫曰。貞觀已來。二十有餘載。風調雨順。年登歲稔。人無水旱之弊。國無饑饉之災。昔漢武帝守文之常主。猶登刻玉之符。漢武帝封泰山。下東方。如郊祠太一之禮。封廣丈二尺。高九尺。其下則有玉牒書。書秘。禮畢。禪肅然也。齊桓公小國之庸君。尚塗塗。圖去通用。泥金之望。齊桓公既霸。會諸侯於葵丘。欲行封禪。後漢制。封禪用玉牒玉檢。以木銀和之爲泥。望者。望而祭也。陛下推功[illegible]

◎

巳讓德不居億兆傾心猶闕告成之禮。通典古者帝王之興每易姓而起以致太平必封乎泰山所以告成功也云亭佇謁未展升中之儀。黃帝禪亭亭五帝禪云云皆山名禮云升中于天此之功德足以咀嚼百王綱羅千代者矣。然古人有云雖休勿休良有以也。守保未備聖哲罕兼是知業大者易驕。易以豉切後同願陛下難之善始者難終願陛下易之。竊見頃年以來力役兼總東有遼海之軍西有崑丘之役士馬疲於甲冑舟車倦於轉輸。轉去聲且召募投戎去留懷死之痛因風阻浪人有漂溺之危。一夫力耕年無數十之獲一船致損則傾覆數百之糧是猶運有盡之農功填無窮之巨浪。圖未獲之他衆。喪巳成之我軍。雖除兇伐暴。有國常規。然黷武習兵。先哲所戒。昔秦皇併吞六國。反速危禍之基。晉武奄有三方。翻成覆敗之業。豈非矜功恃大。棄德輕邦。圖利忘害。肆情縱欲。遂使悠悠六合。雖廣不救其亡。嗷嗷黎庶。因弊以成其禍。是知地廣非常安之術。人勞乃易亂之源。願陛下布澤流仁。（此下疑闕四字。）滅行役之煩。增雨露之惠。妾又聞為政之本。貴在無為。竊見土木之功。不可遂兼。北闕初建。南營翠微。曾未踰時。玉華創制。（曾音層。翠微、玉華。並宮名。）非惟構架之勞。頗有工力之費。雖復茅茨示約。猶興木石之疲假使和雇取人。不無煩擾之弊。是以卑宮菲室。聖王之所安。金屋瑤臺。驕主之爲麗。故有道之君。以逸逸人。無道之君。以樂樂人。樂。並音洛。願陛下使之以時。則力不竭矣。用而息之。則心斯悅矣。夫珍玩技巧。爲喪國之斧斤。夫。音扶。後同。珠玉錦繡。實迷心之酖毒。竊見服玩鮮靡。如變化於自然。職貢奇珍。若神仙之所製。雖馳華於季俗。實敗素於淳風。是知漆器非延叛之方。桀造之而人叛。玉杯豈招亡之術。紂用人而國亡。紂始爲象箸。箕子曰。彼爲象箸。必將爲犀玉之杯。方驗侈麗之源。不可不遏。夫作法於儉。猶恐其奢。作法於奢。何以制後。伏惟陛下。明照未形。智周無際。窮典秘於麟閣。漢宣帝圖功畫臣於麒麟閣探賾於儒林。探。平聲。賾。士革切。千王理亂之蹤。百代安危之迹。興亡衰亂之數。得失成敗之機。固亦包吞心府之中。循環目圍之內。乃宸衷久察。無假一二言焉。惟知之非難。行之不易。志驕於業著。體逸於時安。伏願抑志摧心。愼終成始。削輕過以添重德。擇今是以替前非。則鴻名與日月無窮。盛業與乾坤永泰。太宗甚善其言。特加優賜甚厚。

愚按。人臣進諫於君。古人擬之批鱗。雖士夫猶以爲難。況婦人女子乎。其見之史傳。則鄧曼論莫敖之敗。成風諷須句之封。班姬辭共輦之載劉氏救元達之刑。寥寥千載。不多見也。太宗諫之德冠絶古今。外之房杜王魏。內之文德皇后。亦足以交修而夾輔之矣。宫妾之中。復有如徐氏者焉。觀其諫疏。有老師宿儒。不能遠過者。嗚呼賢哉。

安邊第三十六 凡二章

貞觀四年。李靖擊突厥頡利。敗之。其部落多來歸降者。降。下江切。後同。詔議安邊之策。中書令溫彥博議。請於河南處之。處。上聲。後同。準漢建武時。置降匈奴於五原塞下。塞。音賽。後同。五原塞。今爲豐州。隸河東。全其部落。得爲捍蔽。又不離其土俗。因而撫之。一則實空虛之地。二則示無猜之心。是含育之道也。太宗從之。秘書監魏徵曰。匈奴自古至今。未有如斯之破敗。此是上天勦絶宗廟神武。且其世寇中國。萬姓寃讐。陛下以其爲降。不能誅滅。即宜遣發河北。今山東道。居其舊土。匈奴人面獸心。非我族類。強必寇盜。弱則卑伏。不顧恩義。其天性也。秦漢患之者若是。故時發猛將以擊之。將去聲。收其河南以爲郡縣。陛下以内地居之。且今降者幾至十萬。數年之後。滋息過倍。居我肘腋。甫邇王畿。心腹之疾。將爲後患。尤不可處以河南也。温彥博曰。天子之於萬物也。天覆地載。有歸我者。則必養之。今突厥破除。餘落歸附。陛下不加憐愍。棄而不納。非天地之道。阻四夷之意。臣愚甚謂不可。宜處之河南。所謂死而生之。亡而有之。懷我厚恩。終無叛逆。魏徵曰。晉代有魏時胡部落分居近郡。江統勸逐出塞外。武帝不用其言。數年之後。遂傾瀍洛。（江統。統字應元。陳留人。晉武帝時爲山陰令。時關隴爲氐羌所擾。統深推四夷亂華。宜杜其萌。乃作徙戎論。帝不能用。未及十年。而夷狄亂華。時人服其深識。）前代覆車殷鑒不遠。陛下必用彥博言。遣居河南。所謂養獸自遺患也。彥博又曰。臣聞聖人之道。無所不通。突厥餘魂。以命歸我。收居內地。教以禮法。選其酋首。（酋。慈由切。後同。）遣居宿衛。畏威懷德。何患之有。且光武居河南單于於內郡。（單音蟬。）以爲漢藩翰。終于一代。不有叛逆。又曰。隋文帝勞兵馬。費倉庫。樹立可汗。令復其國。（令。平聲。後同。）

後孤恩失信。圍煬帝於鴈門。隋開皇二十年。文帝以突厥突利為啟民可汗。妻以義成公主。大業十一年。煬帝巡北邊。始畢可汗帥騎數十萬。謀襲帝。義成公主遣使告變。帝馳入鴈門。突厥圍鴈門。急攻之。帝泣。目盡腫。後公主以計解圍。今陛下仁厚。從其所欲。河南河北。任情居住。各有酋長。音掌。不相統屬。力散勢分。安能為害。給事中杜楚客。如晦弟也。少尚奇節。初建成難作。遁舍嵩山。貞觀四年。召為給事中。太宗曰。人不恤無官。患才不副。而兄與我共支一心者。不當如兄事吾。進蒲州刺史。有能名。遷工部尚書。攝府事。以威肅聞。進曰。北狄人面獸心。難以德懷。易以威服。易。以豉切。今令其部落散處河南。逼近中華。久必為患。至如鴈門之役。雖是突厥背恩。背。音佩。自由隋主無道。中國以之喪亂。豈得云興復亡國以致此禍。

夷不亂華。前哲明訓，存亡繼絕，列聖通規。臣恐事不師古，難以長久。太宗嘉其言，方務懷柔，未之從也。卒用彥博策，（卒，子聿切。）自幽州至靈州，（東至幽州，西至靈州也。）置順、祐、化、長四州都督府以處之，其人居長安者近且萬家。

自突厥頡利破後，諸部落首領來降者，皆拜將軍、中郎將，布列朝廷，（郎將之將，去聲。）五品已上百餘人，殆與朝士相半。唯拓拔不至，（拓，他各切。拔，蒲末切。夷複姓。）又遣招慰之。使者相望於道，（使，去聲。）涼州都督李大亮以為於事無益，徒費中國，上疏曰：臣聞欲綏遠者，必先安近。中國百姓，天下根本；四夷之人，猶於枝葉。擾其根本以厚枝葉，而求久安。未之有也。自古明王。化中國以信。馭夷狄以權。故春秋云。戎狄豺狼。不可厭也。諸夏親暱。不可棄也。左傳。閔公元年。管仲告齊侯之辭。自陛下君臨區宇。深根固本。人逸兵強。九州殷富。四夷自服。今者招致突厥。雖入提封。臣愚稍覺勞費。未悟其有益也。然河西民庶。鎮禦藩夷。州縣蕭條。戶口鮮少。鮮。上聲。加因隋亂。減耗尤多。突厥未平之前。尚不安業。匈奴微弱以來。始就農畝。若即勞役。恐致妨損。以臣愚惑。請停招慰。且謂之荒服者。故臣而不納。是以周室愛民攘狄。竟延八百之齡。秦王輕戰事胡。故四十載而絕滅。漢文養兵靜守。天下安豐。孝武揚威遠畧。海內虛耗。雖悔輪臺。追已不及。漢武帝。既悔遠征伐。而搜粟都尉桑弘羊。與丞相御史奏言。故輪臺以東有溉田五千頃以上請置校尉分護。歲收其利。以威西國。上。不從。乃下詔深陳既往之悔。至于隋室早得伊吾。兼統鄯善。伊吾。鄯善。並西域國名。伊吾。在大磧外。南至玉門關八百里。漢宜禾都尉所治。且既得之後。勞費日甚。虛內致外。竟損無益。遠尋秦漢。近觀隋室。動靜安危。昭然備矣。伊吾雖已臣附。遠在藩磧。民非夏人。地多沙鹵。其自豎立。稱藩附庸者。請羈縻受之。使居塞外。必畏威懷德。永爲藩臣。蓋行虛惠而收實福矣。近日突厥。傾國入朝。既不能俘之江淮。以變其俗。乃置於內地。去京不遠。雖則寬仁之義。亦非久安之計也。每見一人初降。賜物五匹。袍一領。酋長悉授大官。祿厚位尊。理多縻費。以中國之租賦。供積惡之凶虜。其衆益多。非中國之利也。太宗不納。十三年。太宗幸九成宮。突厥可汗弟。中郎將阿史那。結社率。陰結所部。將。去聲。阿史那。突厥姓名。結社率。突利可汗之弟。時爲中郎將。并擁突利子賀羅鶻。夜犯御營。事敗。皆捕斬之。太宗自是不直突厥。悔處其部衆於中國。還其舊部於河北。建牙於故定襄城。立李思摩爲乙彌泥熟俟利苾可汗。以主之。因謂侍臣曰。中國百姓。實天下之根本。四夷之人。乃同枝葉。擾其根本以厚枝葉。而求久安。未之有也。初不納魏徵言。遂覺勞費日甚。幾失久安之道。

幾。平聲。舊本李大亮疏以下。至太宗不納。另爲一章。十三年以下。接前段爲一章。今按其是一事。因次第其辭。合爲一章。又按通鑑載此事。衆議甚詳。辭多不錄。

胡氏寅曰。獻言之道惟理是憑。則言必忠。聽言之道。勿以同於已言爲是。則聽必審。太宗處降突厥徧詢在廷。未若魏徵之言盡善也。而太宗不從。顧用溫彥博之策。何也。彥博之策。太宗之所欲爲者。其偶同歟。未可知也。其先意承志歟。未可知也。如所見偶同。則不應言之再三。如先意承志。則不得爲忠矣。太宗用其言。未幾。有失及帳殿之變。如此而欲功加外荒。冠帶百蠻者。非聖主之盛節也。又曰。魏公嘗勸用侯君集爲宰相。君集反。太宗疑徵黨之。絕昏仆碑。溫彥博勸居突厥塞內。突厥反。太宗不怒彥博。而追思魏徵之言。事同而處之異何也。以見留突厥塞內。使充宿衛如一家者本太宗雄夸之心。彥博揉其微贊之。故不以歸咎歟。雖然。行宮入幕之變。亦已危矣。太宗慕冠帶百蠻之名。推心不疑。幾至危殆。豈非後世之永戒哉。

唐氏仲友曰。荀卿言。以德兼人者王。以富兼人者貧。寔厥既破。頡利既擒。若用魏公之言。使處河北於邊無擾。於國無費。不亦善乎。乃卒用彥博之策若不因結社之亂。悉徙故地。假之世數蕃孳。為唐之費。不亦重乎。大抵處置降人最難。內之中國。亂華俗。置諸塞內生後患。惟反之故地。為立君長。從其故俗。服則為藩國。去不為叛臣。此長策也。

愚按昔成周盛時。四夷來朝。坐之國門之外。蓋亦如九服之制。蠻夷鎮藩。在所外也。春秋之世秦晉遷陸渾之戎于伊川其後揚拒泉皐伊雒之戎。入王城。伐京師。雖子帶之所召。亦始遷之失也。晉江統之論。可以為鑑矣唐興。太宗以武定天下。天下既平。窮荒悉服。寔厥之委命闕庭尤漢以下之所無者。固宜置之中夏。夸示遠近也。當是時。魏徵以忠直得上心。屢有回天之力而竟莫之回。溫彥博以儒臣遇合。處置部落之議。胡為乎獨異衆正之見邪。遂使蕃酋。列在禁衛。有因而入居長安者近萬家。此與陸渾之居伊雒何以異哉。彼爲成周之衰時。此爲有唐之盛際太宗樂於從魏徵之言者。胡獨於此而不從之乎。他日祿山之亂宮闕。豈非太宗詒謀有以啟之。

貞觀十四年。侯君集平高昌之後。太宗欲以其地爲州縣。魏徵曰。陛下初臨天下。高昌王先來朝謁。自後數有商胡。數音朔。稱其遏絶貢獻。加之不禮大國詔使。去聲。遂使王誅載加。若罪止文泰。高昌王姓麴名文泰。斯亦可矣。未若因撫其民而立其子。所謂伐罪弔民。威德被於遐外。爲國之善者也。今若利其土壤。以爲州縣。常須千餘人鎮守。數年一易。每來往交替。死者十有三四。

遣辦衣資，離別親戚。十年之後，隴右空虛，陛下終不得高昌撮穀尺布以助中國。所謂散有用而事無用，臣未見其可。太宗不從，竟以其地置西州，仍以西州爲安西都護府，每歲調發千餘人。調，去聲。防遏其地。黃門侍郎褚遂良亦以爲不可，上疏曰：臣聞古者哲后臨朝，明王創業，必先華夏而後夷狄，廣諸德化，不事遐荒。是以周宣薄伐，至境而反。周宣王名靖。詩曰：薄伐玁狁，至于太原。言逐出之，而不窮追也。始皇遠塞，中國分離。秦始皇使蒙恬發兵三十萬人，收河南地，爲四十四縣，築長城，因地形，用制險塞，起臨洮，至遼東，延袤萬餘里。陛下誅滅高昌，威加西域，收其鯨鯢，以爲州縣。然則王師初發之歲，河西供役之年。供。平聲。飛芻輓粟。十室九空。數郡蕭然。五年不復。陛下每歲遣千餘人。而遠事屯戍。終年離別。萬里思歸。去者資裝。自須營辦。既賣菽粟。傾其機杼。經途死亡。復在方外。兼遣罪人。增其防遏。所遣之內。復有逃亡。官司捕捉。爲國生事。爲。去聲。高昌塗路。沙磧千里。冬風氷冽。夏風如焚。行人遇之多死。易云。安不忘危。理不忘亂。設令。令。平聲。張掖塵飛。酒泉烽舉。張掖。今爲甘州路。酒泉。今爲肅州路。隷甘肅。陛下豈能得高昌一人菽粟而及事乎。終須發隴右諸州。星馳電擊。由斯而言。此河西者。方於心腹。彼高昌者。他人手足。豈得靡費中華。以事無

用。陛下平頡利於沙塞。滅吐渾於西海。突厥餘落。爲
立可汗。吐渾遺萌。更樹君長。音掌。復立高昌。非無前例。
此所謂有罪而誅之。既服而存之。宜擇高昌可立者。
徵給首領。遣還本國。負戴洪恩。長爲藩翰。中國不擾
既富且寧。傳之子孫。以貽後代。疏奏。不納。至十六年
西突厥遣兵寇西州。太宗謂侍臣曰。朕聞西州有警
急。雖不足爲害。然豈能無憂乎。在者初平高昌。魏徵
褚遂良勸朕立麴文泰子弟。依舊爲國。朕竟不用其
計。今日方自悔責。昔漢高祖遭平城之圍。而賞婁敬。
漢高帝欲擊匈奴。使婁敬使匈奴。還報曰。匈奴伏奇
兵。以爭利。不可擊也。上怒曰。齊虜以口舌得官。還入

妄言。沮吾軍。械繫敬至廣武。遂至平城。匈奴果出奇兵。圍帝白登。七日。然後得解。還至廣武。赦敬曰。吾不用公言。以困平城。迺封敬千戶。爲關內侯。

袁紹敗於官渡而誅田豐 漢獻帝時

曹操兵。大破袁紹於官渡。紹與八百騎渡河。走至黎陽。衆稍復歸。或謂田豐曰。君必見重。豐曰。公今戰敗而歸。內恚將發。吾不望生。紹謂逢紀曰。田別駕前諫止吾。吾慙之。紀曰。豐聞將軍之退。拊手大笑。喜其言之中也。袁紹遂殺豐。

朕恒以此二事爲誡。寧得忘所言者乎。

范氏祖禹曰。魏徵之言。其利害非不明也。以太宗之智。豈不足知之。惟其好大而喜遠。矜功而徇名不能以義制心。故忠言有所不從。而欲前世帝王。皆莫我若也。

又曰。有國者喪師之禍小。而或以霸。秦穆公。勾踐是也。得地之禍大。而或以亡。楚靈王。齊湣王。是也是故。廣地不若廣德。疆兵不若疆民。先王患德之不足。而不患地之不廣。患民之不安。不患兵之不疆。封域之外。聲教所不及者。不以煩中國也。太宗不從忠諫。卒自咎悔。況不若太宗之疆而可爲乎。

胡氏寅曰。中國禮義之地。四夷所爲視效。而賓服者也。高昌有罪。王師討之。旣聞其喪。是罪人已死。則宜按兵遣使。立其嗣子。懷以恩信。乃不攻而自服之道也。今乃伐其憂荒。無禮無義。夫豈天子之兵乎。是故以利言之。乘人之隙。迫以强暴。坐收數百里之地。斥廣輿圖。信足以夸耀一時。以義言之。則窮兵遠討。以高昌王一人桀驁之故。而係累其孫。郡縣其土。仁者不爲也。

眞氏德秀曰。是時褚遂良亦諫不從。十七年。西突厥入寇。帝悔之曰。魏徵褚遂良勸我復立高昌。吾不用其言。今方自咎耳。初議處突厥於河南。徵爭之而帝不從。後以結社率之變而悔。後議以高昌爲郡縣。徵爭之而帝復不從。又以西突厥入寇而悔。使早從忠言。安有是哉。然知過而能悔。此其所以興也。

愚按自夏禹西戎卽敘之後。成周西旅底貢之餘。通西域而開玉關。極城郭諸國悉服。實始於漢武。然中國勞弊亦已甚矣。閉玉關。謝西域。此光武所以爲盛德也。太宗滅高昌。置都護。由是爲開通西域之計。而燕支。疎勒。丘慈。于闐。四鎮遂爲遐陬重地。至于開元。自玉門以西。烟火萬里。爲唐極盛。曾幾何時。天寳以後。事勢日非。前日之輿圖。舉爲戎馬之郊矣。周公有言曰。德不加焉。則君子不饗其質。政不施焉。則君子不臣其人。況奪其土地。而置以郡縣乎。務廣地不如務廣德。古訓豈虛語哉。

貞觀政要卷第九

貞觀政要卷第十　戈直集論　朱載震較閱

論行幸三十七　論畋獵三十八

論災祥三十九　論慎終四十

行幸第三十七 凡四章

貞觀初。太宗謂侍臣曰。隋煬帝廣造宮室。以肆行幸。自西京至東都。離宮別館。相望道次。乃至并州涿郡今涿州路隸腹裏無不悉然。馳道皆廣數百步。種樹以飾其傍。人力不堪。相聚爲賊。逮至末年。尺土一人。非復已有。以此觀之。廣宮室。好行幸。好去聲竟有何益。此皆朕耳所聞。目所見。深以自誡。故不敢輕用人力。惟令平聲百姓安靜。不有怨叛而已。

貞觀十一年。太宗幸洛陽宮。泛舟于積翠池。顧謂侍臣曰。此宮觀臺沼。觀去聲 並煬帝所爲。所謂驅役生人。窮此雕麗。復不能守此一都。以萬人爲慮。好行幸不息。好去聲 人所不堪。昔詩人云。何艸不黃。何日不行。詩大雅何艸不黃篇之辭 大東小東。杼軸其空。詩小雅大東篇之辭 正謂此也。遂使天下怨叛。身死國滅。今其宮苑盡爲我有。隋氏傾覆者。豈惟其君無道。亦由股肱無良。如宇文述。虞世基。裴蘊之徒。皆隋之臣 居高官。食厚祿。受人委任。惟行諂佞。蔽塞聰明。欲令其國無危。令平聲 不可得也。司空長孫無忌奏言隋氏之亾其君則杜塞忠讜之言臣則苟欲自全左右有過初不糾舉寇盜滋蔓亦不實陳據此卽不惟天道實由君臣不相匡弼太宗曰朕與卿等承其餘弊惟須弘道移風使萬世永賴矣

貞觀十三年太宗謂魏徵等曰隋煬帝承文帝餘業海內殷阜若能常處關中（處上聲）豈有傾敗遂不顧百姓行幸無期徑往江都不納董純崔象（皆隋之臣）等諫諍身戮國滅爲天下笑雖復帝祚長短委以玄天而福善禍淫亦由人事朕每思之若欲君臣長久國無危敗君有違失臣須極言朕聞卿等規諫縱不能當時

即從。再三思審。必擇善而用之。

貞觀十二年。太宗東巡狩將入洛。次於顯仁宮。宮苑官司。多被責罰。侍中魏徵進言曰。陛下今幸洛州。爲是舊征行處。爲去聲後爲其同庶其安定。故欲加恩故老。城郭之民。未蒙德惠。官司苑監。多及罪辜。或以供奉之物不精。供平聲又以不爲獻食。此則不思止足。志在奢靡。既乖行幸本心。何以副百姓所望。隋主先命在下多作獻食。獻食不多。則有威罰。上之所好。好去聲下必有甚競爲無限。遂至滅亡。此非載籍所聞。陛下目所親見。爲其無道。故天命陛下代之。當戰戰慄慄。每事省約黎蹤前列昭訓子孫奈何今日欲在人之下陛下若以爲足今日不啻足矣啻音翅若以爲不足萬倍於此亦不足也太宗大驚曰非公朕不聞此言自今已後庶幾無如此事幾平聲按通鑑係十一年上至顯仁宮宮吏以闕諸待有被譴責魏徵諫曰云云上驚曰非公不聞此言因謂長孫無忌等曰朕昔過此買飯而食僦舍而宿今供頓如此豈得猶嫌不足乎

范氏祖禹曰富而不忘貧則能保其富矣貴而不忘賤則能保其貴矣夫以萬乘之貴四海之富而猶以爲不足何哉忘其始之賤貧而欲大無窮也是以高宗舊勞于外爰暨小人及其即位卒爲賢君文王卑服即康功田功周公作書以戒成王恐其不知稼穡之艱難而驕逸也漢文有曰朕能任衣冠念不至此是以恭儉愛民惟恐煩之嗚呼其可謂有德者矣若太宗聞諫而能自省不亦賢乎

又曰。太宗可謂不忘戒矣。覩隋之宮室。而以諂諛掩蔽戒羣臣。夫知彼之所以亡。則圖我之所以存而不敢怠矣。此三王之所由興也。

愚按有虞之制。五載一巡守。成周之盛。六年一時巡。肆覲羣后。大明黜陟。協時月正日。同律度量衡。無非事也。其車從至爲簡省。其供給至爲儉約。故民以其所行爲幸。所不行爲不幸。所謂吾王不遊。吾何以休。是也。後世煬廣。朱溫。巡遊不息。始務豊侈其飲食。美麗其行宮。以供給過制爲賢能。以置頓不備爲罷軟。州縣承風。競爲勞費。於是百姓聞車馬之音。見羽旄之美。舉疾首蹙頞而相告矣。太宗親睹煬帝之禍。猶以供奉不精。多所責罰。况其餘者乎。夫古之巡幸。所以徇民。後之巡幸。所以徇己。人君欲復虞周巡守之制。苟不先省其車從之數。約其供給之儀。未有不蹈隋梁之失者也

畋獵第三十八章 凡五

秘書監虞世南。以太宗頗好畋獵。（好去聲）上疏諫曰。臣聞秋獮冬狩。盖惟恒典。（獮音蘚。周禮大司馬。仲秋教治兵以獮田致禽以祀祊。仲冬。教大閱以狩田。致禽以享烝）射隼從禽。備乎前誥。（射食亦切。隼。荀尹切。禽也）伏惟陛下因聽覽之餘辰。順天道以殺伐。將欲摧班碎掌。親御皮軒。（田獵之車也）窮猛獸之窟穴。盡逸材之林藪。夷兇翦暴。以衛黎元。收革擢羽。用充軍器。舉旗効獲。式遵前古。然黃屋之尊。金輿之貴。八方之所仰德。萬國之所繫心。清道而行。猶戒銜橜。斯盖重慎防微。爲社稷也。（爲去聲）是以馬卿直諫於前。（司馬相如字長卿。漢武帝時爲郎。嘗從帝獵長楊。帝好自擊熊豕。馳逐野獸。相如上疏諫帝。從之）張昭變色於後。（張昭字子布彭城人。爲吳王孫權軍師。權嘗乘馬射虎。昭變色而諫之。臣誠細微敢忘斯義。

且天弧星罼。音畢網也所殪已多。殪音翳殺死也頒禽賜獲皇恩亦溥。伏願時息獵車。且韜長戟。不拒芻蕘之請。降納涓滄之流。袒裼徒搏。任之羣下。則貽範百王。永光萬代。太宗深嘉其言、

愚按傳曰。春蒐夏苗。秋獮冬狩。皆於農隙以講武也。王制。天子無事則歲三田。周禮。大閱之制獨爲詳備。則畋獵固古禮也。何外作禽荒見於大禹之訓。而不敢盤于遊田。乃爲文王之德。正以畋獵雖古制有因是而勞師耀武。妨農害民者矣。況後世萬乘之動。供給之繁。徵求之斁乎。太宗身親行陣。尅捷奏功。其於遊獵。固其好尚必有不遵制而病民者。宜世南懇切之諫。有以動上之聽矣。

谷那律（魏州昌樂人。貞觀中累遷國子博士。後遷諫議大夫。淹識羣書。褚遂良稱爲九經庫。）爲諫議大夫。嘗從太宗出獵。在途遇雨。太宗問曰。油衣若爲得不漏。對曰。能以瓦爲之。必不漏矣。意欲太宗弗數遊獵。（數音朔）大被嘉納。賜帛五十段。加以金帶。（按通鑑。此事係在高宗永徽元年九月癸亥。與此異。而新舊唐書則同）

（唐氏仲友曰。谷那律淹識羣書。褚遂良嘗稱爲九經庫。油衣瓦爲不漏之對。可見質直。蓋淹識之士難乎質直。故三益之友。得一已善。而況兼之者乎）

愚按家語記孔子之言曰。忠臣之諫君。有五義焉。其五曰諷諫。惟度主以行之。吾從其諷諫乎。夫所以諷諫者。假他事引援而諫者也。谷那律以儒學之臣。居諫議之職。以瓦爲衣之對。雖過於質直。其諷諫之謂乎。太宗悅其直而賞賚之。是亦從諫之美也貞觀十一年。太宗謂侍臣曰。朕昨往懷州。今懷慶路隸腹裏有上封事者云。何爲恒差山東衆丁於苑內營造。即日徭役似不下隋時。懷洛以東殘人不堪其命。而田獵猶數。音朔驕逸之主也。今者復來懷州田獵。忠諫不復至洛陽矣。復音缶四時蒐田。蒐音搜。春日蒐。夏日苗。秋日獮。冬日狩。既是帝王常禮。今日懷州。秋毫不干於百姓。凡上書諫正。自有常準。臣貴有詞。主貴能改。如斯詆毀。有似呪詛。侍中魏徵奏稱。國家開直言之路。所以上封事者尤多。陛下親自披閱。或冀臣言可取。所以僥倖之士得肆其醜。臣諫其君。甚須折衷。從容諷諫。從即容切。漢元帝（名奭）嘗以酎祭宗廟。（酎音紂。三重釀酒也。味厚。故以薦宗廟。）出便門御樓船。御史大夫薛廣德（字長卿。沛郡人）當乘輿免冠曰。宜從橋。陛下不聽臣言。臣自刎以頸血汙車輪。（汙去聲）陛下不入廟矣。元帝不悅。光祿卿張猛進曰。臣聞主聖臣直。乘船危。（乘去聲。後同）就橋安。聖主不乘危。廣德言可聽。元帝曰。曉人不當如是耶。乃從橋。以此而言。張猛可謂直臣諫君也。太宗大悅

愚按。魏徵不取廣德之直言。而取張猛之直諫。不過順太宗之意而言耳。蓋嘗聞先儒之言曰。諫者之委曲。君德未信於人也。諫者之剴切。君德已信於人也。其遜其悻。言者之得失則二。在人主為進德之驗。則一而已。由此觀之。諫書詆毀。有似詛呪。此正太宗君德信於人之驗也。若

以張猛之諷諫爲是。則是以漢元之昏庸期太宗耳。豈責難之道乎

貞觀十四年。太宗幸同州（今仍舊隸陝西）沙苑。親格猛獸。復晨出夜還。（還音旋後同）特進魏徵奏言。臣聞書美文王不敢盤于遊田。（周書曰。文王不敢盤于遊田以庶邦惟正之供）傳述虞箴稱夷羿以爲戒。（傳去聲左傳魏絳告晉侯曰。昔虞人之箴曰在帝夷羿冒于原獸。虞箴。如是。可不懲乎）昔漢文臨峻坂欲馳下。袁盎（楚人漢文帝時爲中郎將）攬轡曰。聖主不乘危。（乘平聲）不徼幸。今陛下騁六飛。（馬名）馳不測之山。如有馬驚車敗。陛下縱欲自輕。奈高廟何。（文帝從霸陵上欲西馳下峻坂。袁盎諫。帝曰。將軍怯邪。盎曰。臣聞千金之子不垂堂。百金之子不倚衡。云云。帝乃止）孝武好格猛獸。（好去聲後同）相如進諫。力稱烏獲（秦武王力士。舉龍文

鼎者捷言慶忌吴王僚之子射能捷矢人誠有之獸亦宜然猝遇逸材之獸駭不存之地雖烏獲逢蒙之伎逢音龐逢蒙古之善射者不得用而枯木朽株盡爲難矣雖萬全而無患然而本非天子所宜事見首章注孝元帝郊泰畤郊祀之因壇日時留射獵薛廣德字長卿沛郡人時爲長信少府御史大夫稱竊見關東困極百姓離災今日撞亡秦之鐘歌鄭衛之樂士卒暴露從官勞倦從去聲欲安宗廟社稷何憑河暴虎未之戒也臣竊思此數帝心豈木石獨不好馳騁之樂音洛後同而割情屈已從臣下之言者志存爲國爲去聲後同不爲身也臣伏聞車駕近出親格猛獸晨往夜還以萬

乘之尊。闇行荒野。踐深林。涉豐艸。甚非萬全之計。願陛下割私情之娛。罷格獸之樂。上爲宗廟社稷。下慰羣寮兆庶。太宗曰。昨日之事。偶屬塵昏。非故然也。自今深用爲誡

愚按魏徵諫獵之辭。援古監今。惓惓忠篤。比虞世南奏疏尤爲懇至切到。足以儆動其君之聽。塵昏之語。太宗烏得不爲之感悟哉。若魏徵者。可謂能引君於道矣

貞觀十四年。冬十月。太宗將幸櫟陽櫟音藥。櫟陽。今爲咸寧縣。屬奉元路。遊畋。縣丞劉仁軌字正則。汴州人。初爲陳倉尉。部人魯寧爲折衝都尉。豪縱犯法。縣莫敢屈。仁軌榜殺之。太宗召詰責。仁軌曰。寧辱臣。臣故殺之。帝以爲剛直。擢咸陽丞。累遷給事中。武后時拜僕射以收穫未畢。非人君順動之時。詣行所上表切

諫。太宗遂罷獵。擢拜仁軌新安令新安。縣名。今仍舊隸河南府路

按史傳。太宗校獵同州。仁軌諫曰。今茲澍澤霑足。百穀熾茂。收纔十二。常日贊調。已有所妨。又供獵事。繕橋治道。役雖簡省。猶不損數萬。少延一旬。使場圃畢勞。陛下六飛徐驅。公私交泰。上璽書褒納。拜新安令

愚按劉仁軌一縣丞耳。而能效一言之忠。動萬乘之聽。其忠君愛民之心。有侍從之臣。所未能者可不謂難乎哉。盖仁軌嘗為陳倉尉。太宗以其剛直擢咸陽丞。則其受知於太宗有由來矣然非太宗有從諫之美。樂善之誠。則仁軌雖有剛直之操。將安所施哉。適足以獲罪而已矣。仁軌官由州縣而致宰相。善致聲譽。得吏民懽心為史傳所稱美。出宰百里者可不知所效法邪

災祥第三十九凡四章

貞觀六年。太宗謂侍臣曰。朕比見衆議。比音鼻以祥瑞為美事。頻有表賀慶。如朕本心。但使天下太平家給

人足。雖無祥瑞，亦可比德於堯舜。若百姓不足，夷狄內侵，縱有芝艸徧街衢，鳳凰巢苑囿，亦何異於桀紂。嘗聞石勒時（石勒，上黨匈奴人。晉元帝時據襄國稱帝，是爲後趙。）有郡吏燃連理木煑白雉肉喫，豈得稱爲明主耶。又隋文帝深愛祥瑞，遣秘書監王劭著衣冠在朝堂對考使（去聲）焚香讀皇隋感瑞經。（隋文帝好機祥小數。王劭言上受命符瑞甚衆。又採歌謠圖讖佛經文字曲加詮飾。撰皇隋靈感志三十卷。上令宣示天下。劭集諸州朝集使盥手焚香閉目讀之，曲折有聲如歌詠。經旬朔始徧。上益喜，賞賜優洽。）舊嘗見傳說此事，實以爲可笑。夫爲人君（夫音扶），當須至公理天下，以得萬姓之懽心。若堯舜在上，百姓敬之如天地，愛之如父母，動作興事

以皆樂之。樂，洛音。發號施令。施，平聲。人皆悅之。此是大祥瑞也。自此後諸州所有祥瑞，並不用申奏。按《通鑑》係貞觀二年

又曰：嘗有白鵲構巢於寢殿槐上，合歡如腰鼓，左右稱賀。上曰：我嘗笑隋煬帝好祥瑞，瑞在得賢，此何足賀。命毀其巢，於野外。

愚按：聖人之作《春秋》也，祥瑞不書，惟災異書，豈無意哉。夫《春秋》二百四十二年之間，豈無祥瑞而不書，而有年、大有年之書，兩見於經，蓋聖人特筆也。太宗以聰明之資，克勤于政，不以祥瑞爲祥瑞，而以堯舜之政化爲大祥瑞，豈無見而然哉。嘗觀文公朱子《通鑑綱目》，貞觀一代皆不見祥瑞之書，惟貞觀四年以大有年書，錄其外戶不閉，家給人足，斗米三錢之美，斯祥瑞之大者歟。然則太宗之爲此言也，非苟言之，實允蹈之矣。

貞觀八年，隴右山崩，大蛇屢見。見，音現，後同。山東及江淮多

大水。太宗以問侍臣秘書監虞世南對曰。春秋時梁山崩。梁山晉地晉侯召伯宗而問焉。晉侯景公名獳伯宗晉大夫對曰。國主山川故山崩川竭。君爲之不舉樂降服乘縵乘平聲。縵音漫。謂乘車之無飾文者祝幣以禮焉。梁山晉所主也。晉侯從之故得無害。事見左傳成公五年漢文帝元年。齊楚地二十九山同日崩。水大出。令郡國無來獻。令平聲施惠於天下。施平聲遠近歡洽亦不爲災。後漢靈帝時青蛇見御座。晉惠帝時大蛇長三百步見齊地。經市入朝。按蛇宜在艸野而入市朝所以爲恠耳。今蛇見山澤。蓋深山大澤必有龍蛇亦不足恠。又山東之雨。雖則其常然陰濟過久。恐有冤獄。宜斷省繫囚。庶或當天意。且妖不勝德。修德可以銷變。太宗以爲然。因遣使者使去聲賑恤飢餒。申理冤訟。多所原宥。

貞觀八年。有彗星見于南方。彗。徐醉切。見音現。後同。彗星。妖星也。其狀如箒。長六丈。一作六尺。經百餘日乃滅。太宗謂侍臣曰。天見彗星。由朕之不德。政有虧失。是何妖也。虞世南對曰。昔齊景公名杵臼時彗星見。公問晏子。晏嬰也。晏子對曰。公穿池沼畏不深。起臺榭畏不高。行刑罰畏不重。是以天見彗星。爲公戒耳。景公懼而修德。後十六日而星没。十六一作十三。陛下若德政不修。雖麟鳳數見。數音朔。終是無益。但使朝無闕政。百姓安樂。音洛雖有災變。何損於德。願陛下勿以功高古人而自矜大。勿以太平漸久而自驕逸。若能終始如一。彗見未足爲憂。太宗曰。吾之理國。良無景公之過。但朕年十八。便爲經綸王業。便爲之爲去聲。後同北剪劉武周。西平薛舉。東擒竇建德。王世充。二十四而天下定。二十九而居大位。四夷降伏。降音杭海内乂安。自謂古來英雄撥亂之主無見及者。頗有自矜之意。此吾之過也。上天見變。良爲是乎。秦始皇平六國。隋煬帝富有四海。既驕且逸。一朝而敗。吾亦何得自驕也。言念於此。不覺惕焉震懼。魏徵進曰。

臣聞自古帝王未有無災變者。但能修德。災變自銷。陛下因有天變。遂能戒懼。反覆思量。平聲深自尅責。雖有此變。必不爲災也。

唐氏仲友曰。世南對山壞蛇見。大水。恐有冤獄在繫。亦未足以應天變矣。詩曰。維虺維蛇。女子之祥。唐之女禍。其兆先見於此。世南名博學。非不知此。顧太宗無女寵之溺。無迹可言。然獨不能援詩以爲説。取證於漢靈晉惠乎。乃曰蛇見山澤。適其所居。以世南之忠直。無以發太宗儆懼之意。惜哉

又曰。世南論彗星。戒驕矜。此最中太宗之病。較諸省錄。繫囚之論。大小殊矣

愚按昔劉向五行傳某事失。則某咎徵應。説者以爲鑿。春秋所書災異。傳者亦推迹未來之事應之。説者以爲拘。且妖由人興。天事恒象。人君惟當恐懼修省。以銷其變。固難盡信淄巫瞽史之所推測也。夫蛇虺。固女子之祥也。春秋之世。晉有蛇自泉宮出。鄭則內蛇與外蛇鬭於門之

外。固不見爲女禍也。唐高宗昏惑溺愛。遂啓女后專政。卒應大蛇之妖。彗所以除舊布新也。春秋之世。嘗有星孛。齊有彗星。固不見有所除布也。唐武后肆其凶毒幾易唐祚。卒應彗星之異。茲二者皆見於貞觀之八年極盛之時也。天心仁愛儆戒之意。早已見矣。天人之際。良可畏哉

貞觀十一年。大雨。穀水溢。衝洛城門。入洛陽宮。平地五尺。毀宮寺十九所。漂七百餘家。太宗謂侍臣曰。朕之不德。皇天降災。將由視聽弗明。刑罰失度。遂使陰陽舛謬。雨水乖常。矜物罪己。載懷憂惕。朕又何情獨甘滋味。可令尚食（令平聲尚食掌御膳之官）斷肉料。進蔬食。文武百官各上封事。極言得失。中書侍郎岑文本上封事曰臣聞開撥亂之業。其功既難。守已成之基。其道不

易。以鼓切故居安思危。所以定其業也。有始有卒。子聿切所以崇其基也。今雖億兆乂安。方隅寧謐。音密既承喪亂之後。又接凋弊之餘。戶口減損尚多。田疇墾闢猶少。覆燾之恩著矣。而瘡痍未復。德教之風被矣。而資產屢空。去聲是以古人譬之種樹。年祀綿遠。則枝葉扶疏。若種之日淺。根本未固。雖壅之以黑墳。上聲暖之以春日。一人搖之。必致枯槁。今之百姓。頗類於此。常加含養。則日就滋息。暫有征役。則隨日凋耗。凋耗既甚。則人不聊生。人不聊生。則怨氣充塞。怨氣充塞。則離叛之心生矣。故帝舜曰。可愛非君。可畏非民。孔安國曰。

人以君爲命故可愛君失道人叛之故可畏 孔安國釋虞書之辭 仲尼曰君猶舟也人猶水也水所以載舟亦所以覆舟是以古之哲王雖休勿休日愼一日者良爲此也 爲去聲 伏惟陛下覽古今之事察安危之機上以社稷爲重下以億兆在念明選舉愼賞罰進賢才退不肖聞過即改從諫如流爲善在於不疑出令期於必信頤神養性省遊畋之娛去奢從儉 去上聲 減工役之費務靜方內而不求闢土載櫜弓矢而不忘武備 櫜音皋藏也 凡此數者雖爲國之恒道陛下之所常行臣之愚昧惟願陛下思而不怠則至道之美與三五比隆 三五

三皇五帝也德載之祚與天地長久。雖使桑穀爲妖。史記商亳爲祥桑穀共生於朝。一暮大拱。帝大戊懼問伊陟。伊陟曰。臣聞妖不勝德。帝之政其有闕歟。帝其修德。大戊從之。祥桑枯死而去龍蛇作孽。五行傳曰。皇之不極。是爲不建。厥咎眊。厥極弱。時則有龍蛇之孽雉雊於鼎耳。史記商紀。武丁祭成湯。明日有飛雉登鼎耳而呴。武丁懼。祖巳曰。王勿憂。先修政事。武丁從之。殷道復興石言於晉地。左傳昭公八年春。石言於晉猶當轉禍爲福。變災爲祥。況雨水之患。雨水。一作水旱陰陽恒理。豈可謂天譴而繫聖心哉。臣聞古人有言。農夫勞而君子養焉。愚者言而智者擇焉。輙陳狂瞽。伏待斧鉞。

太宗深納其言。養當作食。出文子

愚按降水儆予。帝舜所以畏天省已也。六事自責。成湯所以反躬致戒也。太宗之言。雖未能一出於誠。亦庶幾乎舜湯之遺意矣。惜乎岑文本之論。皆非所以戒其畏天憂民之心。而勉其側身修行之實也。其曰陰陽恒理。豈繫聖心。不幾於傲忽天戒乎。豈君臣相儆之道哉

愼終第四十章 凡七

貞觀五年。太宗謂侍臣曰。自古帝王。亦不能常化。假令內安。令平聲 必有外擾。當今遠夷率服。百穀豐稔。盜賊不作。內外寧靜。此非朕一人之力。實由公等共相匡輔。然安不忘危。理不忘亂。雖知今日無事。亦須思其終始。常得如此。始是可貴也。魏徵對曰。自古已來。元首股肱。不能備具。或時君稱聖。臣即不賢。或遇賢臣。即無聖主。今陛下明。所以致理。向若直有賢臣而

君不思化。亦無所益。天下今雖太平。臣等猶未以爲喜。惟願陛下居安思危。孜孜不怠耳。

愚按昔帝舜之作歌曰。股肱喜哉。元首起哉。百工熙哉。皋陶乃賡載歌曰。元首明哉。股肱良哉。庶事康哉。又歌曰。元首叢脞哉。股肱惰哉。萬事隳哉。釋者謂舜之意。以人臣樂於趨事赴功。則人君之治爲之興起。而百官之功皆廣也。皋陶之意。以爲君明則臣良而衆事皆安。所以勸之也。君行臣職。則臣下懈怠而萬事廢。所以戒之也。虞廷君臣之相與責難者如此。雍熙之治所以爲不可及也。太宗之告侍臣。謂當今太平非朕一人之力。皆由公等共輔。須思終始如一。斯言也。其帝舜作歌之意乎。魏徵之對則曰。陛下聖明所以致理。若有賢臣而君不思化。亦爲無益。是猶皋陶勸舜之意也。又曰。今雖太平。臣未以爲喜。惟願陛下居安思危。孜孜不怠。亦猶皋陶戒舜之意也。太宗能責難於其臣。魏徵亦能責難於其君。君臣之相責難者如此。有唐虞之遺風焉。是故有唐之治，雖未能上躋時雍之美，而貞觀之盛，可謂三代而下之所罕見者矣。

貞觀六年，太宗謂侍臣曰：自古人君爲善者多不能堅守其事。漢高祖，泗上一亭長耳，長音掌初能拯危誅暴，以成帝業，然更延十數年，縱逸之敗，亦不可保。何以知之？孝惠爲嫡嗣之重，溫恭仁孝，而高帝惑於愛姬之子，欲行廢立。見師傅篇注蕭何、韓信功業既高，蕭既妄繫，蕭何，沛人，漢丞相，封酇侯。嘗爲民請曰：長安地陿，上林中多空地，願令民得入田。高祖怒曰：相國多受賈人財物，爲請吾苑。乃下何廷尉，械繫數日。因王衛尉之言赦出之。韓亦濫黜，黜當作誅。韓信，淮陰人，佐漢高祖取天下，封楚王。有告信欲反，高祖乃詐遊雲夢，縛信至洛陽，赦爲淮陰侯。由比怨望。後復有言信反於呂后者，后令蕭何紿信入，后使武士縛信斬之，夷信三族。自餘功臣黥布之輩。懼而不安。至於反逆。黥布姓英名布。嘗坐法黥。漢高祖封淮南王。及韓信彭越之誅。陰聚兵候伺警急。中大夫賁赫誥長安告布反。高祖自將兵擊之。遂殺布滅之。君臣父子之間悖謬若此。豈非難保之明驗也。朕所以不敢恃天下之安。每思危亡以自戒懼。用保其終

愚按太宗言漢祖創業之君。而廢嫡立庶。濫誅功臣。斯言誠是也。太宗能保全功臣。無濫誅之失。過漢高遠矣。然不能正承乾之惡。而於諸子之定分。亦牽於愛而有不能自克者。豈知人之明而自知之蔽耶

貞觀九年。太宗謂公卿曰。朕端拱無為。四夷咸服。豈朕一人之所致。實賴諸公之力耳。當思善始令終。永固鴻業。子子孫孫遞相輔翼。使豐功厚利施於來葉。

施平聲令數百年後令平聲讀我國史。鴻勳茂業。粲然可
觀。豈惟稱隆周炎漢及建武光武年號永平明帝年號故事而
已哉。房玄齡因進曰。陛下撝挹之志。推功羣下。致理
昇平。本關聖德。臣下何力之有。惟願陛下有始有卒。
子聿切則天下永賴。太宗又曰。朕觀古先撥亂之主。皆
年踰四十。惟光武年三十三。但朕年十八便舉兵。年
二十四定天下。年二十九昇爲天子。此則武勝於古
也。少從戎旅。少去聲不暇讀書。貞觀以來。手不釋卷。知
風化之本。見政理之源。行之數年。天下大理。而風移
俗變。子孝臣忠。此又文過於古也。昔周秦已降。戎狄

內侵。今戎狄稽顙。皆爲臣妾。此又懷遠勝古也。此二

者朕何德以堪之。既有此功業。何得不善始愼終耶。

愚按詩書所載。聖君賢相之所以保治於雍熙泰和之時者。固幸功業之克成。未嘗以功業而自足也。太宗謂欲使豐功厚利施於永久。鴻勳盛業粲然可觀。不使後世惟稱隆周炎漢志則高矣。然炎漢可企而及也。隆周豈止於若是哉。倬彼雲漢。爲章於天。制之爲禮樂。布之爲法度。此文王之文也。不知太宗之所謂文。果能勝乎。無競維烈。撫弱耆昧。功成而載戢干戈。載櫜弓矢。此武王之武也。不知太宗之所謂武。果能勝乎。大邦畏其力。小邦懷其德。華夏蠻貊。罔不率俾。由是而惠此中國。以綏四方。此文武之懷遠也。不知太宗之所謂懷遠。又果能勝乎。愚然後知太宗矜功伐善。意由於中心。而善始愼終之語。不過虛言也。玄齡於此能奬其所已至。而不能勉其所未至。惜哉。若後章魏徵之對。則善矣。

貞觀十二年。太宗謂侍臣曰。朕讀書見前王善事。皆力行而不倦。其所任用公輩數人。誠以爲賢。然致理比於三五之代。猶爲不逮。何也。魏徵對曰。今四夷賓服。天下無事。誠曠古所未有。然自古帝王初卽位者。皆欲勵精爲政。比迹於堯舜。及其安樂也。樂音洛則驕奢放逸。莫能終其善。人臣初見任用者。皆欲匡主濟時。追縱於稷契。契音偰及其富貴也。則思苟全官爵。莫能盡其忠節。若使君臣常無懈怠。各保其終。則天下無憂不理。自可超邁前古也。太宗曰。誠如卿言。

愚按太宗致理不逮三五之言。所以責難於其臣也。魏徵之對。曲盡人君放逸之端。人臣懷祿

之弊。誠可爲上下之箴。蓋人君固在於愼終如
始。而人臣尤當始終如一也。嘗觀貞觀諸名臣
久於其位者。雖於大節無所虧。然於格非之道
無聞焉。毋乃以成功難居。至理無盡。姑保其福
祿榮名歟。恥君不及堯舜者。何
如人哉。魏徵之言。厥有旨矣。

貞觀十三年。魏徵恐太宗不能克終儉約。近歲頗好奢縱。好去聲。後同上疏諫曰。臣觀自古帝王受圖定鼎。皆欲傳之萬代。貽厥孫謀。故其垂拱巖廊。布政天下。其語道也。必先淳朴而抑浮華。其論人也。必貴忠良而鄙邪佞。言制度也。則絕奢靡而崇儉約。談物產也。則重穀帛而賤珍奇。然受命之初。皆遵之以成治。稍安之後。多反之而敗俗。其故何哉。豈不以居萬乘之尊。

有四海之富，出言而莫己逆。所為而人必從。公道溺於私情。禮節虧於嗜欲故也。語曰。非知之難。行之惟難。非行之難。終之斯難。所言信矣。伏惟陛下年甫弱冠（去聲）大拯橫流。（橫去聲）削平區宇。肇開帝業。貞觀之初。時方克壯。抑損嗜欲。躬行節儉。內外康寧。遂臻至治。論功。則湯武不足方。語德。則堯舜未為遠。臣自擢居左右。十有餘年。每侍帷幄。屢奉明旨。常許仁義之道。守之而不失。儉約之志。終始而不渝。一言興邦。斯之謂也。德音在耳。敢忘之乎。而頃年已來。稍乖曩志。敦朴之理。漸不克終。謹以所聞。列之如左。陛下貞觀之初。無爲無欲。淸靜之化遠被遐荒考之於今。其風漸墜。聽言。則遠超於上聖。論事則未踰於中主。何以言之漢文晉武。俱非上哲。漢文辭千里之馬。（漢文帝時有獻千里馬者。詔還其馬與道里費）晉武焚雉頭之裘。（晉武帝時太醫司馬程據獻雉頭裘。帝以奇技異服。典禮所禁。焚之于殿前）今則求駿馬於萬里。市珍奇於域外。取怪於道路。見輕於戎狄此其漸不克終一也昔子貢問理人於孔子孔子曰。懍乎若朽索之馭六馬子貢曰。何其畏哉。子曰。不以道遵之。則吾讐也。若何其無畏。（家語之辭）故書曰。民惟邦本。本固邦寧。爲人上者奈何不敬。（書五子之歌）陛下貞觀之始。視人如傷。恤其勤勞。愛民猶子。每存簡約。無所營爲。頃年已來。意在奢縱。忽忘卑儉。輕用人力。乃云百姓無事則驕逸。勞役則易使。易以豉切後同自古以來。未有由百姓逸樂音洛後同而致傾敗者也。何有逆畏其驕逸而故欲勞役者哉。恐非興邦之至言。豈安人之長算。此其漸不克終二也。陛下貞觀之初。損已以利物。至於今日。縱欲以勞人。卑儉之迹歲改。驕侈之情日異。雖憂人之言不絕於口。而樂身之事實切於心。或時欲有所營。慮人致諫。乃云若不爲此。不便我身。人臣之情何可復爭讀曰諍此直意在杜諫者之口。豈曰擇善而行者乎。此其漸不克終三也。立身成敗。在於所染。蘭芷鮑魚。（家語之辭）與之俱化。愼乎所習。不可不思。陛下貞觀之初。砥礪名節。不私於物。唯善是與。親愛君子。疏斥小人。今則不然。輕褻小人。（褻音泄）禮重君子。重君子也。敬而遠之。（遠音援後同）輕小人也。狎而近之。近之則不見其非。遠之則莫知其是。莫知其是。則不間而自疏。（間去聲後同）不見其非。則有時而自昵。昵近小人。非致理之道。疏遠君子豈興邦之義。此其漸不克終四也。書曰。不作無益害有益。功乃成。不貴異物賤用物。人乃足。犬馬非其土性不畜。（許六切）珍禽奇獸弗育於國。（周書旅獒之辭）陛下貞觀之初。動遵堯舜。損金抵璧。反朴還淳。頃年以來。好尚奇異。好去聲。後同難得之貨。無遠不臻。珍玩之作。無時能止。上好奢靡而望下敦朴。未之有也。末作滋興而求豐實。其不可得亦已明矣。此其漸不克終五也。貞觀之初。求賢如渴。善人所舉。信而任之。取其所長。恒恐不及。近歲已來。由心好惡。惡烏去聲或衆善舉而用之。或一人毀而棄之。或積年任而用之。或一朝疑而遠之。夫行有素履。夫音扶。行去聲。後同事有成跡。所毀之人。未必可信於所舉。積年之行不應頓失於一朝。應平聲。朝音昭君子之懷蹈仁義而弘大德。小人之性。好讒佞以爲身謀。

下不審察其根源而輕爲之藏否部鄙切是使守道者
日疎千求者日進所以人思苟免莫能盡力此其漸
不克終六也陛下初登大位高居深視事惟清靜心
無嗜慾內除畢弋之物畢網也弋以生絲繫矢而射也外絕畋獵之
源數載之後不能固志雖無十旬之逸夏書太康盤遊無度畋于
有洛之表十旬弗反或過三驅之禮遂使盤遊之娛見譏於百
姓鷹犬之貢遠及於四夷或時教習之處道路遙遠
侵晨而出入夜方還以馳騁爲歡莫慮不虞之變事
之不測其可救乎此其漸不克終七也孔子曰君使
臣以禮臣事君以忠孔子對魯定公之辭然則君之待臣義不

可薄陛下初踐大位，敬以接下，君恩下流，臣情上達，咸思竭力，心無所隱。頃年已來，多所忽畧。或外官充使（去聲）奏事，入朝思覩闕庭，將陳所見，欲言則顏色不接，欲請又恩禮不加，間因所短，詰其細過，雖有聰辯之畧，莫能申其忠欵，而望上下同心，君臣交泰，不亦難乎？此其漸不克終八也。傲不可長，欲不可縱，（長音掌後同）樂不可極，志不可滿，（禮曲禮篇之辭）四者前王所以致福，通賢以爲深誡。陛下貞觀之初，孜孜不怠，屈已從人，恒若不足。頃年已來，微有矜放，恃功業之大，意蔑前王，負聖智之明，心輕當代，此傲之長也。欲有所爲，皆取遂意。縱或抑情從諫。終是不能忘懷。此欲之縱也。志在嬉遊。情無厭倦。雖未全妨政事。不復專心治道。此樂將極也。率土乂安。四夷款服。仍遠勞士馬。問罪遐裔。此志將滿也。親狎者阿旨而不肯言。疎遠者畏威而莫敢諫。積而不已。將虧聖德。此其漸不克終九也。昔陶唐成湯之時。非無災患。而稱其聖德者。以其有始有終。無爲無欲。遇災則極其憂勤。時安則不驕不逸。故也。貞觀之初。頻年霜旱。畿內戶口。並就關外。攜負老幼。來往數千。曾無一戶逃亡一人怨苦。此誠由識陛下矜育之懷。所以至死無攜貳。頃年已來。疲於徭役。關中之人。勞弊尤甚。雜匠之徒。下日悉留和雇。正兵之輩。上番多別驅使。和市之物。不絕於鄉閭。遞送之夫。相繼於道路。既有所弊。易爲驚擾。脫因水旱。穀麥不收。恐百姓之心。不能如前日之寧帖。此其漸不克終十也。臣聞禍福無門。唯人所召。人無釁焉。妖不妄作。伏惟陛下統天御寓。十有三年。道洽寰中。威加海外。年穀豐稔。禮教聿興。比屋踰於可封。（比音鼻）菽粟同於水火。暨乎今歲。天災流行。炎氣致旱。乃遠被於郡國。凶醜作孽。忽近起於轂下。夫天何言哉。垂象示誡。斯誠陛下驚懼之辰。憂勤之日也。若見誡而懼。擇善而從。同周文之小心。追殷湯之罪己。前王所以致理者。勤而行之。今時所以敗德者。思而改之。與物更新。更平聲易人視聽。則寶祚無疆。普天幸甚。何禍敗之有乎。然則社稷安危。國家理亂。在於一人而已。當今太平之基。既崇極天之峻。九仞之積。猶虧一簣之功。書曰。爲山九仞。功虧一簣。言中道而止。則前功盡棄也。千載休期。時難再得。明主可爲而不爲。微臣所以鬱結而長歎者也。臣誠愚鄙。不達事機。畧舉所見十條。輒以上聞聖聽。伏願陛下採臣狂瞽之言。參以蒭蕘之議。冀千慮一得。衮職有補。詩大雅烝民之篇曰。衮職有闕。維仲山甫補之。則死日生年。甘從斧鉞。疏奏。太宗謂徵曰。人臣事主。順旨甚易。忤情尤難。公作朕耳目股肱。常論思獻納。朕今聞過能改。庶幾克終善事。幾平聲 若違此言。更何顏與公相見。復欲何方以理天下。自得公疏。反覆研尋。深覺詞强理直。遂列爲屏障。朝夕瞻仰。又錄付史司。冀千載之下。識君臣之義。乃賜徵黃金十斤。廐馬二疋。按史傳十二年阿史那結社率作亂。雲陽石然。自冬至五月不雨。故徵上此疏

唐氏仲友曰。人君善否之分。其始毫釐。其末千里。論太宗貞觀初之所爲。皆可以爲三代之令主。至漸不克終。則凡三代之辟王。其極至於亂者。不過乎此。可不畏哉。徵有憂之。極言至論。數其十漸。有伊傳周召戒其君。大禹訓其後世之意。非慮之至忠之盡。安能及此。使太宗聞過願改。以終善道。則

保貞觀之隆。卒髣髴乎三代之令主。皆徵
力也。史以三代遺直許徵。於十漸見之。
葉氏適曰。太宗聞十漸之戒。令錄付史官。使萬世
知有君臣之義。至徵錄前後諫爭語於史官。帝都
不說。夫十漸之戒。徵之所錄。多不過此。而太宗不
說。何也。葢錄在徵。則天下惟知徵之能諫。若錄在
太宗。則天下將不止知太宗之能聽諫。且知
太宗眷眷不忘之意。凡此皆太宗好名處。
愚按魏徵十不克終之疏。正貞觀之中年。其間
所云。貞觀之初如此其善。近歲以來如此其未
善。其善也。可以爲三代之令主。其未善也。無異
於後世之辟王。何太宗一人之身。始終之相遠
如此哉。葢其始之善者。天資之過人也。終之未
善者。學力之不繼也。昔者周之成王。即位之初。
惑於二叔之言。不能明周公之德。其天資之美。
有不能如太宗者矣。及其終也。敬迓天威。無敢
昏逸。至於死生之際。燗然不亂。此豈太宗之所
及哉。愚然後知周公輔導之功爲不可及。而魏
徵格君之道猶有所不足也。嗚呼以太宗之聰
明。猶不能保其終。而況天資之未逮者。其可不

孳孳而務學也哉

貞觀十四年。太宗謂侍臣曰。平定天下。朕雖有其事。守之失圖。功業亦復難保。秦始皇初亦平六國。據有四海。及末年不能善守。實可爲誡。公等宜念公忘私。則榮名高位。可以克終其美。魏徵對曰。臣聞之。戰勝易。以豉切守勝難。陛下深思遠慮。安不忘危。功業既彰。德教復洽。恒以此爲政。宗社無由傾敗矣。

范氏祖禹曰。書曰。后克艱厥后。臣克艱厥臣。又曰。無輕民事惟難。孔子曰。爲君難。夫知所難而後可以有爲也。傳曰。君以爲易。則其難也將至矣。君以爲難。則其易也將至矣。太宗知守之之難。所以能有終也。

愚按魏徵之於太宗。凡三告以守天下之難矣。居安忘危之言。始終弗渝。其憂治危明之心爲何如哉。孟子曰。責難於君謂之恭。徵之謂也

貞觀十六年。太宗問魏徵曰。觀近古帝王。有傳位十代者。有一代兩代者。亦有身得身失者。朕所以常懷憂懼。或恐撫養生民。不得其所。或恐心生驕逸。喜怒過度。然不自知。卿可爲朕言之。爲去聲 當以爲楷則。徵對曰。嗜慾喜怒之情。賢愚皆同。賢者能節之。不使過度。愚者縱之。多至失所。陛下聖德玄遠。居安思危。伏願陛下常能自制。以保克終之美。則萬代永賴。

愚按太宗問運祚長短之殊。魏徵對以自制克終之美。其論可謂的矣。然嘗論之。古昔聖賢著

書立言。其托始終之際。皆有深意。吳氏之著是編也。始之以太宗問魏徵正身之道。終之以魏徵對太宗克終之言。其意之所存。雖不可知。以事實攷之。則二者皆太宗之所不足也。何也。太宗削除禍亂。身致升平。屈己而納諫任賢而使能。恭儉節用。寬仁而愛人。三代而下之君。絕無而僅有者也。然於君臣父子兄弟夫婦之間。皆有慚德。豈非正身之道。有所不足歟。太宗能納諫矣。而晚年有仆碑之失。能慎刑矣。而晚年有君羨之誅。能息兵矣。復有高麗西域之師。能節用矣。復有飛山翠微之作。豈非克終之道。有所不足歟。合二者而論之。則太宗所以不能克終者。由其不能正身也。然則吳氏之書。豈非始言其本而終言其效歟

貞觀政要卷第十